グラフィック経営学ライブラリ ③

グラフィック 経営戦略論

犬飼 知徳 著

新世社

ライブラリ編者のことば

　社会においては，自治体，企業，その他の組織体が中心となって動いており，多くの人々がこれらに関わり，その生活は成り立っている。これらの組織体の運営を効率的・効果的に行うための考え方・原理を究明する学問が経営学であり，いわゆる社会科学の一分野となる。経営学の主な対象は企業だが，それと関わる人々も対象となっている。最近では経済学も行動経済学など類似領域が登場して来ているが，経営学の方が扱う範囲に多様性があり，かつ実践的だと言えよう。

　経営学のより具体的な内容としては，企業などが事業の継続に必要な，人，モノ，カネ，情報などの経営資源をうまく配分し，製品やサービスなどを生み出し，それを市場において対価と交換して，再び経営資源に変えることにより，永続しようとするための考え方が中心である。

　なぜ経営学を学ぶかというと，混沌とした状態を解明し，その構造を明らかにし，どう対応すれば良いかの方針を指し示してくれることが多いからだ。卑近な例えでは，料理をするにしてもどうすれば美味しくなるかには一定の知識が必要である。つまり，過去の料理の歴史やどのように料理を作れば美味しくなるかの理論がいる。そして料理を食べる人々の好みを知る必要がある。費用がいくらかかるかを整理する必要もあるなどだ。そしてこれらをうまく組み合わせることにより，食べる人の喜ぶ美味しい料理を，想定内のコストや時間で作り出すことができる。料理と同様に経営にも多様な領域がある。企業などを対象として，これらの領域をミックスして組織体を管理・運営するものだ。何も知らずに管理・運営に関わっていくことは可能だが難しい。経営学の基本を学べば正しい判断を時間効率よく行える可能性が高まっていくのである。

　この「グラフィック経営学ライブラリ」の特徴は，わかりやすく，楽しく学べるが統一的な視点となっている。見開きページの左側に解説があり，右側に図，表が来ていて，直観的な理解を促進してくれる。解説を読み，理解する左脳と図表で直観的に把握する右脳，両方のサポートで理解を促す。ただし図表を多用し，理解しやすいテキストを書くのは執筆者にとって実は大変なのである。読者対象となる学生やビジネスマンなどの方々は，各執筆者と編者の努力の結実をしっかり楽しみ，かつ学んで頂ければ幸いである。

上田　隆穂

はしがき

　経営戦略論のテキストは，実用書も含めれば，文字通り数えきれないほど出版されています。にもかかわらず，私が本書を執筆したのは「グラフィック経営学ライブラリ」のコンセプトが，私の長年の違和感を解消するのに非常にフィットしていると感じたからです。

　その違和感とは，経営戦略論を学んだからといって現実の世界で優れた経営戦略を策定できるようにはならないということです。

　経営戦略論の大家であるゲイリー・ハメルは，30年近く前に「経営戦略に関わるコンサルタントや大家や策定者の不都合な真実（the dirty little secret）は，戦略創造の理論を持たないことだ」と述べています。

　さらに不都合な真実は，ハメルの指摘から約30年経った2020年代もその状況はほとんど変わっていないということです。

　私も含めた大学やビジネススクールで経営戦略論を教えている多くの教員は，戦略策定に必要なある特定の状況を分析するためのツールや，後知恵で成功した戦略を説明するための戦略理論を教えています。確かにどれも経営戦略の策定において，多かれ少なかれ役立つことは間違いないのですが，自分で教えていても何か重要なピースが足りていない感じや，かゆいところに手が届かないようなもどかしさを感じていました。

　その足りないピースを埋めてくれたのは，本文中でも紹介している楠木建先生の『ストーリーとしての競争戦略』と沼上幹先生の『経営戦略の思考法』の中で紹介されている因果メカニズムでした。しかしながら，両書とも非常に示唆に富んでいるものの，因果メカニズムによる実際の戦略創造の方法を十分に形式知化して説明しているわけではありません。

　その不足している部分を補うために，本書では「グラフィック経営学ライブラリ」の特色を活かし，経営戦略を因果ループ図として可視化しつつ，戦略策定の論理をステップバイステップで形式化して使えるツールとして紹介したいと考えたのです。したがって，現実の戦略を策定するための方法を学ぶための教科書であるという点が，本書の最大のオリジナリティであると私は考えています。

　しかしながら，見開きの右半分を図表中心で構成するという，このライブラリ

i

最大の特徴を活かすために，ほとんどの図表を書き下ろしで作成したため，執筆にかなり時間がかかってしまいました。その結果，本書は「グラフィック経営学ライブラリ」の3巻目に位置づけられているにもかかわらず，刊行が遅くなってしまいました。これはひとえに筆者の怠惰と遅筆のせいですが，このような筆者を辛抱強く根気よく見守ってくださった新世社の御園生晴彦さんと谷口雅彦さんには言葉では表せないほど感謝しています。

　また，中央大学ビジネススクールを中心に私が教育に携わってきた多くの社会人学生，とりわけ犬飼ゼミの学生諸氏からは，本書の内容に関する非常に多岐にわたる示唆をいただきました。

　本書が，現在実際に経営戦略の策定に携わっていらっしゃる方々や，将来経営戦略の策定を志している学生諸君のお役に立てることを切に願っています。

　　2024 年 10 月　駿河台にて

犬飼　知徳

目　次

序　章　本書の特徴と使い方　1

0.1 本書の目的 ———————————————— 2

0.2 本書の構成 ———————————————— 6

0.3 本書の想定読者 ————————————— 8

0.4 経営戦略の「アクティブ・ラーニング」としての使い方 ——— 10

第1部　経営戦略の基本　11

第1章　経営戦略とは何か
：「因果ループ図」として経営戦略を描く　13

1.1 経営戦略とは何か ———————————— 14

1.2 「因果ループ図」として経営戦略を描く①
　　　：ゴールを3つの要因に分解する ————— 18

1.3 「因果ループ図」として経営戦略を描く②
　　　：3種類の要因を識別する ——————— 20

1.4 「因果ループ図」として経営戦略を描く③
　　　：要因間を因果関係でつなぐ ————— 26

iii

第2章 経営戦略の2つの基本型
：コスト・リーダーシップ戦略と差別化戦略 35

2.1 経営戦略の2つの基本型 ———————— 36

2.2 コスト・リーダシップの因果ループ図 ——— 36

2.3 差別化戦略の因果ループ図 ———————— 46

第3章 ポジショニング戦略 59

3.1 ポジショニング戦略の基本的な考え方 ———————— 60

3.2 多段階の因果ループとしてのポーターの業界構造分析 ——— 60

3.3 業界構造分析から戦略構築への展開 ———————————— 70

3.4 ポジショニング戦略の限界 ———————————————— 82

第4章 経営資源戦略 85

4.1 競争優位をもたらす経営資源 ———————— 86

4.2 ダイナミック・ケイパビリティと両利きの経営 ——— 96

第5章 不確実性下における経営戦略の考え方 109

5.1 不確実性の種類 ———————————————————————— 110

5.2 環境要因による不確実性 ———————————————————— 110

5.3 リアル・オプション戦略：「環境要因」の不確実性への対処 ———————— 112

5.4 創発戦略：「戦略要因」へ向かう因果関係の不確実性とその対処 ——— 118

第2部　様々な条件下での経営戦略　125

第6章　事業拡大の経営戦略　127

6.1 事業拡大の範囲と方向性 —————— 128

6.2 多角化戦略 —————————————— 132

6.3 垂直統合戦略：Make or Buy の意思決定 ——— 142

第7章　グローバル経営戦略　149

7.1 グローバル・ビジネスの全体像 ——————— 150

7.2 グローバル・ビジネスの目的
：ADDING 価値スコアカードによる整理 ——— 150

7.3 「隔たり」の理解：CAGE フレームワークによる分析 ——— 154

7.4 グローバル戦略の基本論理：AAA 戦略 ——— 156

7.5 AAA 戦略の組み合わせ方 ———————— 166

第8章　サービス業の経営戦略　167

8.1 「サービス」とは何か —————————— 168

8.2 価値共創メカニズム ——————————— 170

8.3 経営戦略としての価値共創 ———————— 172

8.4 サービス業における模倣困難性 —————— 182

第9章　デジタル・サービスの経営戦略　183

9.1 デジタル技術がもたらした企業と顧客の関係の変化 ——— 184

9.2 デジタル・サービス企業の因果ループ図 ——— 190

9.3 ビジネス・エコシステム ————————— 200

第 3 部　経営戦略の創り方　207

第 10 章　なぜ経営戦略をシステム・シンキングで記述すべきなのか　209

10.1 経営戦略の 3 つの思考法：ロジカル・シンキング，デザイン・シンキング，システム・シンキング —————— 210
10.2 ロジカル・シンキング（LT）に基づく経営戦略 —————— 210
10.3 デザイン・シンキング（DT）に基づく経営戦略 —————— 216
10.4 システム・シンキング（ST）による経営戦略記述の統合 ——— 224

第 11 章　経営戦略策定の手順　233

11.1 中心的な問題を定義する ————— 234
11.2 新事業の経営戦略の策定 ————— 234
11.3 既存事業の経営戦略の見直し ——— 246

参考文献 ——— 251
索　引 ———— 259

序　章

本書の特徴と使い方

　序章では，「経営戦略」のテキストとして，本書のユニークな特徴について簡単に説明します。それを踏まえて，様々なタイプの読者にとっての本書の使い方を説明します。

0.1 本書の目的

　私は 10 年以上社会人向けのビジネススクールの教員として経営戦略論を教えてきました。経営戦略論は，ポーターの業界構造分析（第 3 章）や PPM（第 6 章）といった教える内容の「型」がある程度決まっています。

　近年では，ビジネスモデル・キャンバスやライフタイムバリューの計算などもその「型」の一部を担っています。これらにさらに新しいトピックや事例などを加えながら講義を設計していくというのが基本です。それぞれのフレームワークや理論の背景や目的を説明し，その使い方をケーススタディや，グループワーク，ディスカッションを組み合わせてトレーニングしていきます。

　私自身も，その型に沿った形で経営戦略論を教えてきましたが，ある時期からそのやり方に違和感を覚えるようになってきました。それぞれのフレームワークや理論は，確かに経営戦略を考える上で重要なのですが，それら全てを統合する論理が欠けていると思うようになってきたのです。

　その理由は，実際の経営戦略は，競争優位の獲得と維持を目的とする一貫した論理の連鎖になっているべきところが，その論理の連鎖を作り上げる方法が既存の経営戦略論の型では欠如していたからです。

　そこで本書では，経営戦略のフレームワークやツールを統合するためのツール，いわば経営戦略の OS を，読者の皆さんに提示することを目指します。そのツールとは，因果ループ図です。因果ループ図とは，経営戦略を様々な要因の因果関係の連鎖として記述するための図を意味しています（*Column* 0.1）。

　因果ループ図とは何かをイメージしていただくために，図 0-1 としてサウスウェスト航空の因果ループ図を示しました。サウスウェスト航空は，現在の LCC の嚆矢とも言える会社で，世界中のビジネススクールでケースとして用いられています。因果ループ図では，サウスウェスト航空の戦略を構成する重要な要素を矢印で結び，利益につながる原因と結果の関係の連鎖として表現します。ここでは，因果ループ図とは何かということをイメージしていただければ十分なので，その詳細は説明しません。ただ，読者の皆さんには，本書全体を通してこの図の読み方と描き方を学んだ後に，ぜひこの図に戻ってきてほしいと思います。きっとこの図が何を意味しているのか明確にわかるようになっているはずです。

　この因果ループ図の構想力こそが経営戦略の本質だと筆者は考えています。アカデミックな視点からは沼上幹先生が『経営戦略の思考法』の中で，「メカニズ

2　序　章　本書の特徴と使い方

■図 0-1　経営戦略の見本例：サウスウェスト航空

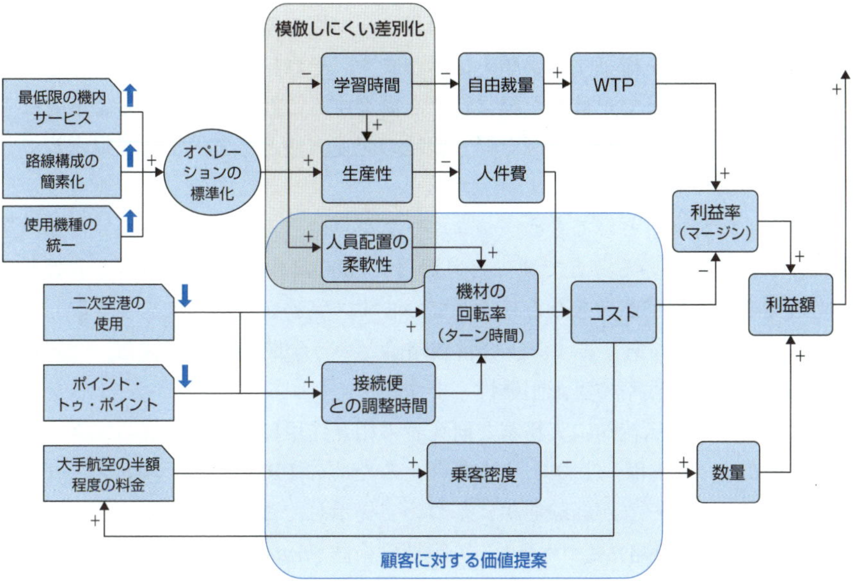

模倣しにくい差別化

| 最低限の機内サービス | 路線構成の簡素化 | 使用機種の統一 |

オペレーションの標準化

学習時間　−　自由裁量　WTP

生産性　人件費

人員配置の柔軟性

二次空港の使用

ポイント・トゥ・ポイント

大手航空の半額程度の料金

機材の回転率（ターン時間）

接続便との調整時間

乗客密度

コスト

利益率（マージン）

利益額

数量

顧客に対する価値提案

Column 0.1 ● ストーリーと因果ループ図

　本書で因果メカニズムと呼んでいるものと類似の考え方に「ストーリー」があります。経営戦略を「ストーリー」として考える方法は，『ストーリーとしての競争戦略(2010)』の中で楠木建先生が提唱されたものです。この本は，経営戦略のベストセラーとなり，現在でも多くのビジネスパーソンの方々に親しまれています。楠木先生が「ストーリー」と呼んでいたものは，まさに経営戦略に関する要因の因果関係の連鎖のことでした。本書の因果ループ図の作図法の一部（ゴールを WTP とコストと数量に分解することなど）にもこのストーリーの考え方を取り入れています。

0.1　本書の目的　*3*

ム解明法」という概念を用いて類似の主張をされています。

　しかしながら，これは思考法であって，具体的な経営戦略の作成ツールにまでは十分に落とし込まれていません。本書では，メカニズム解明法と類似した思考法であるシステム・シンキング（systems thinking）を応用することによって，経営戦略を因果ループ図で表現し，活用することを目指します。まず，通常のテキストで扱われている既存の経営戦略論を因果ループ図で整理し直した上で，この図を用いて経営戦略を構築する手順を提示します。それによって，読者の皆さんが自分自身の手によって一貫した経営戦略を構築することが可能になると筆者は考えています。この因果ループ図を経営戦略の記述方法として一貫して提示している点がこの本の最大の特徴です。

　本書が「教科書」としてもう一つユニークな点は，実務家が生み出した知識をかなり取り入れていることです。とりわけ，2000 年代のインターネットの普及以降の知識は実務家が大きな寄与をしています。実務からの知識を多く取り入れている理由は，3 つあります。①経営戦略論という学問領域の伝統と，②実務家の先進性，③経営戦略の実証困難性，です。

　経営戦略論は，伝統的に実務家と研究者の相互作用によって発展してきました（*Column* 0.2）。事業ポートフォリオを考えるための PPM は，ボストン・コンサルティング・グループが経験曲線に基づいて提示したことは有名です。アメリカの戦略経営（経営戦略に基づく経営）の専門学術誌 *Strategic Management Journal* の創刊号の編集方針にも，実務家からの貢献に対する期待が記されています。

　実務家の提示する知識が時代に即した速報性を持っている点も重要です。研究者はエビデンスに基づく説明を行おうとするため，どうしても新しい知識を提示するまでに時間がかかってしまいます。それに対し，実務家は優れた観察力と鋭い洞察力に基づいて最新の経営戦略についての知識を提示します。

　ただし，その知識が正しいかどうかは十分に検証されていませんので，厳密に検証するともしかすると間違っているかもしれません。つまり，知識の速報性と正確性はトレードオフなのです。このトレードオフをどのように扱うかは難しい問題ですが，本書では正確性を多少犠牲にしても速報性を取り込むことが有用であると筆者は判断しました。

　実際には，経験曲線や PPM のようにデータによる実証を伴って速報性と正確性を兼ね備えた実務家の理論も存在していますが，概ね実務家の理論は速報性を重視し，研究者の理論は正確性を重視する傾向があります。しかしながら，実務家の理論も，研究者の理論も程度の差こそあれ，経営戦略についての「仮説」で

4　序　章　本書の特徴と使い方

Column 0.2 ● 経営戦略論の学問的な位置づけ

　本書のテーマである経営戦略論は，経営学の一つの主要な領域です。経営戦略論を始めて学ぶ方の中には，経営学と経済学の違いがよくわからない方もいらっしゃると思いますので，経営戦略論が学問の体系のどこに位置づけられるのかを簡単に説明したいと思います。

　図 0-2 は，社会科学の学問体系を表したものです。社会科学の学問の体系は，大きく 2 つの要素によって分類されます。ディシプリン（左）と説明対象（右）です。ディシプリン（discipline）とは，一貫した思考の体系です。例えば，経済学は，「お金」と「市場」に関する側面から様々な社会現象を一貫して説明するディシプリンです。ですから，経済学は，市場や国民経済だけでなく，教育や雇用といった様々な説明対象を分析したり，説明したりすることができます。それに対して，経営学は，右側の説明対象によって分類される学問です。経営学が説明対象としているのは，産業と企業に関する現象です。これらの対象を説明するために，経営学では，経済学や，社会学，心理学といった様々なディシプリンを使ったり，組み合わせたりするのです。さらに，経営学に限って言えば，多くの実務家の知見をその体系の中に取り入れてきました。例えば，『経営者の役割』を著したチェスター・バーナード（Barnard, C. I.）は電話会社の社長でしたし，科学的管理法で有名なテイラー（Taylor, F.）は今で言うところの経営コンサルタントでした。ですから，経営戦略論は，経営戦略という経営学における主要な説明対象を様々なディシプリンや実務家の知見を用いて説明している学問領域なのです。

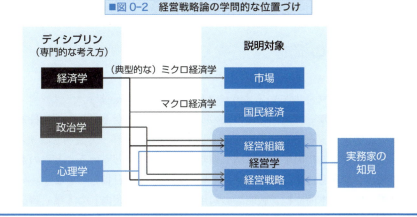

■図 0-2　経営戦略論の学問的な位置づけ

あることには違いありません。ですから，本書では研究者による実証的なデータは十分とは言えないけれども，論理的には十分な説得力のある実務家の知識も「仮説」の一つとして紹介することにしました。

　本書で紹介している実務家の知識は，次の2つの基準を満たしたものを選定しています。①因果ループ図として矛盾のない論理構造を持っていること，②学術的な経営学の知見としては完全に実証されてはいないけれども実務的には重要な現象を扱っていること，です。図0-3 は，経営学者が経営学の研究関心をどのように考えるかを示した図です。図0-3 によれば，経営学者は，個人的関心と，学界の関心，実務家や社会の関心の3つの関心に基づいてテーマを選び，研究を進めるとされています。理想的な研究はA と C ですが，現実的には B や F のような象牙の塔型の研究も数多く存在しています。本書では A と C は当然説明しますが，B や F のような研究についてはあまり扱わず，D や E の一部を紹介する内容になっていると考えてください。

　また，経営戦略という対象は，学術的に定量データに基づいて実証できる範囲が限られているというのも実務家の知識を重視する理由の一つです。経営戦略のような本来，様々な要因の複雑な因果関係の連鎖である現象を定量データを用いて統計分析で実証することには限界があるため，研究者の仮説は単純化され過ぎている傾向があります。その意味では，学術的な研究においても，戦略全体の複雑な相互作用を扱う場合は，今でも事例研究が重要なアプローチとなっています。実務家の知識は学術的な事例研究ほどの厳密さはないかもしれませんが，それを補って余りある豊かな洞察が含まれていると筆者は考えています。

0.2　本書の構成

　本書は，図0-4 で示しているように3部構成になっています。

　第1部は，因果ループ図の記述方法のルールを説明した上で，他の教科書でも扱っているスタンダードな経営戦略論を因果ループ図を使って説明します。**第1部**は，読者の皆さんに因果ループ図で戦略を考えるとはどういうことなのかを，既存の理論を解釈し直すことで理解していただくことを目指しています。

　第2部では，基本的な経営戦略論の適用範囲である「国内」の「単一事業」の「製造業」という想定を順番に外して，「複数事業」，「グローバル」，「サービス業」，「デジタル・サービス」に関する経営戦略の各論について説明していきます。

■図 0-3　本書で扱う経営戦略の範囲

個人的関心
社会的価値のあるリサーチ
既存知識の
応用が中心
E
オタク型
D
A
B
象牙の塔型
E
C
F
実務型
実務家や社会の
関心
学界の関心
研究のための研究
（＊将来の社会的価値?）

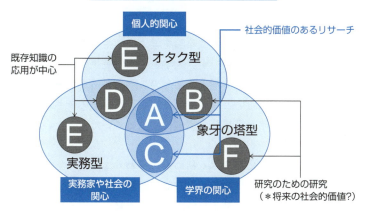

（出所）　田村正紀（2006）p.10，図 1.2 を参考に筆者作成。

■図 0-4　本書の構成

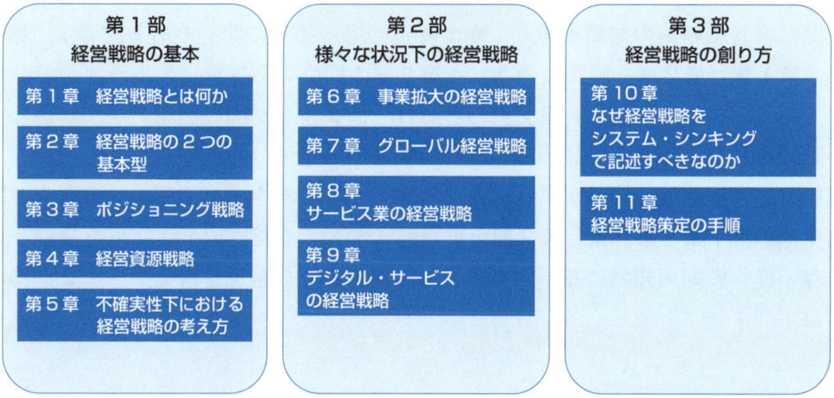

第 1 部
経営戦略の基本
第 1 章　経営戦略とは何か
第 2 章　経営戦略の 2 つの基本型
第 3 章　ポジショニング戦略
第 4 章　経営資源戦略
第 5 章　不確実性下における経営戦略の考え方
第 2 部
様々な状況下の経営戦略
第 6 章　事業拡大の経営戦略
第 7 章　グローバル経営戦略
第 8 章
サービス業の経営戦略
第 9 章
デジタル・サービス
の経営戦略
第 3 部
経営戦略の創り方
第 10 章
なぜ経営戦略を
システム・シンキング
で記述すべきなのか
第 11 章
経営戦略策定の手順

第3部では，第1部と第2部の内容を踏まえて，因果ループ図による経営戦略の策定方法を説明します。

0.3　本書の想定読者

本書が想定している読者は，経営戦略論を学ぶ大学生や大学院生と経営戦略を実際に構築する必要がある実務家です。大学生や大学院生には因果ループ図という一貫した視点から経営戦略を整理するとどのように各論を位置づけることができるのかを学んでいただきたいと考えていますし，実務家の皆さんには実際に因果ループ図として経営戦略を構築して実務に役立てていただきたいと考えています（*Column* 0.3）。

もちろん，すべての読者になるべく初めから終わりまで読んでいただきたいと考えていますが，皆さんの希少な時間を有効に活用したいただくためには，読者のニーズに合わせて次のように読んでいただくのが良いと考えています。

経営戦略論を初めて学ぶ方は，**第1部**を丁寧に読んでください。**第1部**では，「経営戦略論」という講義名で扱われる内容を網羅的にカバーしていますから，経営戦略論が何を学ぶ学問であるかを包括的に理解することができるとともに，因果ループ図によってシステム・シンキングで経営戦略を考えるとはどういうことなのかを体感することができます。

既に経営戦略論の知識があり，かつ特定の応用領域に関心のある読者は，**第1部の第1章と第2章**を読んだのちに，**第2部**の関心のある章にスキップしていただくのが良いと思います。**第2部**の各章は，因果ループ図の記述方法がわかっていればそれぞれ独立して読めるように説明しています。

既に経営戦略論の知識があり，かつ実務として戦略を構築する必要のある方は，**第1部の第1章と第2章と第3部**を重点的に学んでください。これらを読むと，既存の経営戦略の知識に基づいて一貫した経営戦略の論理を構築できるようになるはずです。

Column 0.3 ● ベゾスの紙ナプキン

　因果ループ図で描かれた経営戦略の実例として，アマゾンドットコム（以下，アマゾン）を紹介しましょう。アマゾンは，世界的にも有名なデジタル・サービス企業です。皆さんも，本や電化製品などをアマゾンのサイトで買った経験があるのではないでしょうか。このアマゾンの経営戦略を語る上で，有名な一枚の絵があります。それが「ベゾスの紙ナプキン」です（図0-5）。

　この絵は，アマゾンの創業者であるジェフ・ベゾスが，創業間もない頃に自社の事業の成長を考えていたときにレストランの紙ナプキンに書き留めたものだと言われています。この絵では，真ん中の大きな丸の中に「成長（GROWTH）」があり，それを取り囲むように「顧客経験（CUSTOMER EXPERIENCE）」と「トラフィック（TRAFFIC）」，「販売業者（SELLERS）」，「選別（SELECTION）」の4つの要素が矢印でつながれています。これは，成長のための良循環を表しています。すなわち，顧客が良い経験をすればするほど，サイトへ訪れる頻度が高くなるのでトラフィック（アクセス数）が上昇し，そういうサイトには多くの販売業者が集まり，切磋琢磨してサービスを向上させるとさらに顧客経験が良くなるという循環です。

　さらにこの絵をよく見てみると，成長からもう一つの循環がつながっていることがわかります。こちらは成長が循環の要素の一つとなり，「低コスト構造（LOWER COST STRUCTURE）」と「低価格（LOWER PRICES）」から顧客経験へとつながっています。こちらも，成長するにつれて，コストを下げることができるので（これがなぜ生じるのかは後ほど詳しく説明します），価格を下げることが可能になり，その結果として顧客はより良い経験をすることができるということを意味しています。このアマゾンの経営戦略は，本書が経営戦略のエッセンスであると考えている因果ループが二重になって良循環しているのです。

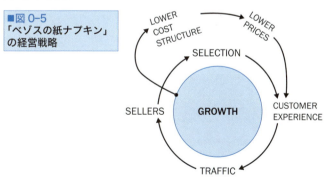

■図0-5 「ベゾスの紙ナプキン」の経営戦略

0.4 経営戦略の「アクティブ・ラーニング」としての使い方

　本書は，本文中の想定読者の方々に読んでいただく以外に，大学の先生や研修講師の皆さんに「経営戦略論」の講義で教科書として使っていただくこと，とりわけ，「アクティブ・ラーニング」として戦略策定の演習を中心とする講義での使用を想定しています。

　筆者自身も経験がありますが，経営戦略論の講義では，ある特定の企業のSWOT分析や業界構造分析を演習として実施することが多いと思います。もちろん，それらツールの使い方の習得も重要な演習ですが，全体としての経営戦略を策定するトレーニングとしては十分ではないと筆者は考えています。

　本書は一貫してシステム・シンキングに基づく因果ループ図によって経営戦略を考えるように書かれています。先生方におかれましては，演習の中でぜひ因果ループ図を描く練習を繰り返し行ってください。その練習によって，受講者は経営戦略の全体の文脈の中で，既存の分析ツールどのタイミングでなぜどのように使うべきなのかをより深く理解できるようになるはずです。

第1部
経営戦略の基本

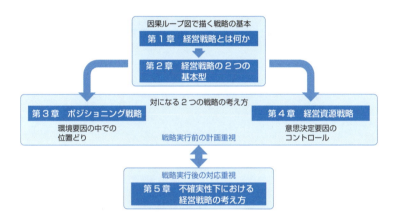

　第1部では，経営戦略論を因果ループ図で描くための基本ルールを学んだのちに，一般的な経営戦略論の教科書で学ぶ内容を因果ループ図を使って説明していきます。
　上図は，第1部の各章の関係を示しています。
　第1章では，本書全体の基本となる因果ループ図での経営戦略の記述方法に関する基本的なルールについて説明します。その基本ルールに従って，第2章では経営戦略の2つの基本型であるコスト・リーダーシップ戦略と差別化戦略を因果ループ図を用いて説明していきます。
　第3章はポジショニング戦略を，第4章は経営資源戦略をそれぞれ説明しています。この2つの戦略は，経営戦略の2つの重要な構成要素である経営環境と経営資源のそれぞれに力点を置いており，あたかも対立している戦略のように扱われてきましたが，因果ループ図として整理し直すことで両立可能なだけでなく，両方同時に考慮しなければならないことがわかります。
　第5章では，不確実性の高い状況における経営戦略の考え方を説明します。不確実性が高い状況では，前章までの戦略実行前の緻密な計画としての戦略よりも，実行後の対応としての戦略が重要になることが示されます。

第1章

経営戦略とは何か
:「因果ループ図」として
経営戦略を描く

　第1章は，本書における経営戦略とは何かを明らかにした上で，因果ループ図で経営戦略を描くための5つの基本ルールについて学んでいきます。

　5つの基本ルールとは，①変数を矢印でつなぐことと，②因果関係には正負があること，③モデレータ変数があること，④フィーバック・ループを作ること，⑤「遅れ」を考慮すること，です。

1.1 経営戦略とは何か

　本章の目的は，経営戦略を因果ループ図で描くための基本ルールを説明することですが，それに先立ってそもそも本書では経営戦略をどのように理解しているのかを説明しておきましょう。

　一言で「経営戦略」といっても，多くの研究者や実務家が様々な意味で経営戦略を定義しています。経営学者のミンツバーグ（Mintzberg, H.）はその多様性をサファリパークにいる動物に例えているくらいです。そうはいっても，経営戦略論というからにはそれらの様々な考え方に全く共通点がないわけでもありません。図1-1はその最低限共通しているエッセンスのみを抜き出して，経営戦略とは何かを図示しています。

　図1-1では，経営戦略は，自社が現在持っている経営資源を適応すべき環境にフィットさせて，将来のその企業にとってのあるべき姿やありたい姿に到達するための論理として表現されています。この図で強論したいのは，戦略とは「将来のありたい姿」，「環境」，「資源」そのものではなく，それらをつなぐ論理（図の矢印）であるという点です。したがって，この経営戦略は，①目指すべきゴール，②ゴールに影響を及ぼす要素，③ゴールまで要素をつなぐ因果の矢印の3つの要素によって構成されています。

① 目指すべきゴール

　一つ目は，目指すべきゴールです。経営戦略とは，5年から10年くらいの中長期的な目的を達成するために作られる企業の行動指針です。ですから，10年後にこのようになっていたいというゴールを設定しておく必要があります。アマゾンドットコムの戦略では，「成長」をゴールに設定しています。「成長」はもちろん立派なゴールですが，学問としての経営戦略論では，通常，持続的な競争優位をゴールに設定します（*Column* 1.1）。持続的な競争優位とは，同じ業界の競合他社を上回る利益水準を達成し続けることと考えられています。

　経営戦略にゴールがあるのは当然のことと思われるかもしれません。しかしながら，経営戦略の理論やフレームワークはゴールに直接つながるわけではないものがたくさんあります。分析ツールの多くは現状を理解するためのツールなので，その理解をゴールにつなげる論理が必要ですが，多くの人が分析をしたこと自体に満足してしまいその論理をおろそかにする傾向があります。このような分析そのものが自己目的化してしまう現象は「分析麻痺症候群」と呼ばれます。分析麻

14　第1章　経営戦略とは何か

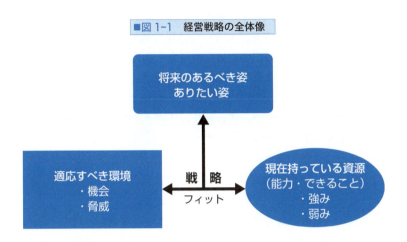

■図 1-1　経営戦略の全体像

Column 1.1　企業の目的

　本文中に経営戦略論の目的は,「持続的な競争優位」と書きました。このように書くと, 企業の目的は「ヴィジョン」,「ミッション」,「バリュー」で表現すべきだといった意見や,「パーパス」こそが企業が成し遂げるべき目的であるといった意見, 競争優位よりも顧客や社会へのより良い価値提供こそが目的であるという意見が出てくるかもしれません。確かに, 企業の最終目的はそのように設定すべきかもしれませんが, 営利企業として存続し続けるためには同種の製品やサービスを提供する競合企業に打ち勝たなければならないという現実の課題を克服しなければなりません。経営戦略論はそのための理論なのです。ただし, 上述したような企業目的を持っていない企業は長期間にわたってステークホルダーからの支持を得られないので, 通常競争優位を維持できません。ですから, 本書では, 顧客や社会に対する価値提案を競合他社に模倣されない形で経済的価値に変換するためのメカニズムが経営戦略であると考えています。

痺症候群を避けるためにも，目指すべきゴールを明確に設定し，常に意識することが重要になります。

② ゴールに影響を及ぼす原因となる要素

ゴールに影響を及ぼす原因となる要素も重要です。この要素は，大きく2つに分類できます。一つは経営資源，もう一つは経営環境です。経営資源とは，企業が顧客に提供する価値を生み出すために使用する投入物です。経営戦略論では，ヒト，モノ，カネ，情報，知識などが経営資源と想定されています。経営環境とは，企業を取り巻く様々な利害関係者（ステークホルダーと言います）で構成されています。具体的には，顧客や，競合他社，サプライヤー，投資家，政府などが経営環境を構成するステークホルダーです。

言い換えると，企業の境界線の内側にあり，経営者の意思決定によって直接影響を及ぼすことができる要素が経営資源であり，境界線の外側にあり，経営者が直接影響を及ぼせない要素が経営環境だと言えます。

SWOT分析という有名な分析ツールは，この2つの要素を分析するためのものです。図1-2に示しているように，経営資源についてはその強み（Strength）と弱み（Weakness）を，環境については機会（Opportunities）と脅威（Threats）を書き出すので，それらの頭文字をとってSWOTと呼ばれています。このツールについてのよくある誤解は，強みと弱みと機会と脅威を書き出すことで戦略を構築したと錯覚してしまうことです。図1-1で説明したように，戦略はあくまでもそれらをつなぐ論理の矢印ですから，書き出した要素をつなげて将来あるべき姿にたどり着く論理を示さなければ戦略を構築したことにはなりません。SWOT分析で描き出した要素は戦略を構築するための重要な構成要素にはなりますが，それを組み立てて筋の通った論理でつなげなければ戦略にはならないのです。本書が提供しようとしているのは，その論理の作り方です。

③ ゴールまで要素をつなぐ因果の矢印

本書で経営戦略を理解する上で最も重要な要素が，この「因果の矢印」です。「因果の矢印」とは，2つの要因が因果関係にあることを示すための記号です。因果関係は，単純に言えば，矢印が刺さっている側に「なぜ」という問いかけを行なって，矢印が出ている側がその答えになっていれば成立していると考えられます。例えば，ある製品を値下げしたら，2倍の数量が売れた状況を考えましょう。この場合，他の条件が同じならば，「値下げ」が原因となって「2倍の売上数量」が結果として生じたと考えることができます。図1-3は，この状況を因果の矢印を用いて記述したものです。「値下げ」と「2倍の売上数量」が因果関係である

■図 1-2　SWOT 分析

自社の強み（Strength）	自社の弱み（Weakness）
環境の機会（Opportunities）	環境の脅威（Threats）

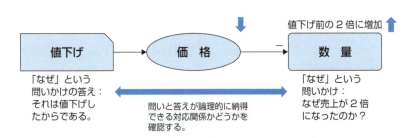

■図 1-3　「値下げ」と「売上」の因果ループ図

1.1　経営戦略とは何か　17

かどうかの判断は，結果（矢印が刺さっている側）に対して「なぜその結果が生じたのか」という問いかけを行い，原因（矢印が出ている側）が答えになっているかどうかをチェックしてください。この場合，「なぜ売上が2倍になったのか」という問いかけの答えが「値下げをしたからである」で筋が通っていれば，この2つの要素の間には論理的には因果関係があると考えて良いでしょう。ただし，ビジネスの現場では，時として一見因果関係が成り立っているように見える関係であっても，実際に因果関係が成立していない場合があります。その場合は，なぜ因果関係が成立しないのかを因果関係の成立要件や他の要因の影響などを検討しなければなりません（**Column** 1.2）。

　また，経営戦略は，利益を獲得したあとその利益を次の戦略遂行にどのように使うのかというフィードバック・ループが必要です。なぜならば，企業の事業活動は，持続的な活動だからです。短期的には四半期や1年といった業績の区切りがありますし，3年間や5年間の中期経営計画が策定されて成果が測定されたりしますが，企業はそれよりはるかに長い期間を念頭に置いて継続的に活動を続けていきます。日本では，上場企業の中にも創業から400年以上事業を継続している会社もあります。長期間持続的に活動するためには，獲得した利益を投資として事業戦略に活用する必要があります。

　本書では，このような複数の因果関係が連鎖したり，フィードバック・ループによって循環したりする戦略の全体像を因果メカニズムと呼び，その作図方法を因果ループ図と呼びます。本書の目的は，読者の皆さんが経営戦略の因果メカニズムを理解し，自分自身の経営戦略を因果ループ図として描けるようになることです。

　第1章では，上述の経営戦略の3つの要素について実例を挙げながら詳しく説明していきたいと思います。第1章は，第2章以降を理解するために不可欠な準備をするための章ですから，丁寧に読んでしっかり理解してください。

1.2 「因果ループ図」として経営戦略を描く①
：ゴールを3つの要因に分解する

　本書では，経営戦略論における企業のゴールは持続的な競争優位であると考えます。「競争優位」とは，競合他社に対して競争上有利な立場にいることを意味し，その結果としての本業での収益性，すなわち営業利益率や EBITDA（売上総利益から販売費及び一般管理費を控除したもの）が競合他社よりも相対的に高いこ

18　第1章　経営戦略とは何か

Column 1.2 ● 因果関係の成立要件

本書では，因果関係を理解して使いこなすことが非常に重要です。しかしながら，因果関係は相関関係と混同されることが非常に多く，間違った推論の原因になっています。ですから，このコラムでは因果関係の成立条件を説明することで，因果関係と相関関係の違いついて明らかにします。

ある要因間の因果関係の成立条件は，①２つの要因間に共変関係があるか，②原因と結果に時間的な前後関係があるか，③２つの要因が疑似相関ではないか，の３つです。

① ２つの要因間に共変関係があるか

因果関係の成立条件の一つ目は，２つの要因間が一緒に変化するかどうかです。この条件は「相関関係」も満たしている条件ですので，この条件だけでは「因果関係」と「相関関係」の区別はできません。ただ共変関係があるだけで拙速に因果関係であると判断してしまうと誤った推論につながってしまうので注意が必要です。

② 原因と結果に時間的な前後関係があるか

因果関係の成立条件の二つ目は，原因と結果に時間的な前後関係があるかです。原因が結果より時間的に先行するというのは当たり前のように聞こえますが，多くの人が無意識に原因と結果を逆に理解するという間違いを犯している場合があるので注意が必要です。

③ ２つの要因の関係が疑似相関でないか

三つ目の条件は，疑似相関でないかどうかということです。疑似相関とは，２つの要因が第三の要因それぞれ個別に影響を受けているので，実際には因果関係がないにもかかわらず，見せかけの（疑似）関係が見られるということを意味しています（図1-4）。これは，なかなか見抜くことが難しいですが，擬似相関がありうることを理解しておくと見つけられる可能性が格段に高まりますので，皆さんも普段から意識してみてください。

■図1-4 疑似相関

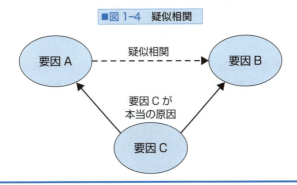

ととと考えます。それをできるだけ長い期間維持することが経営戦略の差し当たってのゴールであると考えてください。この持続的な競争優位を高める要因は，「WTP（Willingness to Pay：顧客の支払い意思額）」と，「コスト」，「数量」の3つです。

WTPとは，ある製品やサービスに対して顧客が支払っても良いと考える金額です。例えば，スターバックスのコーヒーであれば400円でも顧客は支払っても良いと考えるのに対し，他のコーヒーチェーンなら200円までしか払いたくないと考えるように，類似した製品やサービスであっても，様々な要因によって顧客はWTPを変化させるのです。コストは，企業が製品を提供するために必要な費用です。一般的な費用には，原材料費や，人件費，輸送費など様々な費用が含まれます。数量は，製品であれば個数，サービスであれば提供した回数などを意味します。

図1-5は，因果関係としてこれらの要因をつないだものです。WTPからコストを差し引いたものが，マージン（製品やサービスの一単位あたりの利益率）になります。そのマージンと数量を掛け合わせたものが利益額（営業利益）です。

経営戦略論では，マージンを増加させるためにWTPを高める戦略を差別化戦略，コストを低下させる戦略をコスト・リーダーシップ戦略と呼びます。このいずれか，もしくは両方が，経営戦略の具体的に目指すべきゴールとなります。「数量」は経営戦略の直接的な目的ではありませんが，数量の多寡によって差別化戦略やコスト・リーダシップ戦略は影響を受けますので，重要な要因です。

1.3 「因果ループ図」として経営戦略を描く②
：3種類の要因を識別する

経営戦略は，多数の要因の組み合わせと相互作用によって構成されています。それらの要因は，経営者のコントロール可能性によって3種類に分類できます。

コントロール可能性とは，経営者が自らの意思によってその要因をコントロールできる程度を意味しています。例えば，生産数量は経営者が増産や減産の意思決定を行えば思い通りに実行できるのに対して，シェアは経営者が高めようと努力しても実際に高まるとは限りません。この場合，生産数量の方がシェアよりもコントロール可能性が高い要因であると考えられます。

本書では，最もコントロール可能性が高い要因を意思決定要因，最もコントロール可能性が低い要因を環境要因，その中間の要因を戦略要因と呼びます（図

20　第1章　経営戦略とは何か

■図1-5 「因果メカニズム」としての経営戦略のゴール

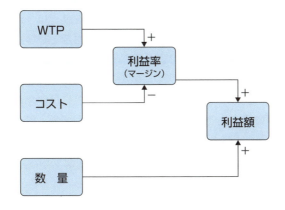

■図1-6 経営戦略を構成する3種類の要因

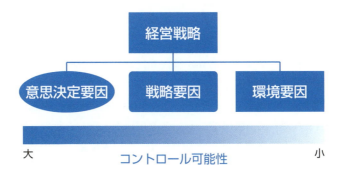

1-6)。

(1) 意思決定要因と戦略オプション（打ち手）

意思決定要因は企業の経営者が、意思決定によって完全にコントロールできると考えている要因です。例えば、「従業員の賃金」や「設備投資」や「M&A」は通常は意思決定要因に属します。

意思決定要因を変化させる具体的な選択肢が、戦略オプションです。ビジネスパーソンにとっては、戦略の「打ち手」という言葉を使うほうが馴染みがあると思いますので、以下では戦略オプションのことを打ち手と呼びます。打ち手とは、意思決定要因の方向や強さに直接影響を及ぼすための具体的かつ観察可能な経営活動のことです。ですから、打ち手は、意思決定要因に影響を及ぼす手段であり意思決定要因とは区別して考えるべきものであることには注意が必要です。

例えば「従業員の賃金」という意思決定要因について考えてみましょう（図1-7）。「従業員の賃金」に関する打ち手には「賃金カット」や、「一時金の増額」、「ベースアップ」などがあります。打ち手は、意思決定要因をどのようにどれくらいの強さや確実性を持って影響を及ぼしたいかによって様々な可能性があります。「従業員の賃金」によって「離職率」を低下させたいと意図しているのであれば、打ち手としては「ベースアップ」の方が「一時金の増額」より長期的には有効かもしれません。逆に、賃金によって従業員の短期的なモチベーションを上げたいのであれば、「一時金の増額」の方が適切な打ち手と考えられます。ただし、これらの因果関係はあくまでも「仮説」であって、実際に実施した結果を検証する必要があります。

打ち手は、「意図せざる結果」として経営者が想定していなかった戦略要因に影響を及ぼす可能性もあります。例えば、あるアパレルメーカーは秋冬シーズン前にニットをどれくらい生産するかを検討し、コスト・リーダーシップ戦略を採り、大量生産による規模の経済によってコストを下げようと考えました（図1-8の「打ち手の意図」の部分）。ところが、その年は暖冬で大量の売れ残りが発生することが見込まれたため（矢印1）、シーズン中にもセールを行い「販売価格の値下げ」という打ち手で在庫を減らそうとしました（矢印2）。その結果、コストを引き下げる意図で大量生産したものの、大量在庫という意図せざる結果から、値下げせざるを得なくなりWTPを引き下げてしまったのです（矢印3）。これは非常に単純かつどこでも起こりうる例ですが、打ち手は常に「意図せざる結果」を引き起こす可能性があることを念頭に置いて経営戦略全体を俯瞰して因果メカニズムを考える必要があります。

■図 1-7 打ち手と意思決定要因の関係

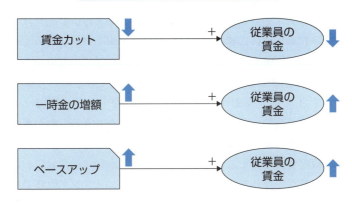

■図 1-8 「意図せざる結果」を含む因果メカニズムの例

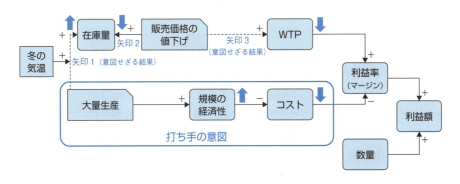

(2) 環境要因

環境要因は，意思決定要因とは逆に，一企業の経営者では全くコントロールできないと考えられている要因です。「政府の規制」や「業界の競合度」，「代替技術の発展」などが具体例として考えられます。さらには，地震などの自然災害や，テロ，感染症の流行なども環境要因です。

環境要因を考える際に重要な点は，環境要因は変更できないと経営者が「認識している」要因であって，本当に全くコントロールできない要因だけではないということです。認識している要因の中には，自然災害や疫病発生のように本当にコントロールできない要因だけでなく，政府の規制や業界の慣習のようにコントロールできないわけではないが多くの経営者が変更できないと「認識している（思い込んでいる）」要因も含まれているのです。つまり，環境要因は，経営戦略を考える経営者の主観的な認識次第で戦略要因にもなりうるものが多く含まれているということなのです（*Column* 1.3）。

ある要因を戦略要因と捉えるか環境要因と捉えるかは，経営戦略を考える上で非常に重要な分岐点になりますので，**第3章**のポジショニング戦略で詳しく説明します。

(3) 戦略要因

戦略要因は，意思決定要因と環境要因の間に存在する，企業の意思決定や戦略オプションによってある程度コントロールできると考えられる要因です。例えば，「従業員満足度」や「イノベーション」などは，環境要因のように全くコントロールできないわけではないですが，意思決定要因によってすべて経営者の思い通りに動かせるわけでもありません。

戦略要因は，経営戦略を構成する3種類の要因の中で最も重要な要因です。なぜならば，戦略要因を適切にコントロールできる度合いは企業によって異なり，適切にコントロールできる企業ほど競争優位を獲得できる可能性が高いと考えられるからです。さらに，戦略要因と，それと相互作用する仕組みは，当該企業の外部者からは見えにくく競合他社から模倣されにくいことも重要です（模倣困難性については**第4章**で詳しく説明します）。

意思決定要因は競合他社からも見えやすい部分であるのに対し，意思決定要因と戦略要因の相互作用の仕方や影響の範囲などは外部から見ただけでは分かりにくい部分です。例えば，経営者にとって「従業員満足度」は非常に重要な戦略要因です。しかしながら，賃金の金額が経営者の意思決定要因であることとは異なり，「従業員満足度」は必ずしも経営者の思い通りに上げたり下げたりすること

24 第1章 経営戦略とは何か

Column 1.3 ● 環境要因を戦略要因に変える非市場戦略

　経営戦略は，必ずしも市場において顧客や競合他社やサプライヤーとの相互作用だけを扱っているわけではありません。非市場戦略（non-market strategy）と呼ばれる経営戦略では，まさに本書の「環境要因」を「戦略要因」として扱うことによって競争優位を構築しようとしています。Mellahi et al.（2016）の体系的なレビューによれば，非市場戦略は戦略的CSR（企業の社会的責任）と企業の政治活動の2つの研究の流れに端を発し，近年活発になってきている研究テーマです。

■表1-1　3種類の要因のまとめ

	意思決定要因	戦略要因	環境要因
内　容	意思決定によって完全にコントロールできると考えている要因	企業の意思決定や戦略オプションによってある程度コントロールできると考えられる要因	企業の経営者では全くコントロールできないと考えられている要因
例	従業員の賃金・設備投資・M&A	従業員満足度・イノベーション	政府の規制・業界の競合度・代替技術の発展・地震などの自然災害・テロ・感染症の流行

　3つの要因間の境界線も，競争優位の獲得にとっては重要です。**Column** 1.3 で説明したように，ある企業にとっては環境要因であっても他の企業にとっては戦略要因であることがありうるように，ある企業にとっては意思決定要因でもある企業にとっては経営者の意図どおりにコントロールできるとは限らない戦略要因であることもありえます。例えば，本文中では意思決定要因として扱った「従業員の賃金」も「組合の交渉力の強さ」や「業界の慣習の強さ」などの影響によって戦略要因（企業によっては環境要因）としてしか考えられない企業もあるかもしれません。

はできません。ある会社の従業員は，経営者が将来のビジョンを熱く語ることを意気に感じて，そこで働くことに満足して「従業員満足度」が上がるかもしれませんし，別の会社では賃金や福利厚生などの個人的な処遇でしか「従業員満足度」が影響を受けないかもしれません。戦略要因の因果ループは様々な要因に影響を受けるがゆえに必ずしも唯一の正解があるわけではなく，企業固有のメカニズムが存在する可能性があります。その固有のメカニズムは他社から見ると模倣することが難しいため，競争優位の源泉となりうるのです。

図1-9は，本書で使用する因果ループ図の作図上の約束事（凡例）です。以下では，経営戦略を表現する要因について，

① 意思決定要因は楕円形，
② 戦略要因は角が丸い四角形，
③ 環境要因は角が直角の四角形，

そして

④ 打ち手は右上の角が折れた，網掛けの四角形

で表現することにします。

1.4 「因果ループ図」として経営戦略を描く③
：要因間を因果関係でつなぐ

1.4.1 3つの要因を変数として考える

意思決定要因と，環境要因，戦略要因の3つの要因を識別できたら，これらの3つの要因を因果ループとしてつなぐために変数に置き換えます。

変数（variable）とは，読んで字のごとく「変動する値」を意味します。ここまで説明してきた要因は，全て変数です。意思決定要因は「打ち手」によって直接変化させることができる変数ですし，環境要因も自らの意思でコントロールできませんが変数です。

具体的には以下のように要因を変数に置き換えます。賃金や価格などはそのまま変数として使います。それに対して「リーダーシップ」のような抽象的な概念は，できるだけ具体的にイメージできる言葉に置き換えて，「～の強さ」「～の度合い」「～の程度」といった変化を表す言葉と組み合わせて変数を作ります。

変数は定量的に測定できる方が扱いやすいですが，定量化できないから，計測できないから，という理由で重要な要因を除外してしまうのは本末転倒ですから，計測できなくても良いので重要な要因は，社内の人々が納得できる変数として設

26　第1章　経営戦略とは何か

■図 1-9　因果ループ図の作図上の約束事

(意思決定要因)　意思決定要因とは，経営者の意思決定によって完全にコントロールできる要因。

[戦略要因]　戦略要因とは，経営者が影響を及ぼすことは可能であるが，完全にはコントロールできない要因。

[環境要因]　環境要因とは，経営者が影響を及ぼすことはできないと考えている要因。

──＋→　正の因果関係を示す矢印は，原因と結果が同じ方向に変化することを示している。

──－→　負の因果関係を示す矢印は，原因と結果が反対方向に変化することを示している。

　矢印上の三角形は，その結果が生じるまでのタイムラグが発生することを意味している。

[打ち手]　意思決定要因をコントロールするための具体的な手段。

　打ち手とその結果に付随する上下の矢印は，打ち手が結果をどのように変化させたいかという意図を表している。

定して，戦略に組み込む必要があります。

「打ち手」は，変数をある方向に動かすための意図的な手段ですから，変数である必要はありません。ですから，そのまま具体的な施策の名称を記述してください。

1.4.2　因果ループ図の基本ルール

以下では，これらの変数を用いて因果関係を表現する際の，5つの基本ルールを説明します。

ルール1：変数を矢印でつなぐ。

因果関係は，2つの変数を「箱（box）」の中に入れて，その間を「矢印（Arrow）」でつなぐことで表現します。本書では，戦略全体を複数の因果関係を組み合わせてダイナミックな挙動を表現したものを因果メカニズムと呼びます。その因果メカニズムを表現する図は，インフルエンス・ダイアグラムやボックス＆アロー・ダイアグラムなど様々な呼び名がありますが，本書では単純に「因果ループ図」と呼びます。

図1-10では，矢印の始点側の変数が原因となる変数（以下，原因変数と呼びます）を表し，矢印の終点側の変数が結果となる変数（以下，結果変数と呼びます）を表しています。原因変数と結果変数は，まさに原因と結果の関係にありますから，結果変数について「なぜ」という疑問文を作れば，原因変数が「〜だから」という答えになっている必要があります。

ルール2：因果関係には正の関係と負の関係がある。

因果関係には，正の関係と負の関係があります（図1-11）。正の関係とは，原因変数と結果変数の変化の方向が同じであることを意味します。例えば，賃金が上昇（減少）すれば，従業員のモチベーションも上昇（低下）するという関係は正の因果関係です。逆に負の因果関係とは，原因変数と結果変数の変化の方向が逆になることを意味します。例えば，従業員満足度が高まれば（低くなれば），離職率は低下する（上昇する）という関係は負の因果関係です。

因果ループ図上では，矢印の上に「＋」と書いた場合は正の因果関係を，「−」と書いた場合は負の因果関係を表します。

ルール3：因果関係の効果を変化させる変数＝モデレータ変数がある。

変数の中には，因果の矢印に対して影響を及ぼす変数も存在します。つまり，因果関係の強さを強めたり弱めたりする変数です。このような働きをする変数を「モデレータ変数（調整変数）」と呼びます。

■図1-10 ルール1：変数を矢印でつなぐ（例）

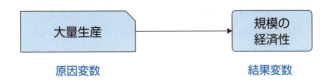

■図1-11 ルール2：因果関係における正の関係と負の関係

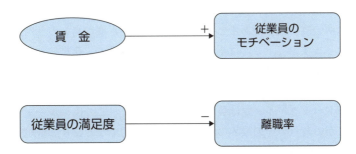

正のモデレータ変数は，因果関係の効果を強める働きをします。図 1-12 (a) は，売り手の交渉力が高まると利益ポテンシャルが低下するという因果関係が，売り手が交渉力を行使しようとする意欲が高いとより強くなるということを意味しています。つまり，交渉力が強い上にその交渉力の行使に積極的な売り手は，自社の業界の利益ポテンシャルを強く押し下げる効果を持つということです（第 3 章の図 3-5 参照）。

負のモデレータ変数は，因果関係の効果を弱める働きをします。図 1-12 (b) のスイッチング・コストは，負のモデレータ変数の具体例です（第 2 章の図 2-14 参照）。模倣品のコストパフォーマンス比が高まると自社の販売数量が減少する（つまり，競合品に顧客を奪われる）という因果関係を，スイッチング・コストというモデレータ変数が弱めます。つまり，スイッチング・コストによって競合品に顧客が奪われにくくなります。

ルール 4：フィードバック・ループを作る。

フィードバック・ループとは，いくつかの因果関係がつながって循環していることを意味します。フィードバック・ループは，バランス型ループ（Balancing Loop）と自己強化型ループ（Reinforcing Loop）があります。

バランス型ループとは，そのフィードバック・ループが循環し続けるとどこか 1 点に収束して動かなくなるループのことです。バランス型ループには「−」の因果関係が奇数個含まれています。

図 1-13 (a) は，バランス型ループの具体例です（第 3 章の図 3-4 参照）。まず，ある利益水準の高い業界があると想定します。利益水準が高いことは企業の新規参入を促進しますので，ここは正の因果関係があります。新規参入が促進されるとその業界の企業数が増え競争が激化しますから，ここも正の因果関係になります。競争が激化すると各社の利益水準を維持することが難しくなりますから，最後のフィードバック・ループは負の関係になります。この因果ループが回り続けると，どこかの時点でその業界の利益水準が魅力的でなくなり，新規参入が起こらなくなって，競争も安定的になります。

それに対して，自己強化型ループは，「−」の因果関係が偶数個含まれています。図 1-13 (b) は，自己強化型ループの具体例です（第 9 章の図 9-7 参照）。この図は直接的なネットワーク効果を表しています。直接的なネットワーク効果は，数量（ユーザー数）が増加すると，ユーザーにとってのサービスの価値が高まり，その価値に惹きつけられてさらに数量（ユーザー数）が増えるという良循環が駆動します。

■図 1-12　ルール 3：因果関係を変化させる変数（モデレータ変数）

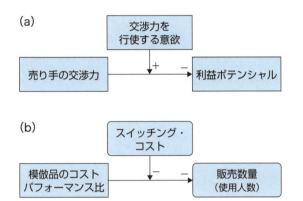

■図 1-13　ルール 4：バランス型ループと自己強化型ループ

(a) バランス型ループ
・負の因果関係が奇数のループ
・徐々に一点に収束していく

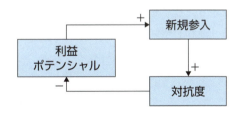

(b) 自己強化型ループ
・負の因果関係が偶数（ゼロも含む）のループ
・良循環か悪循環

自己強化型ループは，循環し続けてもどこかに収束するのではなく，変化が強化されていきます。悪い変化が強化されていくことを悪循環，良い変化が強化されていくことを良循環と呼びます。この良循環と悪循環は，経営戦略を考える上で一つの鍵になります。読者の皆さんが自分で経営戦略を考える際にはどこかに自己強化型ループがないか探してみると良いでしょう。

ルール5：フィードバック・ループの「遅れ」の可能性を検討する。

　フィードバック・ループには，即時的で観察が容易なループもあれば，長期的かつ観察が難しいループもあります。原因が起こってから結果が生じるまでにタイムラグが発生する場合には，因果の矢印上に「遅れ」の記号を表示して表現します。

　図1-14は，デジタルサービス戦略の一部に生じる「遅れ」を表現しています（第9章の図9-11参照）。デジタルサービスの多くは，無料などの打ち手によって大量に獲得したユーザーたちに課金してもらうことを考えています。この戦略を続けていると時間が経つにつれて（「遅れて」）無料ユーザーと課金ユーザーの利用履歴がデータとして蓄積されていきます。その蓄積されたデータには，無料ユーザーを課金に導くためのヒントがたくさん詰め込まれており，モデレータ変数として課金ユーザーを増加させる効果を持っています。

　図1-14は，戦略策定者が戦略にもともと織り込んでいる「遅れ」ですが，「遅れ」の中には戦略策定者が当初は気づいていなかったり，戦略として意図していなかったりするものも含まれています。実際に戦略を実行する際には，意図せざる「遅れ」や気づきにくい「遅れ」は非常に重要になってきますので，日頃から注意を払うようにしましょう。

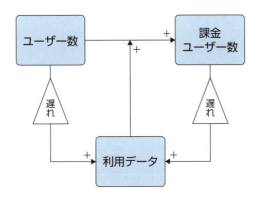

■図 1-14　ルール 5：「遅れ」の可能性

Column 1.4 ● 因果「ループ」の本書での扱い

　因果ループは，一般的なシステム・シンキングのテキストでは，ループの視覚的な表現を強調するために矢印を曲線で描くことを推奨しています。しかしながら，本書では同列の要因を視認しやすいこと（例えば，WTPとコストと数量）を優先して，矢印は直線で表現しています。直線で表現しているとはいえ，ループしている箇所が経営戦略上重要な意味を持っているのは変わりないので，以下の章でもループに注目しながら説明をしていきます。

　また，本書では，利益を経営戦略のゴールと位置づけ，それ以降のフィードバック・ループは扱っていません。本来，「利益からのフィードバック・ループ」は，次期の経営戦略に影響を与えるはずですが，その部分（利益の再投資）はファイナンスや会計の領域に該当するため本書では基本的に省略されています。しかしながら，実際の企業経営においては，利益からのフィードバック・ループは非常に重要です。ですから，読者の皆さんは経営戦略だけでなくファイナンスや会計についても学び，それらが 1 つの統合された大きなループであることを理解し描けるようになってください。

第2章

経営戦略の2つの基本型
：コスト・リーダシップ戦略と
　差別化戦略

　第2章では，第1章で学んだ因果ループ図の考え方に基づいて，経営戦略の2つの基本型がどのような因果メカニズムによって機能しているのかを学んでいきます。経営戦略の2つの基本型とは，コストを競合他社よりも低く抑える「コスト・リーダシップ戦略」とWTPを競合他社よりも高くする「差別化戦略」です。

2.1　経営戦略の2つの基本型

　経営戦略には，「コスト・リーダシップ戦略」と「差別化戦略」の2つの基本型があります。図2-1は，その2つを因果ループ図として表現したものです。この2つはマージンに影響を及ぼす2つの要素にそれぞれ働きかけるのですが，最も重要な点は「競合他社よりも」という点です。経営戦略は競合他社に打ち勝ち，競合他社よりも多くの利益を獲得するための論理です。もし競合他社が自社と全く同じことができるのであれば，顧客はより高い価格を支払って自社の製品やサービスを購入する理由はありませんから，自社が競合他社より多くの利益を得ることはできません。読者の皆さんは，経営戦略を考える際には，常に仮想敵として競合他社のイメージを持ってください。

　経営戦略にコスト面で模倣されない何かを組み込むこと，WTP面で模倣されない何かを組み込むこと，これが経営戦略を構築する上で非常に重要な意味を持ちます。この他社から模倣されないことを，経営戦略論では「模倣困難性」と呼びます（図2-2）。この模倣困難性を経営戦略全体の因果ループにどのように組み込むかが，経営戦略を策定する上では非常に重要です。それでは，コスト・リーダシップ戦略と差別化戦略がどのように模倣困難性をその因果ループに組み込んでいるのかを見ていきましょう。

2.2　コスト・リーダシップの因果ループ図

　コスト・リーダシップ戦略は，競合他社よりもコスト面で優位に立つための戦略です。そのために重要な戦略要因は，4つあります。①規模の経済（Economy of Scale）と，②経験効果，③密度の経済（Economy of Density），④川上と川下に対する交渉力です。

2.2.1　規模の経済

　コスト・リーダシップ戦略は，ヒト・モノ・カネといった経営資源が競合他社よりも豊富な企業が採用しやすい戦略です。なぜなら，コストを競合他社よりも低下させるための手段をたくさん実行できるからです。経営資源が豊富な企業にとって最も重要な戦略要因は，「規模の経済」です。規模の経済は，生産や販売の

36　第2章　経営戦略の2つの基本型

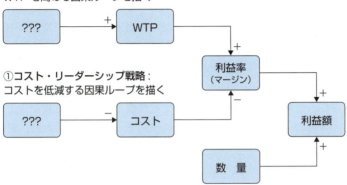

■図 2-1 経営戦略の 2 つの基本型

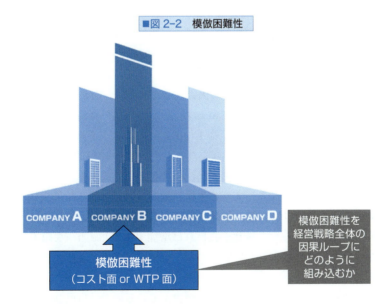

■図 2-2 模倣困難性

2.2 コスト・リーダシップの因果ループ図 37

活動規模を大きくすると活動の効率性が高まったり，その活動を支援する間接部門の効率が高まったりすることで費用が低下することを意味しています。

アカデミックな意味での「規模の経済性」には短期と長期の2つの意味が含まれています。短期の規模の経済性は，現在の生産設備や販売設備を用いて大量に生産したり販売したりすることによって，製品1個あたりに対する固定費の割り当て額が減少することを意味します。例えば，1ヶ月あたりの固定費が100万円の工場で，月間1万個生産すれば一個あたりの固定費の割り当て額は100円であるのに対して，月間10万個生産すれば10円で済むという効果です。ビジネスパーソンが一般的に用いている「スケールメリット」はこの意味で使われることが多いと思います（*Column* 2.1）。

それに対し，長期の規模の経済性は，生産設備そのものの更新が含まれます。すなわち，分業の仕方が変更されて専門性が高まって効率化したり，最新鋭の技術や機械によって生産性が向上したりすることがすべて含まれて費用が減少するのです。

この2種類の規模の経済性は，打ち手によってどちらの意味で用いているかが異なる場合があるので注意が必要です。「最新鋭の生産設備への投資」は，長期的な規模の経済性の獲得を意味しますが，「他社の OEM の受託」は既存設備の稼働率を高めるだけなので，短期的な規模の経済性は高まりますが，長期の規模の経済性には影響を及ぼしません。以下では，「規模の経済性」を長期と短期の2種類に分けて説明します。

図2-3 は，規模の経済性（短期）の因果ループ図です。図2-3 によれば，規模の経済に生産数量が影響を及ぼしています。短期の規模の経済は，同じ生産設備において生産数量が増加すると生産物1つあたりのコストを減少させる効果（矢印1）ですので，生産数量が正の影響を及ぼしています（矢印2）。ただし，生産数量は意思決定要因ですが，規模の経済性の獲得のためにやみくもに増やすことができるわけではありません。実際の生産数量は，販売可能な数量次第で変化します（矢印3）。販売数量は，競合製品が特別な差別化をしていなければ，競合製品よりもコストパフォーマンス比が良ければ増加するでしょう（矢印4）。そのコストパフォーマンス比に影響しているのが，規模の経済性によるコスト減少なのです（矢印5）。

この因果ループは，負の因果関係を2つ含んでいるので，自己強化ループになります。ですから，短期の規模の経済性は，良循環か悪循環のどちらかになる可能性が高いと考えられます。ただし，経済学では生産数量と規模の経済の因果関

38 第2章 経営戦略の2つの基本型

Column 2.1 ● 規模の経済と範囲の経済

　規模の経済と類似の概念に範囲の経済という概念があります。規模の経済が数量を多く生産することによってコストが低くなる経済効果であるのに対し，範囲の経済は複数の事業を1つの企業内で行う方がそれらの各事業を個別企業によって行うよりもコストが低くなる経済効果です。範囲の経済は，相乗効果（シナジー）の経済学的な論拠になっています。

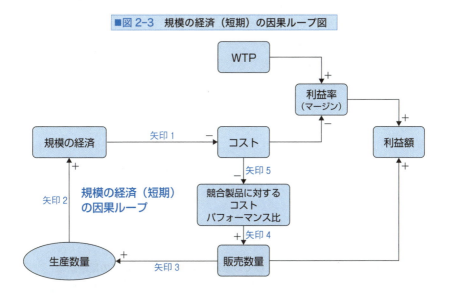

■図2-3　規模の経済（短期）の因果ループ図

2.2　コスト・リーダシップの因果ループ図

係を単純な正の関係ではなく，U字型であると想定しているので，どこかでバランスすると考えます。

図2-4は，規模の経済性（長期）を因果ループ図として示しています。長期の規模の経済性も短期と同じようにコストを低減させます（矢印1）が，工場や設備などの短期の固定費を変動するものと考える点が短期との大きな違いです。ですから，長期的な規模の経済に大きな影響を及ぼす要因は，設備投資です。設備投資によって生産能力が増強されれば，それまでの生産設備とは全く異なる規模の経済性が働きます（矢印2）。その設備投資は，利益額からの再投資によって行われます（矢印3）。設備投資は既存の設備が有効に使える間は行われませんので，利益から設備投資への矢印3には短期と比べると「遅れ」が生じ，これが結果として長期の規模の経済につながります。この因果ループも短期と同じ自己強化ループなので，良循環か悪循環になります。

この2つのループに影響を及ぼす生産数量と設備投資の2つの要因はいずれも意思決定要因ですが，規模の経済性は戦略要因だと考えられます。なぜならば，規模の経済性がコスト・リーダシップ戦略として有効であるためには，競合他社が同等の規模の経済を獲得できないという条件が必要だからです。コスト・リーダシップ戦略が通常業界のリーダー企業しか採用できないと考えられているのは，リーダーがこの条件を達成できる可能性が最も高いからです。

規模の経済性はコスト・リーダシップ戦略の重要な戦略要因ですが，「規模の経済性」だけでは，持続的な競争優位を獲得できるとは限りません。なぜならば，自社と同等以上の投資ができる競合他社や新規参入者があれば，論理的には同等の規模の経済性を獲得でき，自社のコスト優位は消滅してしまうはずだからです（*Column* 2.2）。ですから，コスト面での持続的な競争優位を獲得するためには「規模の経済性」だけでなく，プラスアルファの戦略要因による優位性も探求する必要があります。

2.2.2 経験効果
：コスト・リーダシップとしての経験効果と差別化としての経験効果

上記のプラスアルファの戦略要因の代表的なものに，経験効果があります。経験効果とは，累積生産数量が2倍になると，一定比率でコストが低下する効果のことです。規模の経済が，1時間あたり100個作るための生産設備よりも，同じ1時間で1,000個作るための生産設備で作った方が1つあたりのコストが低くなるという効果であるのに対して，経験効果は同一の生産設備において100個目に

40 第2章 経営戦略の2つの基本型

■図 2-4 規模の経済（長期）の因果ループ図

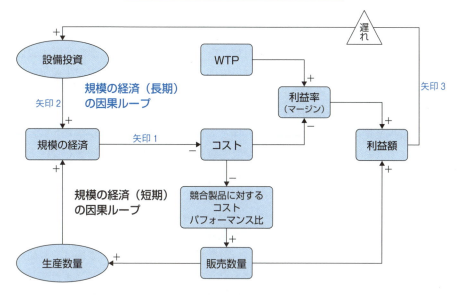

Column 2.2 ● コスト・リーダーシップと低価格戦略の違い

コスト・リーダーシップ戦略は，「低価格戦略」という言葉と混同されて使われることがよくあります。しかしながら，経営戦略論では低価格はコスト・リーダーシップ戦略を前提とする「打ち手」の一つにすぎず，低価格そのものが固有のメカニズムを持つ戦略ではありません。低価格という打ち手は，次の2つの条件を満たす場合のみ有効です。

①価格を下げた分のマージンを数量でカバーできる見込みがある。

当然のことながら，低価格という打ち手の意図は，利益の増加です。利益は，マージン（WTP－コスト）×数量ですから，WTPを引き下げてマージンを削った分を数量の増加でカバーできなければなりません。ですから，価格を下げることによる数量増加の見通しは事前に検討しておく必要があります。

②競争相手がその低価格についてこられない。

また，①の条件は，通常競争相手から顧客を奪うことが想定されているので，競合他社の反応を想定しなければなりません。もし競合他社が自社の低価格に追随して同額まで値下げしてくるのであれば，価格変化による顧客の移動は起こらないので，自社も競合他社も利益を減少させただけという結果になります。

以上のように，低価格は慎重に検討すべき打ち手であって，コスト・リーダーシップの裏付けがない場合は通常成功しません。また，コスト・リーダーシップ戦略を採用している企業が，低価格という打ち手を採用する必然性は全くありません。むしろ，コストを抑えられていることを利用して，より魅力的な製品を開発して差別化も同時に狙っていく方が良いのではないでしょうか。

作った製品のコストよりも，200 個目に作った製品のコストの方が低下している
ことを意味しています。つまり，規模の経済は大規模な生産設備に投資するかど
うかという意思決定要因に影響を受けるのに対し，経験効果は販売数量という戦
略要因の影響を強く受けるのです。

図 2-5 は，経験効果の因果ループ図です。経験効果に直接影響を及ぼす要因
は，累積生産量です（矢印 1）。累積生産量は，意思決定要因としての生産量を増
やせば意図的に増加させることができますが，生産量を増やしたところで実際に
顧客に対して販売量が増加していなければ，在庫が増加してしまいます。ですか
ら，累積生産量は，販売数量の増加に伴って自然に増加することが望ましいと考
えられます（矢印 2）。しかしながら，販売数量は様々な要因から影響を受ける戦
略要因なので，自社の意思決定のみでは意図どおりにコントロールできません。

販売数量を高めるための打ち手や要因はマーケティングで詳しく検討すべきで
すが，ここではコスト・リーダシップ戦略の議論に焦点を当てるためにコストと
販売数量の間の関係のみに注目し，それ以外の要因については各社で同じである
と想定します。そのように想定すると，販売数量に影響を与える要因は，製品の
コストパフォーマンス比の高さと考えられます（矢印 3）。コストパフォーマンス
比を高めるには，コスト以外の要因は各社同じであると想定しているので，コス
トを低下させるしかありません（矢印 4）。コストは経験効果によって低下させる
ことができる（矢印 5）ので，これら矢印 5 本の因果関係で経験効果の因果ルー
プが構成されていることがわかります。この因果ループ図は，負の因果関係が 2
つ（矢印 4 と矢印 5）なので，規模の経済性と同様に自己強化型ループになってい
ます。

この戦略の問題は，この自己強化ループをどこから動かすかということです。
このループの 5 つの要因すべてが戦略要因なので，意思決定要因と打ち手に
よって良循環を駆動しなければなりません。

この状況において有効であると考えられているのが，浸透価格政策です。図 2-
6 は，図 2-5 に，意思決定要因としての「販売価格」と打ち手としての「浸透価
格政策」を加えたものです。浸透価格政策とは，経験効果によって得られると考
えられるコスト削減分をあらかじめ販売価格に織り込んで，販売価格を抑え目に
売り出す方法です。浸透価格は，多くの顧客にとって購入しやすい金額に設定す
る必要があります。そうすると顧客は，その製品のコストパフォーマンス比に魅
力を感じて購入するため，販売数量が増加します。販売数量が増加すれば生産量
が増やすことができますから，経験効果が働きコストが低下します。その結果，

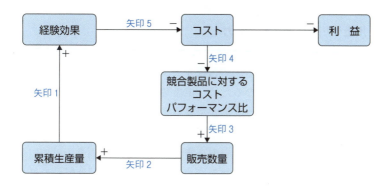

■図2-5　経験効果の因果ループ

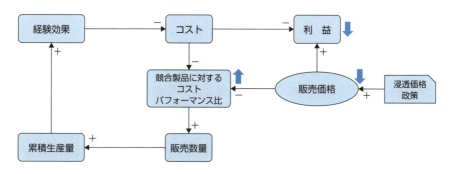

■図2-6　経験効果を駆動するための浸透価格政策

2.2　コスト・リーダシップの因果ループ図

事前に織り込んだコスト削減分を早めに達成することが可能になり，早いタイミングで損益分岐点を超えることができるのです。

この政策が有効なのは，製品やサービスの導入期の市場において，その製品やサービスを迅速に市場に浸透させたい場合です（*Column* 2.3）。ただし，その場合も，浸透価格に競合他社が追随できないことと経験効果の働きで競合他社に対する優位性が維持できることの2点を確認する必要があります。

2.2.3 川上や川下に対する交渉力

さらに，生産数量と販売数量が多いこともコストを低下させる因果ループを持っています。図2-7は，交渉力の因果ループ図です。生産数量が多くなれば必要となる原材料や部品も多くなるため，供給業者に対して大量に購入する代わりに単価を安くして欲しいという交渉ができるようになります（矢印1）。販売数量の増加は，売れる商品を仕入れたい川下の卸売業者や小売業者に対する交渉力を高めます（矢印2）。それらの交渉力の高まりは，コストを引き下げて（矢印3），自社製品のコストパフォーマンス比を高めます（矢印4）。競合製品よりもコストパフォーマンス費が高くなった自社製品はさらに販売数量を伸ばすため（矢印5）生産量も増え（矢印6），コスト低減の自己強化ループが完成します。

これらの交渉力は，川上や川下の業者の立場から見て自社が優良顧客もしくは優良サプライヤーであることで高まります。たとえ自社の立場で大量購入しているつもりでも，供給業者の立場から見れば，もっと大口の優良顧客がいれば，交渉力は高まりません。ですから，交渉力を考える際には，相手の立場に立って自社が重要な取引先であるかどうかを考えなければなりません。

2.2.4 「密度の経済」によるコスト・リーダシップ

コスト・リーダシップ戦略は，生産数量による規模の経済を起点にコスト優位を構築するので，規模の大きなリーダー企業が採用しやすい戦略であると述べましたが，規模の小さい企業でも，コスト・リーダシップを発揮することができる場合があります。それは，密度の経済を利用する場合です。密度の経済とは，ある空間的時間的に限定された場所に顧客が密集しているときに起こるコスト低減効果のことです。

図2-8は，コンビニエンスストアのドミナント出店を利用した密度の経済の因果ループ図です。ドミナント出店とは，人口密度が高い地域に集中的に出店することです。皆さんも，同じコンビニエンスストアのチェーン店が見える範囲に何

Column 2.3 ● 浸透価格政策と上澄価格政策

図2-6の販売価格に影響を及ぼすための打ち手には，浸透価格政策以外に上澄価格政策があります。この2つの打ち手は，製品が市場に導入される初期段階に検討するものです。浸透価格政策は，本文中で説明したように，早く経験効果を獲得するための手段であるのに対し，上澄価格政策は導入期の市場における主要顧客（イノベーターやアーリーアダプターと言います）に対して高価格で販売することで WTP を高めることを目指します。上澄価格政策は，差別化戦略のための打ち手なので，差別化戦略の因果メカニズムの一部として組み込む必要があります。このように価格政策も，戦略全体の因果メカニズムとのフィットを考えて決定する必要があります。

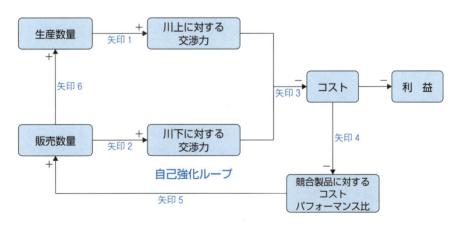

■図2-7 川上や川下に対する交渉力

2.2 コスト・リーダーシップの因果ループ図

店舗も出店しているのを見たことがあると思います。これによって，顧客の密度が高まります（矢印1）。顧客の密度が高まるといずれかの店舗を利用する可能性が高まるため販売数量が増加します（矢印2）。さらに，顧客密度の高さは，配送やプロモーションの効率を高め（矢印3），コストを低減することにつながります（矢印4）。ただし，あまり密に出店数を増やしてしまうと，今度は同じチェーン店同士が互いに客を奪い合うカニバリゼーション（共食い）を起こしてしまいます（矢印5）。ですから，密度の経済を活用する場合は，そのメリットとカニバリゼーションのデメリットのバランスに目配りする必要があります。

2.3 差別化戦略の因果ループ図

差別化戦略とは，競合他社と違うことを顧客にアピールして，魅力を感じてもらうことによって，WTP を高めようとする戦略です。ですから，WTP を高める要因を探し出す必要があります。

差別化戦略を考える場合，図2-9 のように，戦略課題を整理して考える必要があります。差別化戦略には，差別化された製品やサービスをどのように生み出すかという課題と，いったん差別化された製品やサービスをいかに維持するかという課題があります。差別化された製品やサービスを維持するためには，競合他社による同質化への対応を考える必要があります。その対応には，同質化を防いで競争優位を維持する方法と同質化されたとしても顧客を奪われないようにすることで競争優位を維持する方法の2つがあります。

2.3.1 差別化された製品やサービスの創造方法

一つ目の課題は，そもそも差別化された製品やサービスをいかに生み出すかです。実際には，差別化された製品は顧客がどのようにその製品を評価するか次第なので，設計して作ることは難しく，偶然の要素も含んだ様々な試行錯誤を繰り返してたどり着くものだと考えるのが妥当でしょう。しかしながら，それでは何から手をつければ良いのかすらわからないので，ある程度の指針となる差別化製品を創造する際の考え方を示します。

(1) ターゲット・セグメントを設定する

差別化された製品やサービスを創るための最初のポイントは，差別化によって獲得したい顧客の具体的なイメージをターゲット・セグメントとして設定すること

46　第2章　経営戦略の2つの基本型

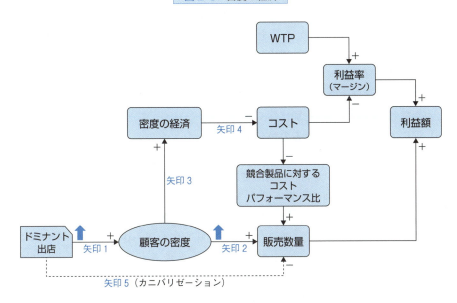

■図 2-8 密度の経済

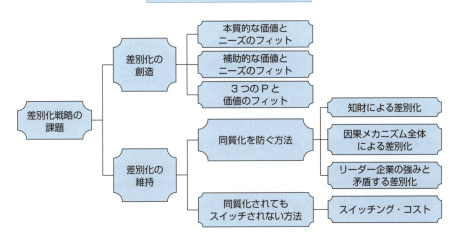

■図 2-9 差別化戦略の課題整理

2.3 差別化戦略の因果ループ図

です。特に，その人たちの**ゲイン**（楽しさなどのポジティブな感情を満たしたい欲求）と**ペイン**（不安や不満などのネガティブな課題を解決したい欲求）を突き詰めて考えましょう。それが，差別化の源泉につながります。

(2) ペインやゲインにフィットした本質的な価値を具現化する

次に，(1) で特定したゲインを高めたり，ペインを解消したりする製品やサービスの本質的な価値を具現化します（**Column** 2.4）。本質的な価値を具現化した製品やサービスがオリジナリティの高いものならば，そのまま差別化につながりますが，通常はすでに他の誰かも類似のことを考えていますので，よほどのことがなければそれだけで差別化はできません。

(3) 何によって差別化できるのかを考える

すでに同じターゲットを狙っている競合他社が存在しているのであれば，その企業（もしくは企業群）が自社にとって差別化すべき仮想敵になります。

仮想敵に対する差別化を考えるときは，**マーケティング・ミックスの 4Ps** がツールとして役に立ちます。マーケティング・ミックスとは，ターゲットに対して企業側が働きかける手段の組み合わせを意味しており，4Ps とはマーケティング・ミックスを「P」の頭文字を持つ 4 つの手段として表したツールです（**Column** 2.4）。

図 2-11 は，4Ps とターゲット・セグメントのニーズの関係を表したものです。この関係の中で競合他社に対して差別化を行うために，3 つのフィットにおいて違いを生み出すことを考えます。

一つ目は，本質的な価値とターゲット・セグメントのニーズのフィットです。これは，ターゲット・セグメントのゲインやペインを詳細に検討することで競合他社よりも高い精度でのフィットを目指します。ただし，本質的な価値のフィットは，その製品やサービスが現れたばかりであれば差別化できますが，後述するように競合他社に模倣される可能性が高いので維持が難しい可能性が高いです。

そのような状況になると次に考えるべきフィットは，補助的な価値とニーズのフィットです。**Column** 2.4 で述べたように自動車の本質的な価値は「地上の高速移動」ですが，それに「乗り心地」や「燃費の良さ」「運転の楽しさ」といった価値を加えることでそれらを求めるニーズにフィットさせるのがこのタイプの差別化です。

さらに，残りの3つの P と製品の価値のフィットを高めることで差別化をより強固にすることができます。乗り心地や運転の楽しさなどが上質なことでニーズ

Column 2.4 ● マーケティング・ミックスの 4Ps

図 2-10 の 4Ps はマーケティングの 4 つの手段の組み合わせを表しています。4Ps の中で最も重要な手段は，製品（Products）です。この「製品」は，本質的な価値と補助的な価値によって構成されています。本質的な価値とはその製品やサービスにとって不可欠な価値，それがなければその製品やサービスとは呼べない価値です。例えば，自動車の本質的な価値は，「走ることと，曲がること，止まることを運転者の意図どおりに安全に行えること」だと考えられます。それに対して補助的な価値とは，本質的な価値ではないが，顧客の多くが求める価値です。自動車の例で言えば，「室内空間の快適さ」や「車体の美しさ」，「荷物を詰める容量の大きさ」，「燃費の良さ」などは補助的な価値でしょう。流通チャネル（Place）は，商流や物流などの仕組みや，実店舗やオンラインなどの顧客接点の選択を意味しています。販売促進（Promotion）は，テレビ広告や，店頭での試供品や実演，オンライン上での SNS の利用などの方法の選択や組み合わせのことです。価格（Price）は本章で説明した浸透価格政策などの価格設定や，無料やサブスクリプション（第 9 章を参照）などの工夫のことです。これらの 4 つを組み合わせて，企業は顧客にアプローチをするのです。

■図 2-10　4Ps の具体例

2.3　差別化戦略の因果ループ図　　49

を満たしている車種のディーラーがみすぼらしかったり，値引き販売のプロモーションばかりしていたりするのは製品の価値と流通チャネルや販売促進がフィットしていません。そのため，ターゲットはそれらがよりフィットしている車種を選択してしまうかもしれません。このように，3つのフィットを丁寧に考えることによって，競合他社に対する差別化を創り出すことができます。

2.3.2 模倣による同質化を防ぐ方法

　ここまでは差別化された製品やサービスを創り出すことについての考え方を説明してきました。しかしながら，差別化に成功した製品やサービスを創り出すことができたとしても，安心はできません。なぜなら，差別化に成功した製品やサービスは，競合他社から同質化のターゲットにされるからです。

　競合他社は，成功した製品やサービスに対してそれになんらかのプラスアルファを付け加えて模倣しようとしてきます。競合他社に簡単に模倣されてしまえば，競争優位を持続的に維持することはできないので差別化戦略は成立しなくなります。したがって，差別化戦略を実行する企業は，競合他社に模倣されない工夫や，たとえ模倣されたとしても顧客にスイッチされない工夫が必要となるのです。

　競合他社に模倣されない工夫には，大きく3つの方法があります。①特許などの知的財産として模倣を防ぐ方法と，②競合他社から見えない部分に差別化のポイントを作る方法，③競合他社，とりわけリーダー企業の強みと矛盾する差別化を行う方法です。

(1) 知的財産として模倣を防ぐ方法

　一つ目の方法は，知的財産によって模倣を防ぐ方法です。これは，特許を獲得できるような技術開発主導の製品やサービスであれば非常に有効な方法ですので，この選択肢が利用できる場合は必ず活用しましょう（*Column* 2.5）。

(2) 因果メカニズム全体で差別化する方法

　二つ目の方法は，因果メカニズム全体で差別化する方法です。因果メカニズムを構成する要因や因果関係の中には，見えやすいものと見えにくいものがあります。模倣する側の視点に立てば，目に見えるものを模倣することは簡単ですから，ヒット商品が生まれれば，見た目が類似した模倣品が次々と登場します。例えば，iPhoneがヒットすればタッチパネル式のスマートフォンが市場に溢れ，スターバックスが人気になればイタリア式のカフェを模した競合が多数現れます。しかしながら，差別化に成功している企業は，見えやすい要因を見えにくい要因とも

50　第2章　経営戦略の2つの基本型

■図 2-11　4Ps の 3 つのフィット

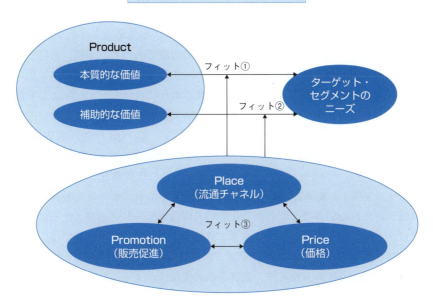

Column 2.5　知的財産の活用

　知的財産は，権利として同質化からの防衛に役立つだけでなく，まさに財産として活用することによって，経営戦略を構築することも活発化してきています。例えば，任天堂は，「任天堂 IP に触れる人口の拡大」を基本戦略に掲げています。IP とは Intellectual Property の略で，まさに知的財産を意味しています。任天堂の IP はスーパーマリオやポケモンのようなゲームのキャラクターやゲームシリーズを意味しています。任天堂はハード・ソフト一体型のゲーム専用機ビジネスを経営の中核に置き，その間口を広げるために IP を活用しています。スーパーマリオの映画化やユニバーサルスタジオでのテーマパーク進出などはその戦略の一環です。

結びつけた因果メカニズム全体として成果につなげています。ですから，競合他社が見えやすい部分だけ模倣したとしても，差別化企業と同じ成果にはつなげられないのです。

図2-12は，QBハウスの差別化戦略を示しています。QBハウスは10分1,350円（2024年現在）でヘアカットのみを提供するユニークなヘアサロンです。低価格なので一見コスト・リーダーシップ戦略のようにも見えます（そのような解釈も可能ですので考えてみてください）が，模倣が困難であるという点においては差別化戦略の要素を強く持っています。実際に10分カットを模倣したヘアサロンは日本各地に存在していますが，QBハウスのように大きなチェーンとして展開できているところはありません。なぜならば，QBハウスは目に見えない部分も含めた因果メカニズム全体で差別化しているからです。QBハウスのWTPを支えているのは，1時間あたりの単価の高さ（8,100円＝1,350円×6周（計算上顧客の交代時間は考慮していません））を担保するサービスの提供時間と価格とサービスの質です（矢印1と矢印2）。価格は意思決定要因ですが，サービスの質がよくなければ上げられないので，この差別化戦略の成否はサービスの質とサービス提供時間にかかっています。それを高水準で維持するためにQBハウスでは，利益を理美容師の処遇とトレーニングに手厚く再投資しています（矢印3と矢印4）。処遇面では金銭的な面のみならず，勤務時間の柔軟性によって結婚や出産などで働いていなかった女性理美容師に活躍してもらう工夫をしています。また，顧客の注文どおりに10分でカットするためのノウハウを蓄積し，常にトレーニングで理美容師の技術を向上を促しています。働きやすいことによって離職率が低下し，トレーニングによって技術が高まった理美容師が数多く在籍することになります。その結果，早くて質の高いサービスが多くの店舗で提供可能なのです。これらは競合他社からは見えにくく模倣しにくい部分なので，QBハウスは差別化を維持することができているのです。

(3) リーダー企業の強みと矛盾する差別化を行う方法

三つ目の方法は，リーダー企業の強みと矛盾する差別化を意識するという方法です。競合他社，とりわけ経営資源に余裕のあるリーダー企業は，良い製品やサービスがあれば模倣しようと考えます。それを同質化と言います。持続的な競争優位を確立するためには，同質化を回避する差別化を行う必要があります。差別化企業は，同質化を回避するためにリーダー企業の既存戦略の矛盾を突く差別化を行う必要があります。

リーダー企業は，通常リーダーとして競合他社にはない強みを持っています。

■図 2-12　QB ハウスの差別化戦略

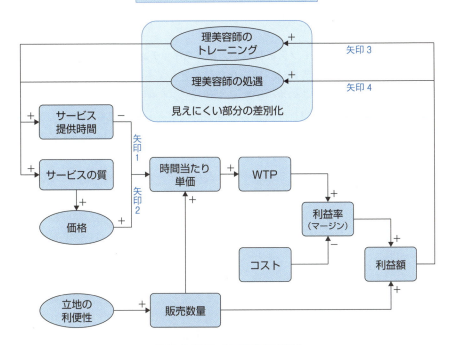

「QB ハウス」の三重県内の店舗

（写真出所）　時事（キュービーネット提供）

2.3　差別化戦略の因果ループ図　53

差別化を試みる企業は，リーダーがその強みを維持しようとすると同質化することが難しくなる状況を作り出すことを考えます。大企業は利用できる経営資源の豊富さなどの強みがある一方，リーダー企業ならではの弱みを生み出す社内事情も抱えています（***Column*** 2.6）。

2.3.3　模倣されてもスイッチされない方法：スイッチング・コスト

　差別化戦略の三つ目の課題は，同質化されたとしても競争優位を維持するにはどうすればよいかです。この場合，製品やサービスに明確な違いがなかったとしても，顧客に自社製品や自社サービスを継続的に購入し続けてもらう工夫が必要となります。言い換えれば，顧客に競合他社にスイッチされない方法が必要になるのです。その方法は，スイッチング・コストです。

　スイッチング・コストとは，顧客がある製品やサービスから，競合する製品やサービスに乗り換えようとするとき発生する顧客にとってのコストです。この場合のスイッチング・コストは金銭面だけでなく，スイッチに必要な時間や労力も意味しています。ですから，ある製品にスイッチした方が一見金銭面ではメリットがあるように見えても，それ以外のコストが大きいため顧客はスイッチをしないのです。

　例えば，スマートフォンのアプリで考えてみましょう。皆さんが普段使っているアプリと同じ機能を持つ安価な模倣品があったとしても，既存のアプリを使い慣れている場合，新たなアプリの使い方やできることを学び直すことに抵抗を感じてわざわざアプリを変えたりはしないでしょう。この場合，アプリの使用経験やノウハウが，スイッチング・コストになっているのです。

　図2–14 は，スイッチング・コストの因果ループ図です。ここではスイッチング・コストは，模倣品の性能や機能の高まりが自社製品の販売数量を減少させるという因果関係（矢印1）のモデレータ変数（矢印2）として表現されています。モデレータ変数とは，ある因果関係を強めたり，弱めたりする変数のことです（**第1章**の図1–12 参照）。ここでのスイッチング・コストは，負のモデレータ変数として描かれているので，模倣品のコストパフォーマンス比の向上に対して販売数量の減少幅を緩和することを表現しています。

　スイッチング・コストを高める要因は，①使用経験，②サンクコスト，③ネットワーク効果の3つです。

　使用経験は上述のとおり，使い慣れていること自体が，スイッチング・コストとなります。

Column 2.6 ● リーダー企業の矛盾を突く差別化戦略

　リーダー企業の矛盾を突く差別化戦略の代表的な事例として，ライフネット生命を取り上げます。リーダー企業である既存の大手生命保険会社は，営業社員を数多く雇用することで販売ノウハウを蓄積し（矢印1），それによって WTP を高めること（矢印2）が基本戦略でした。さらに，様々な特約を持つ商品の複雑さによって，リーダー企業は WTP をさらに高めることができていました（矢印3）。

　それに対して，ライフネット生命は，2つの矛盾によってリーダー企業に差別化を挑みました（図2-13）。一つは，オンラインでの保険販売です。これは営業社員を抱えなくて済むため，その人件費分を保険料の引き下げに使うことができました。二つ目の矛盾は，特約などを極力排したシンプルな商品です。安くわかりやすい商品構成によって，ライフネット生命は数量の増加を目指しました。この2つの矛盾は，リーダー企業にとっては同質化しづらいものでした。商品が複雑であることは WTP に直結していましたし，オンライン販売は営業社員のノウハウが陳腐化してしまうものだったからです。

　この結果，リーダー企業はオンライン生命保険への同質化を躊躇し，ライフネット生命は生命保険市場においてある程度のシェアを獲得するに至りましたが，現実にはリーダー企業の地位を脅かすほどには成長できておらず，現状ではニッチャーにとどまっています。

■図2-13　ライフネット生命の差別化戦略

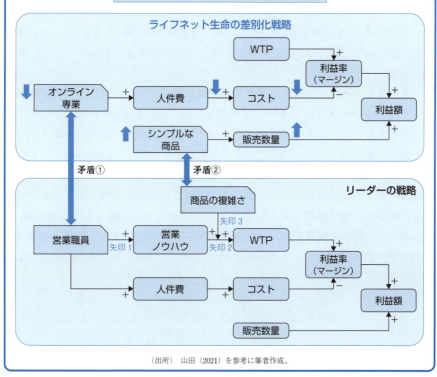

（出所）　山田（2021）を参考に筆者作成。

二つ目の要因であるサンク・コスト（埋没費用）は，一度投資してしまうとその投資先から撤退する際に回収できない費用という意味で幅広く用いられる概念です。この文脈におけるサンク・コストは，使い慣れるまでに費やした時間や労力をイメージしてください。サンク・コストが，何か新しいことをするときの心理的な障壁となることはよく知られています。したがって，スイッチング・コストは，すでに費やして回収できない時間や労力に対して「もったいない」という感覚を惹起することでさらに高めることができるのです。

　三つ目は，ネットワーク効果です。ネットワーク効果とは，ある製品やサービスを使用する際に得られる便益が，それと同じもしくは互換性のある製品やサービスを使用している人数に依存することを意味しています。例えば，LINEのようなコミュニケーションアプリや Instagram のような SNS をイメージしてください。LINE や Instagram の模倣品があったとしても，自分の友人や知人が誰も使用していなければ誰とも連絡できないわけですから，便益が全くないことは一目瞭然です。ですから，ネットワーク効果の高い製品やサービスはスイッチング・コストも高まるのです。さらに，ネットワーク効果は使用者（販売数量）が増えれば増えるほど高まる自己強化ループ（矢印 3 と矢印 4）なので，このループが一度良循環で回り始めれば，スイッチング・コストも一層高くなっていきます。

　企業がスイッチング・コストを高めるためには，これらの 3 つの要因に影響を及ぼす打ち手が必要となります。代表的な打ち手は，ポイント付与などの使用経験に伴う便益の提供です。ポイント付与は価格の一定割合を次回以降使えるポイントとして還元するので，一見値引きの提供に似ています（Column 2.7）。しかしながら，値引きでは継続的に使用し続けることにつながりませんが，ポイントの場合はポイントを保有していることによって顧客に次回の使用を促すことができます（矢印 5）。使用経験を積めばより多くのポイントが加算される（矢印 6）ので，ポイント付与と使用経験は自己強化ループとなってスイッチング・コストを高めます。さらに，ポイントは残高が残っているとサンクコストになる（矢印 7）ので，その経路からもスイッチング・コストが高まります。

■図2-14　スイッチング・コストの因果ループ図

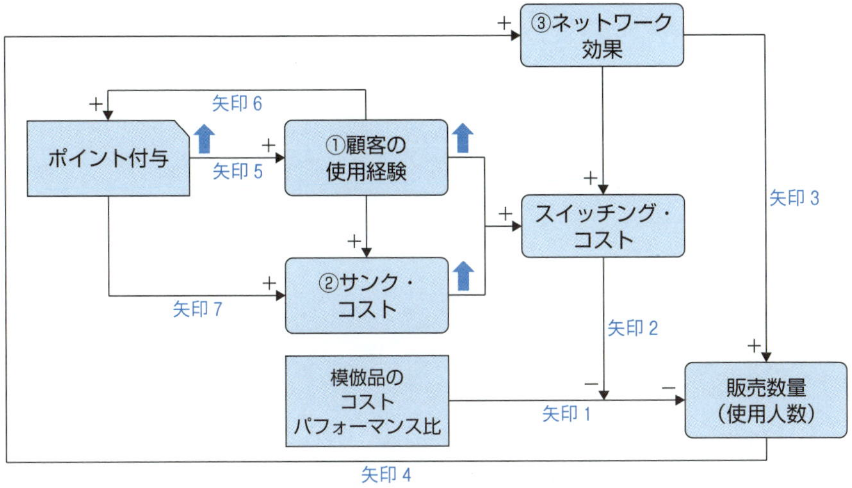

Column 2.7 ● 10%ポイント還元と 10%割引の違い

　本文中に示したとおり，ポイント付与は顧客のスイッチング・コストを高めるために有効な打ち手です。さらに言えば，同率のポイント付与と割引では，ポイント付与の方が企業にとって有利であるということもあります。

　例えば，10,000 円の商品を購入した場合の 10%のポイント付与と割引について考えてみましょう。割引の場合，顧客は単純に 10,000 円の 10%である 1,000 円が値引きされて 9,000 円で商品が購入できるのに対して，ポイント付与の場合は 10,000 円支払うことで 10,000 円の商品と 1,000 円分のポイントが付与されることになります。

　この場合，11,000 円分の商品を 10,000 円で購入したことと同じですから，1,000/11,000≒0.091 となり，割引として換算すると約 9.1%の割引率になるのです。ですから，企業の観点からすると，割引よりもポイント付与の方が，様々な観点から有効な打ち手であるといえるのです。

2.3　差別化戦略の因果ループ図　57

第3章

ポジショニング戦略

　第3章では，ポジショニング戦略を因果ループ図を描いて説明していきます。本章では，ポジショニング戦略の代表例であるポーターの業界構造分析を3つの因果メカニズムの組み合わせとして描いた上で，近年のポジショニング戦略の大きな変化として環境要因を戦略要因として理解し直すようになってきたことを，補完的生産者とイノベーションのジレンマを実例として取り上げて説明します。

3.1 ポジショニング戦略の基本的考え方

　ポジショニング戦略が重要視するのは，その名が示すとおり「ポジション」，日本語で言えば「位置取り」です。

　経営戦略論では，各企業の利益率は，①同じ業界内での競争優位，②業界間で異なる平均的な業界マージン，③その他の要因，の組み合わせで決まると考えます。この3つの中の，②を重視するのが，ポジショニング戦略です。

　図3-1は，ポジショニング戦略と経営資源戦略（第4章）の関係を示したものです。この図では，A業界5社とB業界5社の売上高（横軸（10億円））と営業利益率（縦軸（％））をプロットしています。ポジショニング戦略で扱うのは，A業界とB業界の平均的な収益性の違いです。

　例えば，2021年4月から2022年3月までに発表された国内製薬企業の売上高上位5社の平均売上高営業利益率は約15.0％でした。これに対して同じ時期の国内自動車企業上位5社の数値は，7.2％でした。この2倍以上の開きがある営業利益率の違いは，各企業の経営努力の違いよりも，2つの業界の収益構造の違いと考えた方がうまく説明できそうです。このような違いを見つけ出し，自社に有利な位置取りを確保することが，ポジショニング戦略の基本的な考え方です。これに対し，業界内での収益性の違いに着目するのが，経営資源戦略です。

　本章では，ポジショニング戦略の代表例としてポーターの業界構造分析の因果ループ図を説明した上で，近年のポジショニング戦略の新たな展開について説明していきます。

3.2 多段階の因果ループとしてのポーターの業界構造分析

　ポジショニング戦略では，まず環境要因が自社の獲得できる可能性のある利益にどのような影響を及ぼすかを考えねばなりません。そのための分析ツールが，有名なポーター（Porter, M.）の業界構造分析です。

3.2.1 「5つの諸力」とその関係性

　ポーターの業界構造分析は，多くの教科書では図3-2のように表されています。この図3-2は，既存企業間の対抗度と，買い手に対する交渉力，売り手に

60　第3章　ポジショニング戦略

■図 3-1　ポジショニングと経営資源の関係

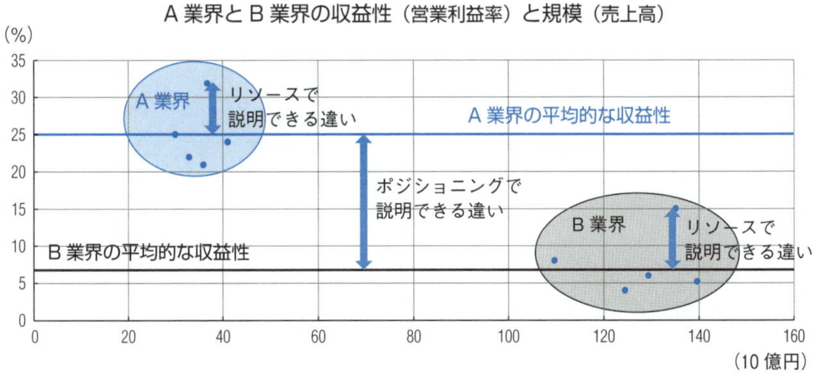
A 業界と B 業界の収益性（営業利益率）と規模（売上高）
(%)
35
30
25
20
15
10
5
0
0
20
40
60
80
100
120
140
160
(10 億円)
A 業界
リソースで
説明できる違い
A 業界の平均的な収益性
ポジショニングで
説明できる違い
B 業界
リソースで
説明できる違い
B 業界の平均的な収益性

■図 3-2　ポーターの業界構造分析

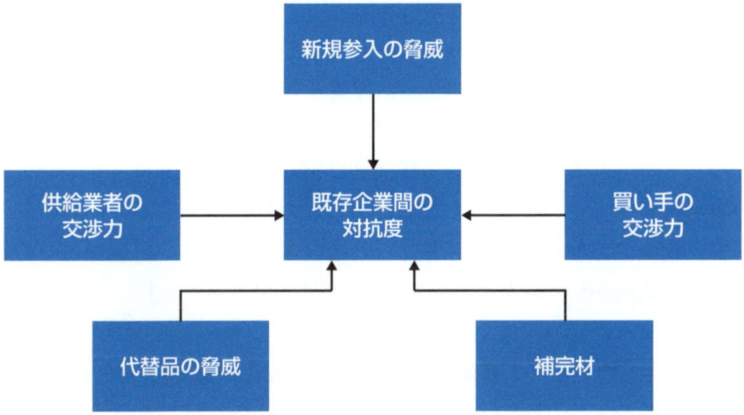
新規参入の脅威
供給業者の
交渉力
既存企業間の
対抗度
買い手の
交渉力
代替品の脅威
補完材

（出所）　加藤（2014）p.119，図 3-4 を一部修正して筆者作成。

対する交渉力，新規参入の脅威，代替品の脅威というファイブ・フォーシズ（5つの諸力）が当該業界の利益ポテンシャル（profit potential）に影響を及ぼすことを意味しています。

利益ポテンシャルとは，当該業界内の企業が獲得できる可能性のある利益水準のことです。最近の教科書では，「補完財（もしくは補完的生産者)」を加えてシックス・フォーシズ・モデル（6つの諸力）と説明しているものもありますので，図3-2もそちらに合わせて作図しています。

最初に簡単に6つの諸力の概要を説明します。表3-1は，補完財を除いたポーターが示した諸力を構成する具体的な項目の一覧表です。本書ではこれらの項目一つ一つを詳細には説明しませんが，諸力の中身をイメージする参考にしてください。

① **既存企業間の対抗度**（Rivalry Among Existing Competitors）

既存企業の対抗度は，その業界内における既存企業間の競争がどれくらい激しいのかを考慮することです。既存企業の対抗度は8つの下位項目が挙げられていますが，とりわけ既存企業の数と規模が重要です。当然，既存企業の数が多ければ多いほど競争は激しくなりますし，規模も互いに拮抗しているほど競争は激しくなると考えられます。この2つの項目を指標化したのがハーフィンダル–ハーシュマン指数です（**Column** 3.1，**Column** 3.2，**Column** 3.3 参照）。

② **新規参入の脅威**（Threat of New Entrants）

新規参入の脅威は，新規企業の参入がしやすいかどうかを考慮することです。この脅威を考える際に重要なのは，参入障壁という考え方です。参入障壁とは新規参入をしようとする企業の参入を妨げる要因のことです。ポーターは，既存企業からの「予想される反撃」を参入障壁とは別の項目として設定していますが，この予想が新規参入をしようとする際に何らかの抵抗感をもたらしていると考えれば，広い意味での参入障壁とも考えられます。ですから，新規参入の脅威を考える際は，経済的かつ心理的な参入障壁が検討事項であると捉えておくと良いでしょう。

③・④ **買い手（売り手）の交渉力**（Bargaining Power of Buyers（Suppliers））

買い手の交渉力と売り手の交渉力は，いずれも分析対象の業界よりも高い場合は利益ポテンシャルが低下します。買い手の交渉力が高ければ自社は安く売らなければなりません（WTPが低下）し，売り手の交渉力が高ければ原材料や部品を高い値段で買わなければなりません（コストが増加）。

■表 3-1　6つの諸力の下位項目（補完財を除く）

6つの諸力		下位項目
① 既存企業間の対抗度		1. 競争業者の数が多い，または規模とパワーに関して同等。 2. 産業の成長率が低い。 3. 固定費が大きい，または在庫費用が大きい。 4. 製品に差別化がきかない，または，スイッチング・コストがかからない。 5. 生産能力の拡大が小刻みに行えない。 6. 多様なバックグラウンドを持つ競争相手がいる。 7. 戦略的な価値が高い業界である。 8. 退出障壁が高い。
② 新規参入の脅威	A. 参入障壁	1. 既存企業の規模の経済性およびシナジー効果が大きい。 2. 新規参入企業は規模に関係なくコスト面で不利。 3. 大規模な運転資金が必要。 4. 流通チャネルへのアクセスが困難。 5. 製品差別化の程度が高い。 6. 政府の政策や法律。
	B. 予想される反撃	1. 以前に強力な反撃をしたことがある。 2. 既存起業の経営資源が豊富である。 3. 産業の成長率が低い。
③・④　買い手の競争力 （供給業者の競争力は買い手の交渉力の逆を考えれば良い）	A. 買い手のパワーを高める要因	1. 買い手グループの集中度が高い，または買い手の購入量が売手の売上高に占める割合が大きい。 2. 売り手の製品が標準化されていたり，差別化されていない。 3. スイッチング・コストがかからない。 4. 買い手が後方統合すると脅す。 5. 卸売業者や小売店がユーザーの意思決定を左右できる。
	B. 買い手の価格センシティビティを高める要因	1. 売り手の製品の価格が買い手の製品のコストに占める割合が大きい。 2. 買い手の利益水準が低い。 3. 売り手が供給する製品が買い手の製品の質にさほど重要な差をもたらさない。
⑤ 代替品の脅威		1. コストパフォーマンス比が急速に向上している。 2. 代替品の業界が高い利益水準を達成している場合。

（出所）沼上（2009）p60，図 4-2 を一部修正して筆者作成。

Column 3.1 ● ハーフィンダル–ハーシュマン指数の計算式

　ある産業内における既存企業間の競争を理解するためには，ハーフィンダル–ハーシュマン指数（HHI：Herfindahl–Hirschman Index）が重要です。公正取引委員会が公開している HHI の計算式は以下の通りです。

$$HHI = \sum_{i=1}^{n} C_i^2$$

　　C_i：i 番目の事業者の事業分野占拠率（％）

　　n：事業者数

　＊事業分野占拠率＝市場シェア

　　（出所）公正取引委員会（https://www.jftc.go.jp/soshiki/kyotsukoukai/ruiseki/yougo.html）

　Σ などの記号があるので難しそうに感じますが，実際の計算手順は簡単です。まず，産業内の各企業のシェアの2乗を計算します。その後，その2乗したものをすべて足し合わせるだけです。

　HHI の最大値は，独占企業（シェア100％が1社）で 10,000（100 の2乗）となります。独占企業は競争がない状況ですから，HHI では 10,000 から数が小さくなるほど競争が激しくなります。

⑤ **代替品の脅威**（Threat of Substitute Products or Services）

　代替品の脅威は，自社の製品やサービスを代替する可能性がある製品やサービスが出現しているか，もしくは出現する可能性が高いかどうかです。

⑥ **補完財との関係**（Relationship with Complimentary Products or Services）

　補完財もしくは補完的生産者とは，自社が属する産業が提供している製品やサービスに対して，その価値を高めてくれる製品やサービスもしくは，その生産者のことを意味しています。また自社の製品やサービスは相手の製品やサービスの価値も高めています。ですから，自社産業と補完財の産業は相互に価値を高め合う関係にあります。例えば，スマートフォンとアプリは補完財の関係にあります。スマートフォンの性能が高まればより魅力的なアプリを作成することができますし，アプリの魅力が高まればスマートフォンの価値も高まります。

　これら6つの諸力を一覧できる図3-2は簡潔でわかりやすく見えますが，この記述方法では，6つの諸力間の因果関係が明確ではありません。ですから，本書では，ポーターの業界構造分析を，利益ポテンシャルを説明する3つの因果メカニズムに分解して記述します。その3つとは，①新規参入による競合メカニズムと，②バリューチェーン内における相対的なパワーバランス・メカニズム，③代替品との競合メカニズムです。

3.2.2　「5つの諸力」の基本論理：新規参入による競合メカニズム

　最初のメカニズムは，新規参入による競争メカニズムです。これは，ポーターがそもそもこの業界構造分析のフレームワークの着想を得たと言われているメカニズムです。このメカニズムを理解するために，多少回り道ですが，ポーターがこのフレームワークの着想を得た背景を見ておきましょう。

　ポーターはもともと産業組織論と呼ばれる経済学の一領域を研究していました。産業組織論は，カネという資源を社会全体で最適に配分するにはどうすれば良いかを考える学問です。その要点を簡単に言えば，独占企業は余分な利益を消費者から奪うことによってカネの社会全体にとっての最適な配分を妨げるので，なるべく企業間の競争を激しくして独占を排除したほうがいいというものです。この観点から最も望ましいのは，完全競争と呼ばれる状態です。完全競争とは，市場において売り手と買い手の数が非常に多く，新規の参入や退出が費用なしに自由にでき，誰も価格に影響を及ぼせない状況と経済学では定義されています。その結果，誰もが超過的な利益を獲得できないため社会全体としては最も無駄なくカ

64　第3章　ポジショニング戦略

Column 3.2 ● HHI による産業比較の実例

　HHI が優れているのは，産業の規模と数の両方を考慮した競争の激しさを指数化できているところです。具体例で考えて見ましょう（表3-2）。まず，シェア 20％の企業が 5 社で競争している A 産業を想定します。この場合の HHI は，2,000（＝(20％の 2 乗)×5 社）となります。この産業に対して，各社のシェアに差はないが企業数が多い場合（e.g. シェア 10％の企業が 10 社で競争している B 産業）と②企業数は 5 社で同じであるものの各社のシェアがばらついている場合（e.g. シェア I 位から順に 35％，30％，20％，10％，5％の C 産業）の HHI を計算して見ましょう。

　　B 産業：10％の 2 乗×10＝1,000
　　C 産業：35 の 2 乗＋30 の 2 乗＋20 の 2 乗＋10 の 2 乗＋5 の 2 乗＝2,650

　A 産業と比較すると，同等のシェアの企業の数が増加すると競争が激しくなり（2,000→1,000），企業数が同じでもシェアのばらつきが大きい C 産業の方が A 産業よりも競争が緩和（2,000→2,650）されます。このように HHI は，企業数の増減とシェアのばらつきが競争の激しさに及ぼす影響を両方とも織り込むことができるのです。

■表 3-2　3 つの産業のシェア

A 産業

企業名	シェア（％）
a 社	20
b 社	20
c 社	20
d 社	20
e 社	20
合　計	100

B 産業

企業名	シェア（％）
f 社	10
g 社	10
h 社	10
i 社	10
j 社	10
k 社	10
l 社	10
m 社	10
n 社	10
o 社	10
合　計	100

C 産業

企業名	シェア（％）
p 社	35
q 社	30
r 社	20
s 社	10
t 社	5
合　計	100

$$HHI=20^2\times5=2,000$$

$$HHI=10^2\times10=1,000$$

$$HHI=35^2+30^2+20^2+10^2+5^2=2,650$$

Column 3.3 ● HHI の計算上の注意点

　実際に演習等で HHI を計算する場合は，「その他」の扱いに注意しましょう。**Column 3.2** の 3 つの産業では，議論を単純化するために a〜t までの名前がある企業以外の「その他」の企業は存在していませんでした。しかしながら，現実の世界では企業数が多すぎてすべてのシェアを書き出すことができない場合もあります。

　ドラッグストア業界のシェアの場合，上位 10 社を除いた「その他」が 24.85％を占めています。この「その他」を I 社として計算してしまうと，リーダー企業のウエルシアの 2 倍以上の巨大企業が存在することになってしまい，HHI が実態と合わなくなってしまいます。ですから，「その他」をある程度実態に近い形に近づける必要があるのです。一つのヒントは，10 位のカワチ薬品のシェア 3.54％です。II 位以下は 10 位よりシェアが低いわけですから，3.54 より低い値でキリの良い数字で概算値を出すことができます。例えば，3％が 8 社と 0.85％が I 社と想定すれば，その他の HHI は 72.7225 となりますし，1％が 24 社と 0.85％が I 社と想定すれば，24.7225 となります。

3.2　多段階の因果ループとしてのポーターの業界構造分析　　**65**

ネが配分されると考えられています。

　完全競争は「社会全体にとって」という視点からのカネの最適配分ですが，ポーターは「一企業」の視点から同じ現象を捉え直しました。つまり，独占企業は社会全体の資源配分の観点からは排除すべき対象ですが，一企業の利益最大化の観点からは理想的な状態だと考えたのです。ですから，ポーターは産業内において独占的なポジション，もしくはそれに近いポジションを占めることこそが利益を増加させるために重要であると考えたのです。

　図3-3 は，ポーターの考えと産業組織論の考えの対比を図示したものです。この図から，ポーターと産業組織論（経済学）が目指しているものが全く反対であり，社会全体と一企業の望ましさはトレードオフの関係にあることがわかるでしょう。

　このポーターの考えに基づいた基本論理が，図3-4 の新規参入による競合メカニズムです。この図の中で，利益ポテンシャルは，既存企業の競合度が高まるほど低下する負の因果関係があることを意味しています（矢印1）。これは逆に言えば，図3-4 のように独占企業であれば最も利益ポテンシャルが高くなることを意味しています。ただし，利益ポテンシャルが高い産業は他社にとって魅力的なので，新規参入の可能性が高まります（矢印2）。新規参入の可能性が高まると，通常既存企業間の対抗度も高まり（矢印3），利益ポテンシャルの低下につながります（矢印1）。このように，この因果ループはバランス型ループなので，利益ポテンシャルは，どこか一点に収束していくはずです。つまり，ある利益ポテンシャルになると新規参入が起こらなくなり，既存企業間の対抗度も高まらず，その結果として利益ポテンシャルも変化しなくなると考えられます。

　経済学の理論ではその収束していくポイントは完全競争ですが，現実の世界では産業によって異なります。産業によって異なる理由は，「利益ポテンシャル」と「新規参入の可能性」の因果関係（矢印2）に「参入障壁」が負のモデレータ変数として影響を及ぼしているからです（矢印4）。負のモデレータ変数は，因果関係の効果を弱める働きをするので，参入障壁が高ければ，利益ポテンシャルが高まったとしても新規参入はそれほど増加しないということになります。

　どのような参入障壁であれ，矢印2の因果関係を弱めて新規参入の可能性が下がれば，その業界内の既存企業の状況は完全競争から独占に近づいていくことになります。その結果，全く参入障壁のない場合よりも利益ポテンシャルが高くなるのです。

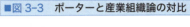

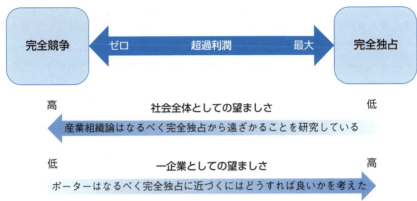

■図 3-4　新規参入による競合メカニズム

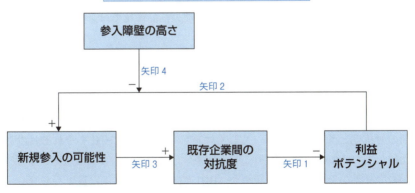

3.2.3 バリューチェーン内における相対的なパワーバランス・メカニズム

　利益ポテンシャルを説明する二つ目のメカニズムは，バリューチェーン内における相対的なパワーバランスです。ポーターは，最終製品が消費者の手に届くまでに生み出される利益はその最終製品に携わったすべての業界のつながりの中から生み出され，それらの業界の間で配分をめぐって奪い合われていると考えました。ポーターは，そのつながりをバリューチェーン（価値連鎖）と名付けました。

　例えば，自動車産業を例にとって考えてみましょう。非常に単純化して考えても，最終消費者に自動車が届くまでには，素材メーカーと，部品メーカー，完成車メーカー，ディーラーという 4 つの業界のつながりが存在しています。これが自動車業界のバリューチェーンです。ポーターの業界構造分析では，このバリューチェーンの中の構成員同士で利益の奪い合いを行っていると考えます。その結果，バリューチェーン全体で生み出された利益はその中の交渉力の強い構成員がより多く獲得できると考えるのです。

　交渉力が高いとは，自分のしたいことを相手に強要することができる力を持っていることを意味しています。例えば，ある企業が独占している業界では言い値に近い金額で顧客に製品を売ることができますが，競争相手がたくさんいる業界ではそんなことはできません。この場合，独占企業の方が買い手に対する交渉力が高く，当然のことながら利益ポテンシャルも高くなるのです。先ほどの自動車産業の例で考えると，ある部品産業が完成車メーカーよりも独占に近ければ，その部品産業は完成車メーカーに対して交渉力が強いと考えられるのに対し，完成車メーカーの方が独占に近い状況にある別の部品産業では，完成車メーカーの方が交渉力が高いと考えられるのです。

　図 3-5 は，売り手と買い手の交渉力と利益ポテンシャルの 3 つの要因の因果ループ図です。ポーターの説明に基づけば，利益ポテンシャルと売り手と買い手の交渉力の因果関係はループしているわけではありません（Column 3.4）。交渉力の強弱は産業間の競争の激しさの比較によって決まるので，自分の産業の既存企業間の対抗度とサプライヤー，もしくは買い手の産業の HHI をそれぞれ計算して比較します（Column 3.5 参照）。その結果，自社の所属している産業よりも，買い手や売り手の産業の競争が緩やか（HHI が高い）であれば，買い手や売り手の交渉力が高いということになり，自産業の利益ポテンシャルは低くなることになります（矢印 1・矢印 2）。

　また，売り手や買い手の交渉力は実際に交渉を行った場合の強弱なので，交渉力を使おうとしなければ利益ポテンシャルにあまり影響を及ぼさないかもしれま

■図 3-5　バリューチェーン内での利益配分争い

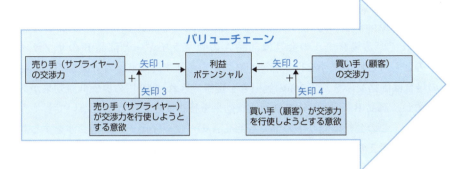

Column 3.4 ● 交渉力を広域のバリューチェーンで考える

ポーターの業界構造分析では，バリューチェーンの中でも，直接取引関係がある売り手と買い手のそれぞれとの交渉力によって自社の属する産業の利益ポテンシャルが影響を受けることが想定されています。

しかしながら，自社が交渉できる相手は必ずしも直接的な関係にある売り手と買い手の業界の企業に限りません。買い手の買い手や，売り手の売り手など直接取引があるわけではない業界やその代替品や補完的生産者も実際には自社の経営戦略の一部として考えなければならないこともしばしば起こります。ですから，戦略策定者は，業界構造分析を行う際には，より広域のバリューチェーンに目配りして戦略を考える必要があるのです。

図 3-6 は，スマートフォンの産業を取り巻く広域のバリューチェーンを図示したものです。ポーターの業界構造分析で対象としているのは，青色の 6 つのボックスですが，売り手の売り手（例えば半導体製造装置）とそれらの業界構造まで視野に入れると，他にも 10 のボックスが検討事項として浮かび上がってきます。これらの広域の要因分析は，競合他社が想定していない打ち手を見つけ出したり，逆に自社が見落としている戦略の穴を発見したりすることに有効ですので，ぜひ実際に検討してみてください。

■図 3-6　広域のバリューチェーンの例

3.2　多段階の因果ループとしてのポーターの業界構造分析　69

せん。ですから，実際の利益ポテンシャルへの影響を考える際には，売り手や買い手が実際に交渉力を行使しようとする意欲というモデレータ変数（矢印3・矢印4）が重要となります。

　例えば，原価が 10,000 円の製品の中に 5,000 円の部品 A と 50 円の部品 B が組み込まれている場合，この会社は部品 A のサプライヤーと部品 B のサプライヤーのどちらと価格交渉を行う意欲が高いかを考えてみましょう（図 3-7）。部品 A の場合は価格交渉をして 1% の値引きを獲得できれば 50 円の原価低減効果がありますが，部品 B で 50 円分の原価低減効果を獲得することはできないでしょう。ですから，この会社は売り手の中でも部品 A のサプライヤーと価格交渉をする意欲が高いと考えられるのです。

3.2.4　代替品との競争メカニズム

　利益ポテンシャルを説明する 3 つ目のメカニズムは，代替品との競争メカニズムです。代替品とは，自社の製品やサービスと同質の価値や機能を持つ製品やサービスのことです。代替品の具体例としては，フィルムカメラに対するデジタルカメラや，液晶テレビに対する有機 EL テレビ，ガソリン自動車に対する電気自動車，携帯電話に対するスマートフォンなど枚挙にいとまがありません。自社の業界に対する代替品の出現は，新規参入と同じく既存顧客を奪う可能性が高いわけですから利益ポテンシャルを脅かします。

　図 3-8 は，ポーターが想定している代替品が利益ポテンシャルに影響を及ぼすメカニズムです。ポーターは代替品の脅威を基本的に環境要因と捉えていたのでシンプルな因果関係になっていますが，実際には既存企業の代替品の脅威への対処は意思決定要因や戦略要因なども含まれるより複雑なメカニズムだと考えられます。そのメカニズムの一例として「イノベーションのジレンマ」を 3.3.2 項で紹介します。

3.3　業界構造分析から戦略構築への展開

　ここまで見てきたポーターの業界構造分析の特徴は，5 つの諸力を「環境要因」と考えていることです。これらを環境要因と捉えることによって，自社を取り巻く業界の構造を客観的に「分析」することができるようになりました。これは自社が属する業界の利益ポテンシャルの評価や，新規の事業機会の探索，新規参入

70　第 3 章　ポジショニング戦略

Column 3.5 ● HHIを用いた交渉力の比較

HHIを用いて交渉力の比較を行うために，**Column** 3.2 の表3-2 の3つの産業がバリューチェーンを構成していると考えましょう。すなわち，A産業がB産業のサプライヤーであり，B産業はC産業のサプライヤーであると想定します。この場合，HHI は，A産業（2,000）＞B産業（1,000）＜C産業（2,650）となり，B産業が買い手に対しても売り手に対しても交渉力が低いことがわかります。したがって，HHIの観点からすると，B産業の利益ポテンシャルは3つの産業の中で一番低いと考えられます。

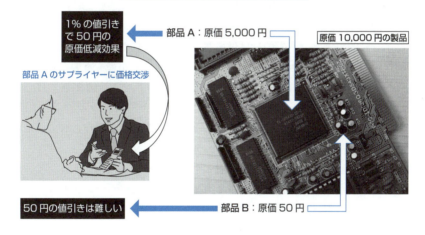

■図3-7　サプライヤーとの価格交渉

■図3-8　代替品の脅威

3.3　業界構造分析から戦略構築への展開

の意思決定という点では大変有意義なものでした。

　しかしながら，実際にこの枠組みを自社の主体的な戦略構築に役立てるためには，これらの諸力を「環境要因」ではなく「戦略要因」もしくは「意思決定要因」に関連付けて考える必要があります。なぜならば「分析」だけでは，戦略にとって最も重要な具体的な「打ち手」のアイディアにつながらないからです。

3.3.1 「補完的関係者（Complementors）」という戦略要因

　ポーターの業界構造分析に対する近年の最も注目すべき展開は，ゲーム理論的な考え方が導入された点です。本書の文脈で言い換えると，ゲーム理論的な考え方では，ポーターが「環境要因」と捉えてきた5つの諸力のいくつかを「戦略要因」であると考えるようになったのです。すなわち，企業は自社に有利なポジションを探索して事業や製品を配置するだけでなく，「打ち手」によって自社に有利なポジションを自分自身で作り出せると考えるようになりました。

　その最も顕著な例が，「補完的生産者（**3.2.1 項⑥**参照）」です。経営戦略の教科書では，図 3-2 のようにポーターの業界構造分析に六つ目の要素を加えたという理解が一般的ですが，本質的には環境要因と考えられてきた自社以外の企業を意思決定要因や戦略要因として捉えるようになったことが最も重要な点です。図 3-9 は，この変化を端的に表現した「バリューネット」です。図 3-9 では，自社が図の中心にありながらも，自社以外の各プレイヤーも様々な相互作用を行なっており，何らかの影響を及ぼしあうことができることが示唆されているのです（*Column* 3.6）。

　図 3-10 は，図 3-8 に「補完的生産者との関係」を加えた因果ループです。図 3-10 では，代替品の脅威は，図 3-8 と同じく自社の利益ポテンシャルに負の影響（矢印 1）を及ぼしますが，環境要因ではなく戦略要因として扱われます。戦略要因としての代替品の脅威は，補完的生産者の競争力によってある程度抑制することができます（矢印 2）。

　この部分のわかりやすい具体例は，ガソリン自動車と電気自動車の関係です。電気自動車はガソリン自動車の代替品ですから，走行性能や燃費などの価値や機能で競争しています。さらに，両者は補完的生産者である燃料供給業者，すなわち，ガソリンスタンドと充電ステーションでも競合しています。2020 年代の競争においては，ガソリンスタンドの利便性が代替品の脅威を抑制している（逆に言えば，充電ステーションの能力が電気自動車の普及を阻害している）側面があります。

■図 3-9　バリューネット（価値相関図）

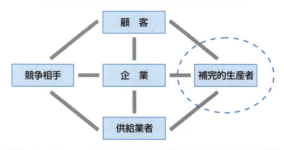

（出所）Brandenburger & Nalebuff（1996）図（位置 No.459 by Kindle）を筆者翻訳。

Column 3.6 ● ポーターの業界構造分析とバリューネットの違い

バリューネットは図 3-2 に形が似ているので一見同じもののように見えますが，図 3-2 が「自社が属している産業」を分析する枠組みであるのに対し，バリューネットは「自社」という個別企業に焦点を当てた枠組みである点が大きく異なります。言い換えると，図 3-2 は業界の利益ポテンシャルが 5 つの諸力という「環境要因」からどのように制約を受けているのかを分析する枠組みであるのに対して，バリューネットは自社と，競合他社，顧客，供給業者，補完的生産者の 5 者間の関係性という「意思決定要因」と「戦略要因」から戦略を構築するための枠組みであるとも言えます。つまり，ゲーム理論の考え方では，自社の行為と，競合他社や，顧客，供給業者，補完的生産者の行為とが双方向に影響を及ぼしあい，チェスや将棋のように相手がどのような打ち手を打ってくるのかを読み合うことができると考えるのです。

■図 3-10　代替品と補完的生産者の因果ループ図

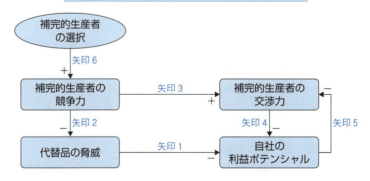

3.3　業界構造分析から戦略構築への展開　73

つまり，補完的生産者と強く結びついている製品やサービスの場合，補完的生産者の競争力が組み合わさって代替品の脅威の抑制につながっていることがあるのです。

　しかしながら，補完的生産者の競争力は諸刃の剣でもあります。強力な補完的生産者は代替的な競争相手に対しては頼もしい味方である一方，いったん代替品に勝った後は利益配分を競い合う競争相手に変貌してしまうからです（矢印 3）。あまりにも強力な補完的生産者と組むと相手の交渉力が高くなり，自社の利益ポテンシャルが低下してしまいます（矢印 4）。さらに，自社の利益ポテンシャルの低下は，さらに相手の交渉力を高めるという自己強化型のループにつながるので，悪循環に陥ってしまいます（矢印 5）したがって，補完的生産者の選択が代替品の脅威と補完的生産者のバランスを考える上で重要な意思決定要因となります（矢印 6）。

　図 3-11 は，補完的生産者の選択肢について図示したものです。横軸は補完的生産者の競争力を，縦軸は補完的生産者の数をそれぞれ表しています。当然，代替品の脅威に対抗するためには強力な補完的生産者が必要ですから，右側の選択肢のいずれかを選択すべきです。さらに，その後の補完的生産者との利益配分争いも視野に入れると，自社の交渉力を維持するためには補完的生産者の数は多い方が交渉力が分散するので自社にとっては有利に働きます。これは，買い手（供給業者）の交渉力と同じ論理です。

3.3.2　戦略要因としての「代替品の脅威」

　環境要因と戦略要因の対比について，さらに「代替品の脅威」を掘り下げて考えて見ましょう。ここから先は，代替品の脅威を環境要因ではなく，自社の打ち手によってある程度対応可能な戦略要因として経営戦略を考えていきます。

　図 3-12 は，代替品の脅威を「代替品として認識できるか／できないか」と「代替品に対して既存製品で対抗できるか／できないか」の 2 つの軸で 4 つに分類したものです。左側の「代替品として認識できる場合」は，ポーターの業界構造分析で扱っている代替品の脅威であるのに対し，右側は分析できない脅威です。これらのそれぞれの場合について，企業がどのように脅威に対応可能なのかを考えていきましょう。

(1) 代替品を認識でき，かつ対抗可能な場合

　左上の「代替品として認識できる上に既存製品で対抗できる場合」は，そのまま代替品と競争することもできますし，何らかの形で代替品を取り込むことも

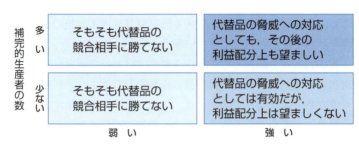

■図 3-11　補完的生産者の選択

	弱い	強い
多い	そもそも代替品の競合相手に勝てない	代替品の脅威への対応としても，その後の利益配分上も望ましい
少ない	そもそも代替品の競合相手に勝てない	代替品の脅威への対応としては有効だが，利益配分上は望ましくない

補完的生産者の数（縦軸）／補完的生産者の競争力（横軸）

■図 3-12　代替品の脅威の分類

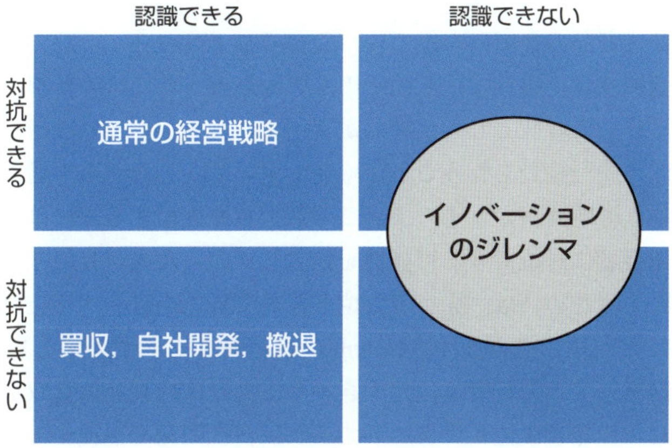

	認識できる	認識できない
対抗できる	通常の経営戦略	イノベーションのジレンマ
対抗できない	買収，自社開発，撤退	

きます。例えば，電気自動車は，ほぼすべての自動車メーカーがガソリン自動車の代替品であると認識しています。自動車メーカーのマツダは 2000 年代後半に電気自動車を代替品として認識していましたが，その実用化と市場拡大には 10 年以上かかると判断し，ガソリンエンジンの燃焼効率を高めることに技術開発資源を集中しました。その結果，スカイアクティブ・エンジン（図 3-13）という既存のガソリンエンジンの燃焼効率を 30％も向上させるイノベーションを達成しました。これは認識できる代替品に対する既存製品による対抗の例です。

(2) 代替品を認識できるが対抗できない場合

左下の「代替品として認識できるが既存製品では対抗できない場合」は，大きく 3 つの選択肢がありえます。①代替品の企業を買収する，②代替品もしくはそれに対抗可能な新製品を自社で開発する，③その市場から撤退する，の 3 つです。

まず，代替品の企業を買収するというのが最初の選択肢ですが，その選択肢が実際に採用できるかどうかは代替品を認識できたタイミングに影響を受けます。代替品を早期に認識でき，かつその企業がまだ小規模なのであれば，M&A によって代替品を自社に取り込むことは，重要な打ち手です。

例えば，Facebook（現在の Meta）は，Instagram を非常に早い段階で M&A していますし，日本のリクルートはまだオンラインサービスが未成熟だった時期に Indeed を買収しています。Instagram も indeed も現在ではそれぞれの企業の中心的な事業に成長していますが，もし買収していなければそれぞれの既存事業にとって重大な代替品の脅威になっていたことでしょう。

二つ目の選択肢は，自社で代替品そのものか対抗するための新製品を開発することです。潜在的な脅威として代替品が実用化される前の早い段階から認識できるのであれば，先行投資を行うことが可能です。しかしながら，通常は製品開発の方が買収よりも時間がかかるので，この選択肢を採用する際には後発であっても代替品の先行者に対抗できる可能性を検討しておいた方が良いでしょう。これについて検討するためには，先行者優位と後発者優位が成立する条件について整理しておくことが役に立ちます（**Column** 3.7）。表 3-3 の先行者と後発者の優位性の条件を勘案して，先行者優位が大きいのであれば代替品の買収も検討するべきでしょうし，後発者優位が大きいのであれば自社開発で追従する方が良いかもしれません。

買収も新製品開発もいずれも困難な場合は，三つ目の選択肢として「撤退する」という打ち手が残されるわけですが，実際に撤退の意思決定を行うのは困難な場合が多いと考えられます。とりわけ，その事業への依存度が高いときは，決

■図 3-13　スカイアクティブ・エンジン

(出所) マツダ株式会社 Web サイト

Column 3.7 ● 先行者優位と後発者優位

　表 3-3 は，先行者優位と後発者優位をもたらす要因をまとめたものです。先行者優位とは，打ち手を時間的に競合他社よりも先行して実施することから得られる競争優位であるのに対し，後発者優位は先行者に対して時間的に遅れて打ち手を実施することから得られる競争優位のことです。

　先行者優位は，希少な経営資源や顧客を先に入手することで後発企業がそれらを獲得することが困難になる状況で得られると考えられています。例えば，セブン-イレブンは創業当時に先行者として立地が良く企業家精神が旺盛なフランチャイズオーナーを多数獲得できたことで優位性を獲得することができました。先行者優位に対し，後発者優位は先行者に追随しようとする際に何らかの形で先行者の投資にただ乗りできる場合に生じます。ただ乗りの対象は，イノベーティブな製品の開発投資の場合もあるでしょうし，新しいビジネスアイディアの実現に必要だった様々な投資の場合もあるでしょう。

　また，後発者は様々な不確実性が高い状況において状況を見極めるために先行者を利用できます。ただし，この場合は多少出遅れても先行者に追いつける根拠が必要です。

■表 3-3　先行者優位と後発者優位

先行者優位をもたらす要因	後発者優位をもたらす要因
・技術のリーダーシップ ・希少資源の先取 ・買い手のスイッチング・コスト	・先行者による投資へのただ乗り ・市場や技術の不確実性 ・技術や顧客ニーズの変化 ・慣性による既存企業の組織衰退

(出所) 兒玉 (2020) p.347, 表補 6-1 を参考に筆者作成。

断が難しいでしょう。ですから，どの事業であっても撤退の打ち手が選択肢の一つとなるように，事業を多角化（**第6章**）することも経営戦略としては重要です。

(3) 代替品を認識できない場合

図3-12 の右側2つのセルは，代替品が存在しているにもかかわらず，それが自社の脅威であることを認識できない場合です。脅威を認識できない状況では，対抗もできないので右側は上下のセルを分けて考える必要はありません。右側の状況では，脅威を認識できるタイミングが重要です。企業は脅威を認識できた時点で左側のセルの選択肢を考慮できるようになりますので，そのタイミングが早ければ早いほど様々な選択肢が使える可能性があるということになります。

実際には，ほとんどの企業は代替品に対して注意を払っているので，右側のセルの状況に陥ることはほとんどありません。とりわけ，最先端の革新的な技術や製品に対しては，代替品として認識できないことはないでしょう。例えば，自動車メーカーであれば，電気自動車や自動運転などの最先端のテクノロジーには細心の注意を払っていますし，Google は，ChatGPT が公開された直後にコードレッド（非常事態）を全社に宣言して対応しています。

図3-14 は，通常の代替品の脅威への対処を表した因果ループ図です。上述したように最先端テクノロジーのような「わかりやすい」代替品の脅威は，脅威としてすぐに認識されます（**矢印1**）。認識された脅威は，その脅威に対してどのように対応するのかという意思決定を迫ります（**矢印2**）。この意思決定によって代替品の脅威は抑制されます（**矢印3**）。この因果メカニズムは，バランス型ループになっているので代替品の脅威はどこかに収束していきます。

しかしながら，ときとして代替品の脅威認識を妨げて対応を遅らせてしまうメカニズムが働くことがあります。その代表的な例が，「**イノベーションのジレンマ**」です。イノベーションのジレンマは，顧客や株主などのステークホルダーの「声」をよく聞く優良なリーダー企業であればあるほど破壊的な技術による代替品への脅威の認識と対応が遅れるというメカニズムです。

図3-15 は，**図3-14** にイノベーションのジレンマのメカニズムを付加した因果ループ図です。イノベーションのジレンマは，現実には代替品の脅威が生じているにもかかわらず，それを脅威として認識することができなくなる，もしくは認識が遅れるというメカニズムです。

代替品の脅威の認識が困難になる主要な理由は，自社にとって重要なステークホルダーが，その代替品を脅威であると評価しないからです（**矢印1**）。

そのステークホルダーの脅威の評価に負の影響を及ぼしているのが，「破壊的

■図 3-14 通常の代替品への脅威への対処

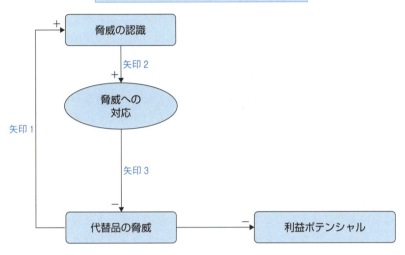

■図 3-15 イノベーションのジレンマ

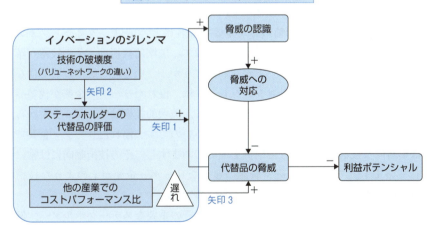

技術（変数として表現するため図3-15では「技術の破壊度」と表しています）」です（矢印2）。破壊的技術は持続的技術と対になっている概念です。持続的技術が既存の性能評価軸に沿って進化している技術であるのに対し，破壊的技術は既存の性能評価軸とは異なる評価軸を持ち込む技術のことです。

　例えば，ノートパソコンとスマートフォンをイメージしてみてください（表3-4）。ノートパソコンにとっての持続的技術は画面の大きさや解像度，処理速度，キーボードの打ちやすさ，全体の重量などであり，ノートパソコンは通常この持続的技術に沿って性能が向上していきます。それに対してスマートフォンはノートパソコンにとってある面では破壊的技術でした。なぜならば，ノートパソコンの従来の評価軸とは異なる評価軸を持ち込んだからです。それは，ノートパソコンとしてはさほど重視されてこなかったタッチパネルの反応速度や，ネット接続の地理的範囲の広さや容易さ，カメラの性能，携帯性などです。

　この例で最も重要なことは，ノートパソコンの持続的技術の性能評価軸からスマートフォンを評価するのであれば，スマートフォンははるかに劣っていて魅力的ではないように見えることです。例えば，大学のレポートを書くためにノートパソコンとスマートフォンを比較検討してスマートフォンを購入する人はあまり多くはないでしょう。

　しかしながら，スマートフォンが持ち込んだ新たな評価軸，気軽にインターネットに接続できていつでもどこでもコミュニケーションできることという観点からすれば，スマートフォンはノートパソコンを凌ぐ性能を持っているのです。

　さらに，その新たな評価軸の方が重要な顧客にとっては，スマートフォンはノートパソコンの代替品として機能するのです。破壊的技術は，その技術が革新的かどうか，技術の向上スピードが速いかどうか，といったことは重要ではないことも重要です。イノベーションのジレンマは，優れたリーダー企業が代替品の脅威を見落としてしまうメカニズムですから，破壊的技術はリーダー企業から見ると取るに足らない技術である場合の方が多いのです。優れたリーダー企業であれば革新的な技術は当然自社で研究を進めていますし，その技術動向には常に注目しています。ですから，経営資源の豊富なリーダー企業がそのような技術によって逆転されることは通常はありえないのです。

　また，破壊的技術は，当初リーダー企業とその重要なステークホルダー，例えば，顧客や株主，から見ると魅力的ではない市場を開拓します。そのため，主要なステークホルダーたちはその破壊的技術にリーダー企業が対応することに難色を示すのです（図3-15の矢印1）。このステークホルダーとのネットワークを，

80　第3章　ポジショニング戦略

■表 3-4　持続的技術と破壊的技術の対比

		ノートパソコン	スマートフォン
持続的技術	画面の大きさ	様々なアプリケーションを同時に使えるくらいの大きさが求められる（11〜15インチ程度）	片手に収まるくらいのサイズ（5〜6インチ程度）
	キーボードの打ちやすさ	作業のために重要	そもそもキーボードが存在していないので重要ではない
	全体の重量	鞄に入れて持ち歩くことが可能な重量（1kg台〜2kg台）	常に持ち運べる重量（100g台〜200g台）
破壊的技術	携帯性 タッチパネルの反応速度 インターネット接続の容易さ カメラの性能		基本的にスマートフォン独自の性能評価軸

※中央列に「比較可能」の注記あり

Column 3.8　バリューネットワークの具体例

　図 3-16 は，ディスク・ドライブに関する 3 種類のバリューネットワークを表しています。図 3-16 によれば，ディスク・ドライブという製品は，そのサイズや容量ごとに，メインフレーム・コンピュータ，ノートパソコン，エンジニアリング・ワークステーションの 3 種類のバリューネットワークにそれぞれ組み込まれています。この図が示しているように，3 つのバリューネットワークは，それぞれ独立しており，互いに交わらない多層構造を形成すると考えられます。ですから，メインフレーム・コンピュータのバリューネットワークに属しているステークホルダーは，2.5 インチや 5.25 インチのディスク・ドライブに関心を持っていない上に，そのバリューネットワーク上の評価基準でしかディスク・ドライブの性能を評価しようとしないのです。

■図 3-16　各バリューネットワークにおけるディスク・ドライブの評価基準

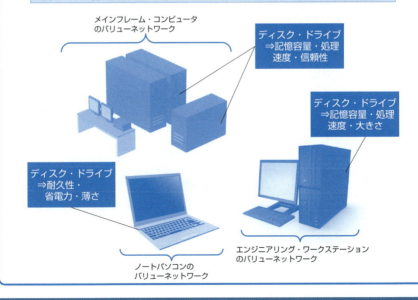

3.3　業界構造分析から戦略構築への展開

クリステンセン（Christensen, C. M.）は「バリューネットワーク」と呼び，リーダー企業はそのネットワークの中で情報収集をし，それに基づき経営戦略を策定していると考えます（*Column* 3.8 参照）。

しかしながら，ステークホルダーの求める持続的技術の性能の進歩よりも破壊的技術の既存評価軸での性能の進歩が上回る状況が続くと，「イノベーションのジレンマ」が生じます。すなわち，リーダー企業のバリューネットワークに代替品としての破壊的技術による製品が入り込み，リーダー企業を逆転するのです。その部分を図 3-15 上で示しているのが，矢印 3 です。

その逆転の論理を図示したものが，図 3-17 です。図 3-17 の横軸は時間を，縦軸は製品性能をそれぞれ表しています。上の実線はリーダー企業の既存の技術の進歩経路を表し，下の実線は破壊的技術の既存の評価軸における進歩経路を示しています。上の破線はリーダー企業が製品を提供している市場で顧客が求める性能を表し，下の破線は破壊的技術が製品を提供している市場で顧客が求める性能を表しています。①の時点では，破壊的技術の企業は市場のハイエンド（上の破線）の性能水準どころか，ローエンド（下の破線）の性能水準すら満たせていません。ですから，リーダー企業もその顧客も破壊的技術の製品を「取るに足らない」製品であるとみなして代替品の脅威としては認識しません。しかしながら，②の時点では，破壊的技術の製品が持続的に性能を向上させ続けた結果，市場のハイエンドの性能水準を満たし，ハイエンド製品の代替品となるのです。

この②の時点では，ポーターの業界構造分析においても「代替品の脅威」として既存企業の利益ポテンシャルに大きな影響を及ぼすのですが，意思決定要因としての「脅威への対応」や具体的な「打ち手」はすでに限定的になっているかもしれません（*Column* 3.9）。イノベーションのジレンマの論理も，補完的生産者と同様に「環境要因」をそのまま企業が主体的に影響を及ぼせないものと認識することに対して警鐘を鳴らしています。

3.4 ポジショニング戦略の限界

ポジショニング戦略は，「ポジション」が安定的に認識できる業界，すなわち「環境要因」に自社が主体的に関わる余地がほとんどない業界では意味があります。

ですから，ポーターの分析枠組みは，業界「構造」分析と呼ばれているのです。

■図 3-17　代替品の逆転メカニズム

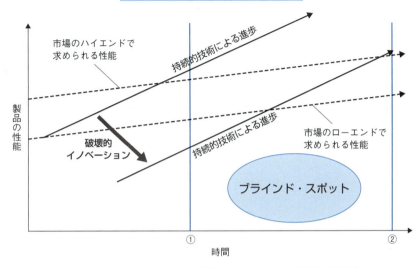

（出所）　Christensen（1997）Figure I.1（位置 No.199 by Kindle）に一部加筆して筆者作成。

Column 3.9 ● イノベーションのジレンマ（メルカリと DeNA）

　イノベーションのジレンマの日本企業の具体例として，DeNA がメルカリに対抗できなかったという事例があります。DeNA の創業者の南場智子氏によれば，メルカリがサービスを提供する前に DeNA の社内でメルカリと同じサービスのアイディアが経営会議に挙がってきたそうです。南場氏は，その当時の DeNA は携帯電話用のオークションサイトである「モバオク」を運営していたので，そのアイディアはモバオクの一部の機能にしか見えなかったと振り返っています。これは新しいサービスの価値を既存のサービスの評価軸上で評価してしまったがゆえに，新しい価値評価軸を見逃してしまった例と考えることができるでしょう。この例が示すように，新サービスの価値を顧客が実際に使用する前に判断することは非常に難しいのです。

（出所）　LogmiBiz「『見えてない世界があった』DeNA 南場氏，メルカリが伸びる前に似た案を否定していたことを悔やむ」https://logmi.jp/business/articles/44010#s6

しかしながら，逆に言えば業界の構造が流動的で各企業の「ポジション」が不安定な業界では，その分析も戦略も十分な威力を発揮することはできません。

　イノベーションのジレンマの例で示したように，ある時点では取るに足りない代替品が，時間経過を経て非常に大きな脅威に成長したり，変化したりする可能性があります。ポジショニング戦略，とりわけ業界構造分析の枠組みは，このような時間経過を含む状況を分析したり，説明したりすることが得意ではありません。ですから，ポジショニング戦略の分析枠組みを使用する際は，その業界構造が安定的かどうかを確認する必要があります。業界構造がそもそも安定的でない場合や，時間経過に伴って大きく変化しそうな場合は，**第5章**の不確実性下での戦略の考え方の有効性が高いと考えられます。

84　第3章　ポジショニング戦略

第4章

経営資源戦略

　第4章は，経営資源戦略の因果メカニズムを説明していきます。本章では経営資源の中でも，組織ルーティンと呼ばれている資源に着目し，経営資源戦略の論理を説明していきます。後半では，経営資源戦略の発展形として，ダイナミック・ケイパビリティと両利きの経営についても因果ループ図を用いて説明します。

4.1 競争優位をもたらす経営資源

4.1.1 経営資源の全体像

「経営資源」といえば，多くのビジネスパーソンは，ヒト・モノ・カネ・情報という言葉をイメージすると思います。もちろん，これらも重要な経営資源ですが，経営資源戦略ではもっと広い意味で「経営資源」を捉えます。

図4-1は，経営資源と企業活動の関係を図示したものです。この図の中心に描かれているのが，事業活動の中心となる企業です。経営学では，企業とはインプットとしての経営資源を製品やサービスといったアウトプットに変換する仕組み（スループット）だと一般的に考えます。したがって，この図4-1でも，様々なステークホルダーからのインプット（矢印1）が企業というスループットに入り（矢印2），右からアウトプットとして出てくる（矢印3）ことを表現しています。さらに，アプトプットは顧客や競合企業との相互作用（矢印4・矢印5）によって新たな経営資源を生み出しフィードバックループを通じてインプットされます（矢印6・矢印7）。

ヒト・モノ・カネ・情報という一般的な経営資源は図4-1の中では主にインプットに相当するのに対し，第4章で注目する経営資源はスループットに存在しています。このスループットに存在する経営資源は，見えざる資産（Intangible assets）や，コア・コンピタンス（Core competence），組織ルーティン（organizational routine），ただ単に知識（knowledge）など様々な呼称で呼ばれてきました（**Column** 4.1）。これらの経営資源に共通している特徴は，目に見えないがゆえに競合他社からは模倣困難であるので競争優位の源泉となるということです。

これらの企業のスループットにおける経営資源のことを，本書では組織ルーティンの呼称で統一して議論を進めたいと思います。組織ルーティンとは，組織が持っている規則的で予測可能な行動パターンの総体（Nelson and Winter, 1982）であると考えられています。

「ルーティン」というと，日本語のルーティンワークからの連想で反復的な単純作業というイメージを持つかもしれませんが，経営学の領域では，その企業固有の「らしさ」を表すために使われています。例えば，トヨタやホンダは自動車という意味では同じ製品を扱っている企業と考えられますが，トヨタには「トヨタらしい」製品や，プロモーション，各社員の考え方がありますし，ホンダにはホンダの「らしさ」があります。それらの外部からも見える「らしさ」を生み出

■図 4-1　経営資源と企業活動の関係

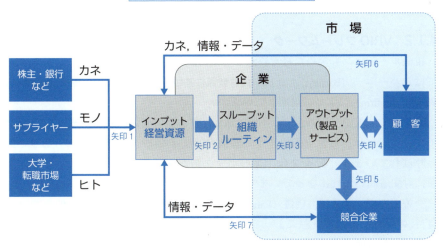

（注）　この図は因果ループ図ではなく，経営資源の移動を示す単なるプロセスを表していますので，矢印は因果関係ではありません。

Column 4.1　「見えざる経営資源」とは何か

　このコラムでは，本文中でスループットに存在する「見えざる経営資源」全般を組織ルーティンと呼ぶことにした理由を少し詳しく説明します。見えざる経営資源は，Barney（1986）が提唱し始めた当初は，前章の図 3-1 で示した業界内の差分を説明する「何か」が存在しているはずという仮説にすぎませんでした。その後の研究の蓄積の中で，様々な見えざる資源の内容が提示されましたが，現状では組織固有の行動パターンである組織ルーティン（これも組織プロセスなど様々な言い方があります）が最も有力だと考えられています。また，見えざる経営資源の発展形であるダイナミック・ケイパビリティ（4.2 節を参照）への論理的なつながりという観点からも，組織ルーティンを見えざる経営資源と考えると理解しやすいのです。

　本書でスループットの経営資源を組織ルーティンと呼ぶ理由は，2つあります。

　一つは，組織ルーティンの概念は他の概念と比べると良い面と悪い面の両方を扱っている点です。もう一つの理由は，その悪い面に対する批判がダイナミック・ケイパビリティと呼ばれる本章の後半の議論へとつながっていくため，論理展開が理解しやすいからです。

しているものが，組織ルーティンだと考えられています。ただ，実際には経営資源と組織ルーティンやその他の類似概念の線引きは研究者の間でも確定していません。

4.1.2 VRIO フレームワーク

　組織ルーティンも含めた経営資源が企業に競争優位をもたらすメカニズムついては，バーニー（Barney, J. B.）が経営資源に基づく企業観（RBV：Resource Based View of the firm）によって説明しています。

　図 4-2 は，RBV における競争優位をもたらす経営資源の特徴をまとめたものです。この表は，経営資源の 4 つの特徴の頭文字をとって VRIO フレームワークと呼ばれています。図 4-2 は，上のボックスから順番に自らが保有する経営資源に対する問いかけになっています（*Column* 4.2）。

　一番上のボックスは，価値（Value）についての問いかけです。具体的な問いは，「自社の保有する経営資源によって，自社の外部環境における脅威や機会に適応することが可能か」です。これは，そもそもその環境（産業や業界と言い換えても良いです）での競争に参加できるだけの経営資源を保有しているかを確認する問いかけなので，これに対する答えが NO ならばこの環境では競争しない方が良いということになります。それでもこの環境での競争に参加するのであれば，勝ち目はない，バーニーの表現では「競争劣位」，ということになります。ですから，この価値の問いかけは，ある環境での競争への参加資格を確認していると考えることができます。

　二つ目の問いかけは，希少性（Rarity）に関するものです。具体的には，「その経営資源を現在コントロールしているのは，自社も含めたごく少数の競合企業だろうか」という問いです。価値ある経営資源であっても，競合企業も同じ経営資源を持っているのであれば，競合企業に差をつけるという意味での競争優位を獲得できません。ですから，競争優位を築くためには，自社は持っているけれども，競合他社は持っていないという希少性が必要になります。

　希少性がなく誰もが同等の経営資源を有して競争する場合は，その競争は均衡することになります。バーニーは経済学者なので「希少性がない」場合とは，市場で調達が可能な場合を想定しています。一般的なモノは言うまでもなく，人材であれ，技術であれ，さらには事業であっても，市場で容易に調達可能であれば，その環境における競争は均衡するとバーニーは考えています。

　そこで重要となるのが，三番目のボックスである「模倣困難性（Inimitability）」

88　第 4 章　経営資源戦略

■図 4-2　VRIO フレームワーク

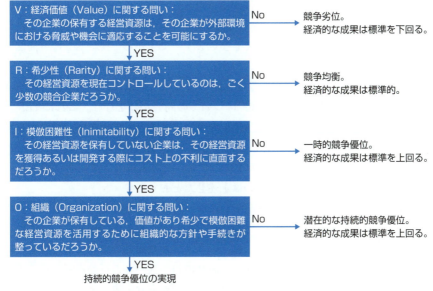

Column 4.2 ● VRIO と VRIN

本文で説明している VRIO フレームワークは，テキストによっては VRIN フレームワークとなっている場合があります。これはいずれもバーニーが提唱したフレームワークです。この 2 つの関係について，Barney & Mackey (2018) は，以下のように説明しています。

> バーニー (1991) では，一方では資源と能力，他方では競争優位のタイプを結びつけるモデルとして，これらの資源と能力の価値，希少性，模倣不可能性，非代替性（VRIN）に焦点を当てていた。バーニー (1995) は，教育や応用を目的として，この頭字語を VRIO : Valuable, Rare, costly to Imitate, and appropriately Organized に変更した。この改訂モデルでは，模倣は直接的な複製と代替の 2 つの方法で起こりうる。また，戦略の実行の重要性を示すために，組織の変数が追加された。このような見かけ上の違いがあるにもかかわらず，これら 2 つのフレームワークは理論的には同等である（Barney & Mackey, 2018）。

この説明にあるとおり，初期のフレームワークに存在していた「N」である非代替性（Nonsubstitutability）は，「I」の模倣困難性に取り込まれることになり，その代わりに「O」である適切な組織化（appropriately Organized）が加わったのです。

です。具体的な問いは,「その経営資源を保有していない企業は,その経営資源を獲得あるいは開発する際にコスト上の不利に直面するだろうか」です。たとえある時点で自社の経営資源に希少性があったとしても,その重要性に気づいた競合他社が簡単に模倣(バーニーの場合は市場調達)が可能ならば,希少性による競争優位は一時的なものにとどまってしまいます。ですから,持続的な競争優位のためには模倣困難性が必要となるのです。

　最後にバーニーは,「模倣困難性を活用するための組織の方針や手続きが整っているか」という組織(organization)についての問いかけを行い,これに YES と答えることができれば持続的な競争優位を実現できるとしています。ですから,RBV では模倣困難な資源を保有し,かつそれを組織的に活用できることが持続的な競争優位につながると考えているのです。この組織的な活用を「組織ルーティン」と呼ぶ場合があるというのは上述したとおりです。

　この VRIO フレームワークから明らかになった持続的な競争優位をもたらす経営資源は,上述の組織ルーティン,とりわけ「見えざる(intangible)」組織ルーティンです。組織ルーティンの中には,マニュアルや規約のように成文化されていて眼に見える構造的な側面もあれば,組織成員一人一人の行動規範として暗黙知的に身につけられた眼に見えない行為的な側面があります。例えば,投資や人事採用に関する方針の社内規定は構造的な組織ルーティンですが,投資企業の選定時や採用面接時に何が自社にとって好ましいかやふさわしいかという各当事者の判断は,ルールに従いながらも自らの意思によってある程度自由に選択された行為としての組織ルーティンであると考えるのです。

　図4-3 は,組織ルーティンの二面性を図示したものです。ルーティンの構造的側面は意図的に変更可能なので意思決定要因であるのに対して,ルーティンの行為的側面は変更を試みることは可能ですが完全には意図どおりにはならないので戦略要因であると考えられます。この2つの側面は,因果ループとして相互作用しています。構造的な側面の変化は,ある程度行為的な側面に影響を及ぼしますし,行為的な側面は構造的な側面の解釈や変更方針に影響を及ぼしています(**Column** 4.3)。

　構造的な側面は,競合他社からであっても観察可能ですし,模倣も可能です。それに対して,行為的な側面は,観察することも模倣することも困難なので,持続的な競争優位を得られる可能性が高まります。

90　第4章　経営資源戦略

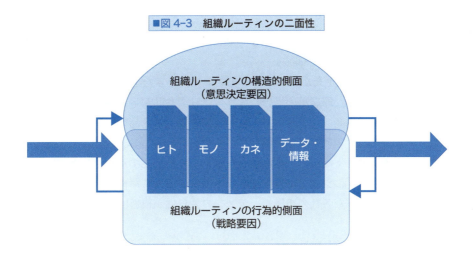

■図 4-3　組織ルーティンの二面性

Column 4.3 ● 組織ルーティンの二面性の補足説明

　本文中では，組織ルーティンの二面性を構造的な側面と行為的な側面と紹介していますが，これは直示的側面（ostensive aspect）と遂行的側面（performative aspect）の意訳です（Feldman & Pentland, 2003）。この2側面は研究者によって多少解釈に齟齬があるものの，直示的側面は明確に構造化されたルールであり，遂行的側面はそれが実際に行為者によって解釈が加えられ実行されている状態と考えられています。「直示的」という訳語があまり馴染みがないことに加えて，哲学用語として用いられている場合にここでの用法とニュアンスが異なるため，比較的直観的に意味が理解しやすく本来の概念のニュアンスを損ねないという観点から，構造的と行為的という訳語を選びました。

4.1.3 模倣困難性を生み出す要因

　ここまでは，競争優位をもたらす経営資源として組織ルーティンの行為的な側面がどのように機能するのかについて説明してきました。ここからは，行為的な側面の独自性がなぜ生み出されるのかを，バーニーの議論に則して説明していきます。

　バーニーが提示した原因は，次の3つでした。

(1) 経路依存性（Path Dependency）

　経路依存性は，その企業が創業から現在まで辿ってきた道のりの独自性を意味しています。例えば，即席麺の場合，日本では日清食品がトップシェアですが，メキシコでは東洋水産の「マルちゃん」が圧倒的な人気商品ですし，ベトナムではエースコックがシェア1位を獲得しています（**Column** 4.4）。もちろん，この違いは各社が各国で様々な努力を積み重ねた結果ではありますが，それぞれの国で他の企業が同じようにシェアが獲得できないのは，参入時期やその後の経路依存性によって蓄積された各社の組織ルーティンの独自性が模倣困難性を高めていると考えられます。

(2) 因果曖昧性（Causal Ambiguity）

　因果曖昧性は，その強みをもたらしている組織ルーティンがどのように形成されてきたのかという因果メカニズムが曖昧で，自社であっても理解できていないことを意味しています。

(3) 社会的複雑性（Social Complexity）

　社会的複雑性とは，組織ルーティンの独自性に影響を及ぼす要因が多岐に渡るとともに複雑に絡み合っていることを意味しています。

　確かに，バーニーが提示したこれら3つの要因は，組織ルーティンの独自性を高め，さらに競合他社からの模倣困難性を高めていると考えられます。しかしながら，これらの要因は企業が意図的にコントロールできる余地がほとんどないという意味において戦略的ではありません。例えば，因果曖昧性は自社内では共有されている因果メカニズムが競合他社からは曖昧に見えて理解できないというのであれば「戦略要因」ですが，バーニーや RBV の研究者はその点を明示していません。ですから，本書の考え方に従えば，これら3つの要因は，「意思決定要因」や「戦略要因」というよりも，「環境要因」に近いものだと考えられます。

4.1.4 バーニーの RBV の因果ループ図

　図 4-4 は，バーニーの経営資源戦略の全体像を因果ループ図で表現したもの

92　第4章　経営資源戦略

Column 4.4 ● 即席麺企業の海外展開における経路依存性と因果曖昧性と社会的複雑性

　日本の即席麺企業である日清食品と東洋水産は，海外進出のタイミングがほとんど同じであるにもかかわらず，国によってその浸透度が大きく異なります。非常に特徴的なのは，東洋水産が圧倒的なシェアを持つメキシコです。東洋水産の即席麺ブランドである「マルちゃん」は，1990年代にアメリカからメキシコに輸出されると爆発的な人気を呼び，その「すぐに簡単にできる」という特徴を表す言葉として「Maruchan」が一般的な動詞として定着しました。我々が検索することを「ググる」というようにメキシコでは，「すぐにする」ことを「マルちゃんする」というようになったのです。このように，ある製品が社会に深く広く浸透してくメカニズムは，まさに経路依存的であり，因果曖昧性も社会複雑性も高いものだと考えられます。ですから，メキシコでは，競合他社がマルちゃんを模倣することが困難になっています。

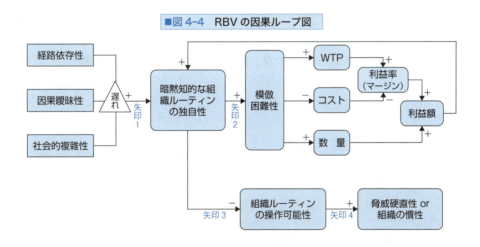

■図 4-4　RBV の因果ループ図

4.1　競争優位をもたらす経営資源　93

です。バーニーが提示した3つの要因によって，組織ルーティンは徐々に形成されていきます（矢印1）。初期の段階では，組織ルーティンは確立されていないので，規則的でも予測可能でもない不安定な状況です。それが，時間が経つにつれて，徐々にルーティンとして規則的かつ予測可能なパターンとして形成されていきます。その段階に至ると組織ルーティン，とりわけ組織ルーティンの行為的な側面は外部から模倣困難となり，企業は持続的な競争優位を獲得することができます（矢印2）。しかしながら，環境要因によってもたらされた組織ルーティンの行為的な側面は，企業が意図を持って創り出したというよりも，自然発生的に創発したと考えられます。ですから，行為的な側面は，組織成員にとっては行動原理や価値観として「当然のもの」として無意識的に行動や言動に現れてくるのです。「当然のもの」であるがゆえに，行為的な側面は，組織内部の成員にとっては自覚しにくいものになります（矢印3）。

　しかしながら，その企業の外部からはその具体的な中身はわからなくとも，行為的な側面の存在自体は感じることができます。例えば，ビジネスパーソンの皆さんは，取引相手や競合他社などで役職や職務が違っても誰もが同じような行動や，言動，思考のパターンを持っているなぁと感じることがあるのではないでしょうか。他にも，企業が不祥事を起こすと「○○業界（△△企業）の常識は社会の非常識」といった言説が流布しますが，これも業界全体の組織ルーティンの行為的側面の一例と言えるでしょう。

4.1.5　RBV批判からダイナミック・ケイパビリティと両利きの経営へ

　RBVは，持続的な競争優位を説明するメカニズムとして業界構造ではなく，経営資源に注目した点は評価されているものの，大きな環境変化を克服して競争優位を維持し続けられる企業について説得力のある説明ができていないという批判を受けてきました。

　バーニーが提示した模倣困難性をもたらす要因はすべて環境要因であるため，論理的には経営者は自らの意思で持続的な競争優位を作り上げているわけではないことになります。さらに，競争優位の源泉であるはずの組織ルーティンが，大きな環境変化への対応を阻害する逆機能を持つことも指摘されています。

　その代表的な2つのメカニズムが，脅威硬直性と組織慣性です（*Column* 4.5）。脅威硬直性（threat rigidity）は，脅威に直面すると経営陣の思考が停止してしまい，脅威に直面する前からしてきたこと，つまり既存の組織ルーティンを変えることが困難になるというメカニズムです（矢印4）。

Column 4.5 ● オーバー・エクステンションと「ストレッチ」

組織慣性への対処方法として，伊丹 (1984) は，「オーバー・エクステンション」という考え方を提唱しています。オーバー・エクステンションとは，従来どおりの方法では達成が困難な目標を設定し，それに向けて全く新しい方法を1から考え直して実行することを意味しています。それに対して，実務の現場では，「ストレッチ」という言葉をよく耳にします。ストレッチとは，対前年比でどれだけ挑戦的な目標設定を行なって実行するかを表しています。

一見すると，オーバー・エクステンションとストレッチは類似の考え方のように見えます。しかしながら，その期待する効果はこの2つの考え方では大きく異なっています。図4-5 は，その違いを説明するために組織の2つの学習メカニズムを因果メカニズムで表しています。

一つ目の組織学習のメカニズムは，シングル・ループ学習と言います（矢印1と矢印2）。このループは，戦略的な行為によって結果が導き出され，その結果からさらに行為が効率化されることを意味しています。実務の世界では「PDCAを回す」と表現されるループです。このループを促進するための意思決定要因がストレッチとしての目標設定です。

それに対し，もう一つの学習メカニズムをダブル・ループ学習と言います（矢印3と矢印4と矢印1）。ダブル・ループ学習は，行為と結果のループから得られた学習の結果としてのマインド・セットや暗黙の前提を含むループです。ある行為で成功体験を繰り返すと，その方法が正しいというマインド・セットが形成されます。もちろん，シングル・ループ学習がうまく回っている限りはダブル・ループ学習で得られるマインド・セットも問題はないわけですが，シングル・ループ学習が機能不全に陥るとダブル・ループのマインド・セットを修正したくなるのですが，一般的にはマインド・セットは暗黙的に時間をかけて形成される（「遅れ」が生じる）ので意図的に操作することが難しいと考えられます。

そのような状況において，ダブル・ループ学習のマインド・セットへのフィードバック・ループへの刺激を与えることで意図的にマインド・セットを変更する試みが，オーバー・エクステンションによる目標設定なのです。ですから，オーバー・エクステンションでは，既存の方法では解決できないような大胆な目標設定（例えば「30％以上のコストダウン」）を行うことで，マインド・セットや暗黙の前提から再考し，組織慣性から脱する可能性を高めるのです。

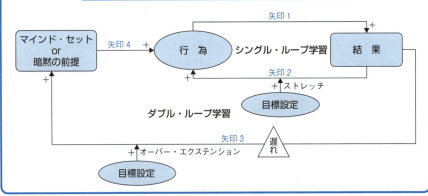

■図4-5　シングル・ループ学習とダブル・ループ学習

組織慣性（organizational inertia）は，物理学の慣性の法則になぞらえたメカニズムで，どんな状況であっても同じ組織ルーティンを使い続けようとすることを意味します。「前例どおりだから」や「前例がないから」という理由だけで物事が決まることは，組織の慣性の身近な例です。

これらの議論を統合すると，RBV の論理ではある状況で作り上げた競争優位が陳腐化するような大きな環境変化が生じた場合，経営者が意図的に変化に対応して競争優位を再構築することは非常に困難であるということになります。もちろん，大きな環境変化に直面して競争優位を失ってしまった企業は数多く存在しているので，RBV はそのような企業については説明力があります。しかしながら，自社の競争優位を脅かすような環境変化を克服し，新たな持続的な競争優位を作り出した企業については十分に説得力のある説明ができていません。

そこで，大きな環境変化に直面しても競争優位を維持できている企業に着目して，そのメカニズムを解明しようという研究の流れが生まれてきました。それが，ダイナミック・ケイパビリティと両利きの経営です。

4.2 ダイナミック・ケイパビリティと両利きの経営

図4-6 は，ダイナミック・ケイパビリティ（DC：Dynamic Capability）と両利きの経営の関係を概念的に表したものです。図の中で DC は既存の事業（上のボックス）から新たな事業機会を見つけ出し，新たな事業として実行し，競争優位を構築する（下のボックス）ための組織能力（capabilities）を意味しています。両利きの経営は，既存事業と新規事業の両方を同時に遂行することによって競争優位を構築するための考え方を提示しています。

この2つのメカニズムは，重複している部分もありますが，説明したいことの焦点が少し異なっています。DC は既存の競争優位を生み出した経営資源を新たな競争優位を生み出すために再構築することに重点を置いているのに対し，両利きの経営は既存の競争優位を維持する活動（深化（Exploitation））を実行しつつ，新たな競争優位を構築するための活動（探索（Exploration））も同時進行で行うにはどうすればよいかに焦点を当てているのです（***Column*** 4.6）。

4.2.1 ダイナミック・ケイパビリティの因果ループ図

DC は，3つのサブ・ケイパビリティで構成されていると考えられます。①感

■図4-6　ダイナミック・ケイパビリティと両利きの経営

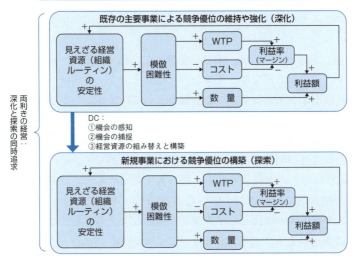

Column 4.6 ● イノベーションストリームとサクセストラップ

　両利きの経営では，イノベーションストリームというフレームワークを用いて深化と探索の関係を示しています（図4-7参照）。

　イノベーションストリームは，縦軸に市場の既存と新規を，横軸に組織能力の既存と新規をそれぞれプロットしています。図4-7は，一見するとアンゾフの成長マトリクスと類似していますが，右下の既存市場と既存能力を出発点にイノベーションの流れを4つに分類し，それらを企業内で複数同時に実行するにはどうすれば良いかを考えるためのフレームワークという意味で用途が異なる点に注意しましょう。

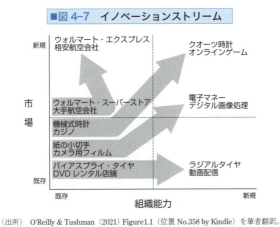

■図4-7　イノベーションストリーム

（出所）O'Reilly & Tushman（2021）Figure1.1（位置 No.358 by Kindle）を筆者翻訳。

知ケイパビリティと，②捕捉ケイパビリティ，③再構成ケイパビリティです。これら 3 つのケイパビリティによって，企業は新たな事業機会を感知し実行した上で，組織ルーティンを再構成することで競争優位を持続することができると考えられています。

図4-8 は，ティース（Teece, D. J.）が提示した感知・捕捉・再構成プロセスの概念図です。この概念図では，感知から，捕捉を経て，再構成へ至るプロセスと各プロセスの DC を支えるミクロな基盤を表しています。しかしながら，この図は要因をプロセスごとに列挙しているにすぎず，それらの要因の内容も要因間の関係も非常に理解しにくいフレームワークです。**第 3 章**で紹介したポーターの業界構造分析の論理が明快であったことと非常に対照的です。そのため，ティースの DC の論理はほとんど経営戦略論の教科書で見かけることはありません。しかしながら，学術的には影響力の強い理論なので，本書では，ティースの DC のエッセンスを因果ループ図として表現し，多少なりとも実務的な示唆が得られるような形に書き換えることを試みます。ここでの DC のエッセンスとは，共特化（Cospecialization）です。共特化とは，自社の用途に特化した経営資源と補完的な関係を持つ別の特化した経営資源を結びつけて価値を生み出すことを意味しています。共特化資源は，共特化関係にある自社内外の 2 つ以上の経営資源を意味しています。

図4-9 は，共特化資源を模式的に表したものです。ティースが共特化の例として提示しているのが，ミュージシャンとその共特化資源です。ミュージシャンはそれぞれ固有の楽曲を保有して演奏する能力を持っています。それをリスナーに届けるための共特化資源には，当然ライブなどの直接演奏を見せる方法があり，古くは CD や DVD のようなメディアがあり，最近では Spotify のようなサブスクリプションサービスや YouTube のような動画配信などがあります。共特化資源が CD から，ファイルのダウンロードを経て，サブスクリプションサービスへとイノベーションを起こしながら変化していく中で，ミュージシャンがどの共特化資源を選択するのかや，それらのイノベーションに合わせて自分の資源をどのように変化させていくのかが決められていきます。

例えば，ライブの比率を下げて動画配信比率を上げていくことでミュージシャンは動画作成のための新たな能力を開発していくかもしれません。この例では，共特化している資源は補完的な関係にあるので，いずれかでイノベーションが起こるともう一方にもイノベーションを促進するような影響を及ぼすことが示されています。

98　第 4 章　経営資源戦略

■図 4-8 ティースの DC フレームワーク

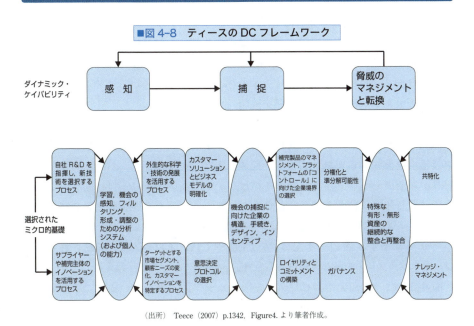

（出所） Teece（2007）p.1342，Figure4. より筆者作成。

■図 4-9 共特化資源の概念図

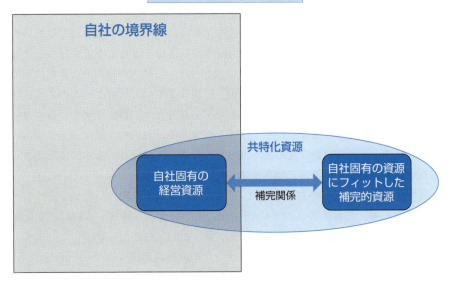

4.2 ダイナミック・ケイパビリティと両利きの経営

企業はこのような共特化資源を自社の内外に保有して活用することで競争優位を得ているという点は，通常の RBV と同じです。ティースの DC は，この共特化資源が新たな事業機会に対応して再構成され持続的競争優位を獲得するメカニズムを説明しています。以下では，図4-8で示した感知ケイパビリティ，捕捉ケイパビリティ，再構成ケイパビリティの 3 つのサブ・ケイパビリティについてそれぞれ因果ループ図を描いて論理を説明します。

(1) 感知ケイパビリティ

感知ケイパビリティとは，共特化資源のイノベーションによって生じる新たな事業機会を感知する組織能力です。図4-10 は，共特化資源における感知ケイパビリティを表しています。感知ケイパビリティの高い企業は，自社固有の資源とすでに共特化関係にある補完的資源 A だけでなく，新たな共特化関係を構築できる可能性のある補完的資源 B や補完的資源 C を競合他社よりも素早く感知することができます。感知する主体は，CEO や CTO，CFO などで構成されるトップ・マネジメント・チーム（TMT：Top Management Team）だと考えられています。

図4-11 は，感知ケイパビリティを因果ループ図で表しています。組織全体の感知ケイパビリティは，TMT の情報収集や，情報分析，仮説構築の能力に応じて高まります（矢印1）。しかしながら，組織全体の感知ケイパビリティは，TMT の能力の単純集計ではありません。なぜならば，組織内の情報伝達メカニズムが TMT 各人の能力や，それらの集計としての感知ケイパビリティに影響を及ぼすからです（矢印2・矢印3）。新たな補完的資源はどこでどのような形で現れるか予測できませんから，TMT は様々な情報源から情報を獲得しなければなりません。その情報源の中でも，実際に実務に携わっている社内の情報源は非常に重要です。しかしながら，社内の情報は TMT に届くまでに，伝言ゲームのように伝わるプロセスで偶然が積み重なって変化してしまったり，誰かが何かしらの意図を持って内容を歪めてしまったりします。ですから，社内の情報伝達メカニズムは多かれ少なかれ TMT に歪んだ情報をもたらすことになり，基本的に感知ケイパビリティを引き下げる方に働きます（矢印2・矢印3）。

情報伝達メカニズムの負の影響は，TMT と現場の「距離」が長くなるほど大きくなると考えられます（矢印4・矢印5）。この場合の「距離」は物理的な距離だけではなく，TMT と現場の組織階層が多いといったことも意味しています。ですから，組織階層を少なくするフラットな組織構造を採用したり，「歩き回る」経営によって TMT から現場に近づいたりする「打ち手」によって情報の歪みを抑えることが感知ケイパビリティの一部を構成しているのです（*Column* 4.7）。

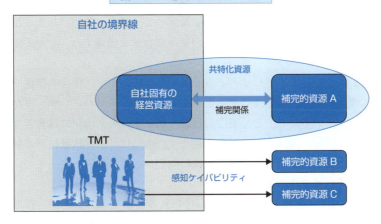

■図 4-10　感知ケイパビリティ

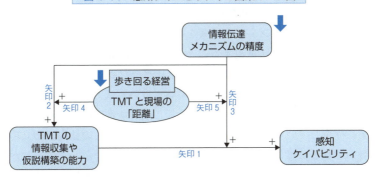

■図 4-11　感知ケイパビリティの因果ループ図

Column 4.7 ● 歩き回る経営

「歩き回る」経営（MBWA：Management By Walking Around）とは，TMT の成員が実務の現場を歩き回り，非公式のコミュニケーションを活発に行う中で，歪みのない情報を獲得し，それに基づいて経営することを意味しています。古くは Peters & Waterman（1982）の中で，MBWA がヒューレット＆パッカードの重要な信条の一つとして提示したことが有名ですが，近年もスターバックスやウーバーの CEO が MBWA を実践していると言われています。

（参考文献）テイラー，ウィリアム「経営者の現場離れが企業にもたらすリスク：スターバックスやウーバーはいかに回避しているか」『ハーバード・ビジネス・レビュー』2023 年 7 月 26 日（https://dhbr.diamond.jp/articles/-/9722）

4.2　ダイナミック・ケイパビリティと両利きの経営　　101

(2) 捕捉ケイパビリティ

図4-12は，捕捉ケイパビリティを表しています。捕捉ケイパビリティは，感知ケイパビリティによって見つけ出した機会に対して実際に投資を実行したり，市場に参入したりする組織能力です。したがって，捕捉ケイパビリティによって，企業はそれまでとは異なる共特化資源の組み合わせを獲得することができるということになります。

図4-13は，捕捉ケイパビリティの因果メカニズムです。機会を捕捉できる可能性は，機会の感知によって高まると考えられます（矢印1）。しかしながら，機会を「感知していること」と「実際に行動を起こすこと」の間には大きな隔たりがあります。ティースは実際に行動を起こすためには，①現状維持バイアスの克服と②新たな共特化資産の認知的な価値の向上が必要であると主張しています。

① 現状維持バイアスの克服

現状維持バイアスとは，現状維持から得られる価値をその変更から得られる価値よりも過度に高く見積もってしまうことです。このバイアスが強いと，TMTが機会を感知できたとしても，補足のための行動に移すことが非常に困難になります（矢印2）。ティースは現状維持バイアスの代表例として，①確実性バイアスと②反カニバリゼーション・バイアスを挙げています。確実性バイアスとは，確実に手に入るものを過度に重視することです（*Column* 4.8）。反カニバリゼーション・バイアスは，既存事業と競合するカニバリゼーションに対する過度な拒絶反応です。新たな機会は多くの場合，既存事業に近い領域で感知されるので，既存事業と何らかの形でカニバリゼーションを起こす可能性が高いと考えられます。既存事業に従事している人々は当然のことながら自分たちの社内での立場や既得権益が脅かされると感じるので，その機会の捕捉に抵抗を示します。しかしながら，これらの抵抗の多くは感情的な反発であって，その企業にとっての長期的な経済合理性に基づいたものではありません。もちろん，働いている人々の感情的な側面を全く無視していいわけではありませんが，過剰な抵抗は機会の捕捉に重大な負の影響を及ぼします。

これら2つのバイアスを克服するためには，①創造的な行動を促す評価制度などの組織ルーティンと，②もはや価値を産まなくなった資源や組織ルーティンを継続的に棄却できるようにする組織ルーティンの2つが必要であるとティースは主張しています（矢印3）。

② 新たな共特化資産の認知的な価値の向上

新たに捕捉する予定の共特化資産は，自社内の経営資源と補完的な関係にはあ

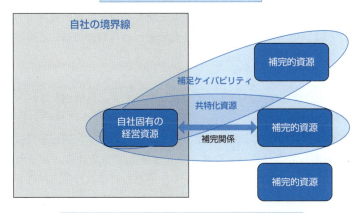

■図4-12 捕捉ケイパビリティ

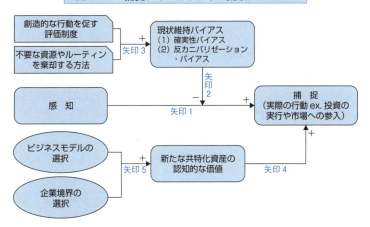

■図4-13 捕捉ケイパビリティの因果メカニズム

Column 4.8 ● 確実性バイアスの実験

　確実性バイアスの効果は実験でも明らかにされています。例えば，確実に1,000円もらえるくじと80％の確率で2,000円もらえるけれども20％の確率で何ももらえないくじを選択できるという実験があります。この実験の獲得金額の期待値は，前者が1,000円で後者が1,600円になるので後者を選ぶことに合理性があるわけですが，実際には多くの実験参加者は前者を選ぶのです。その理由は20％の確率で何ももらえないことを嫌うからだと考えられています。このように多くの人は確実性を過度に高く評価しがちです。ですから，新たな事業機会がいくら魅力的に見えようとも，既存事業に継続的に経営資源を配分することが支持される傾向が強いのです。

ると考えられる（矢印4）ものの，どのように価値を生み出すのかが不明確な場合も多々あります。その際に，その共特化資産を自社の経営資源と組み合わせたときに得られるであろう価値を，ビジネスモデルや企業境界の観点から具体的に検討することは，社内におけるその共特化資産への投資や獲得に正当性や説得力をもたらすことになります（矢印5）。

(3) 再構成ケイパビリティ

図4-14は，再構成ケイパビリティを表しています。再構成ケイパビリティは，捕捉ケイパビリティによって獲得した新たな共特化資源に自社の経営資源をフィットさせて持続的な競争優位を生み出す組織能力です。捕捉したばかりの共特化資源は必ずしも自社の経営資源とフィットしていません。とりわけ，組織ルーティンが新しい共特化資源にフィットするためには試行錯誤が必要です。

例えば，2000年前後アメリカの新聞社はこぞって紙からオンラインへ進出しましたが，当初は紙で培ってきた組織ルーティンがオンラインという新たな共特化資産にフィットしませんでした。紙面のレイアウトをそのままオンラインに持ち込むことで読みにくくなったり，購読料と広告収入を組み合わせる課金モデルが機能しなかったりといった問題に直面していたのです。当然，紙の新聞を扱う部門はカニバリゼーションを起こすため，オンライン部門との協業を拒否するということも起こりました。しかしながら，その中から自社の経営資源を組み替えることでオンラインにフィットする新聞のあり方を見つけ出す企業が現れるようになってきました。これが再構成ケイパビリティです。

図4-15は，再構成ケイパビリティの因果メカニズムです。再構成ケイパビリティにおいて重要なポイントは，上述のとおり共特化資源の戦略的フィットです。戦略的フィットは，自社資源と共特化資源の関係がある一点に収束するのではなく，自社資源のイノベーションと共特化資源のイノベーションの間の自己強化ループが良循環で回り常にダイナミックに変化し続けると考えられています。

例えば，電気自動車と，そのバッテリー，充電スタンドは，それぞれ共特化資源の関係にあり，バッテリーのサイズや充電スピードにイノベーションが起これば，電気自動車のデザインのイノベーションや，充電スタンドの設置場所や新規参入者などに影響を及ぼすでしょう。それらの変化はさらなるバッテリーのイノベーションを誘発するかもしれません。このような戦略的フィットが進むと，いずれの資源もその企業の戦略に特化した性質を持つようになり，他者から模倣が困難な共特化資源に変貌していきます。その結果，DCを持つ企業は，大きな環境変化に直面しても，競争優位を維持することができるのです。

■図 4-14 再構成ケイパビリティ

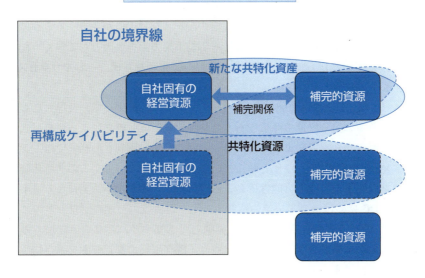

■図 4-15 再構成ケイパビリティの因果メカニズム

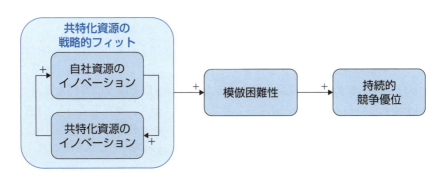

4.2 ダイナミック・ケイパビリティと両利きの経営　105

4.2.2 両利きの経営の因果ループ図

DC が既存事業から新規事業に既存の経営資源を同一組織内で組み替えて活用することを主張しているのに対し，両利きの経営では既存事業と新規事業を別々の組織に分けた上で同時追及することを強調しています。

両利きの経営が，既存事業と新規事業を分けるべきであると主張するのは，従来の競争優位の源泉であった既存の組織ルーティンは DC が主張するように柔軟に組み替えられるものではなく，むしろ新規事業の阻害要因として働く可能性が高いと考えているからです。両利きの経営の研究者たちは，それをサクセス・トラップと呼んでいます。

図 4-16 は，DC の概念図に基づいて，サクセス・トラップを表現したものです。そもそもの競争優位の源泉であった共特化資源は，成功によって自己強化され，資源間のフィットがより精密になっていきます。両利きの経営では，この精密なフィットのことを，深化と呼んでいます。深化によって，この共特化資源を活用した既存事業の成功可能性は高まるのに対し，探索は不活発になります。探索とは，DC における新規事業の感知・補足・再構成の一連のプロセスのことです。TMT の多くは既存企業の成功に固執して感知ケイパビリティを磨くのを怠り，たとえ新規事業を感知できたとしても，既存事業の経営資源を補足に活用することを拒否することによって，経営資源の再構成が阻害されるのです。

この深化と探索のパラドクスを解決する鍵となるのが，両利きの経営です。図 4-17 は両利きの経営の因果メカニズムを描いています。両利きの経営では，リーダーシップ（網掛け部分）の役割が非常に重視されます。なぜならば，両利きの経営を実行するには，非常にリスクが高くストレスがかかる意思決定や打ち手を実行することによって企業全体を導かなければならないからです。

そのリーダーシップの打ち手と要因の組み合わせは 3 つあります。一つ目は，トップが新規事業へのコミットメントを表明することによる独立性の確保です（矢印 1）。新規事業が競争優位を確立するためには，既存事業の共特化資源ではない全く新しい固有の共特化資源が必要です。ですから，既存事業からの独立性を確保することによって，社外の経営資源へのアクセス権を確保するとともに，既存事業の経営資源からの影響も回避するのです（矢印 2）。

二つ目は，ビジョンなどの提示によって新規事業に正当性を付与することです（矢印 3）。この打ち手は，新規事業と既存事業の両方を含んだ全社が目指しているものを示すことで，新規事業と既存事業の関係性を規定し，新規事業が既存事業の経営資源にアクセスすることを許可します（矢印 4）。これによって，新規事

■図 4-16　サクセス・トラップ

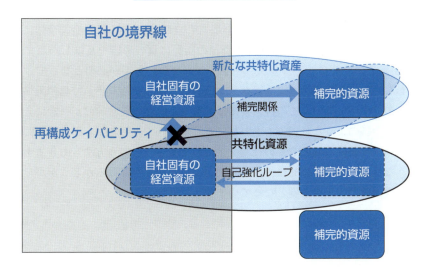

■図 4-17　両利きの経営の因果メカニズム

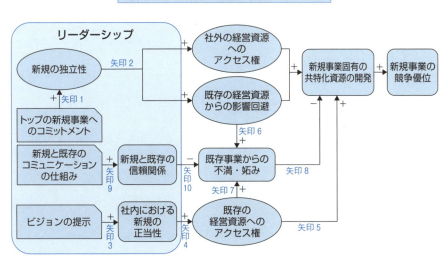

4.2　ダイナミック・ケイパビリティと両利きの経営

業は社外の経営資源と既存の経営資源の長所を組み合わせて独自の共特化資源を開発できるようになるのです（矢印5）。

　しかしながら，既存事業の観点から見ると，これらのリーダーシップの取り組みは，新規事業を不当に優遇しているように感じるでしょう（矢印6・矢印7）。このような既存事業のネガティブな感情，例えば不満や妬みは，企業全体に不協和音を生み出し，新規事業の共特化資源の開発に負の影響を及ぼしかねません（矢印8）。そのために，三つ目のリーダーシップの打ち手が必要となってきます。すなわち，新規と既存のコミュニケーションの仕組みを創り出して信頼関係を醸成するのです（矢印9）。この打ち手には，新規と既存の経営幹部が一堂に会する定期的な会議のような仕組みもあれば，既存事業内で信頼の厚い上級幹部に新規事業の相談役兼防波堤としての役割を果たしてもらうという方法もあります。どのような仕組みを作るにせよ，既存事業との信頼関係が築けるかどうかが，両利きの経営の成否の重要な鍵となっています（矢印10）。

第 5 章

不確実性下における
経営戦略の考え方

　第 5 章では，不確実性が高い状況における経営戦略の考え方について
説明していきます。

　第 3 章のポジショニング戦略では，「環境要因」は自社ではコント
ロールできないけれども，ある程度安定していると想定していました。
ですから，利益ポテンシャルが高い「ポジション」を選択し，維持する
ことが重要であることが示唆されたわけです。第 4 章で述べたバー
ニーの経営資源戦略も不確実性の低い安定した状況の競争優位を説明す
ることは可能でしたが，変化の激しい競争環境ではダイナミック・ケイ
パビリティという考え方が必要になってきました。

　第 5 章では，計画的な経営戦略の実現が困難であるようなさらに不確
実性が高い状況における経営戦略の考え方に焦点を当てます。

5.1 不確実性の種類

　本章では，まず**不確実性**とは何かを簡単に議論した上で，不確実性を2つのタイプに整理します。①「環境要因」に基づく不確実性，②「意思決定要因」と「戦略要因」間の因果関係に関する不確実性です。これらのタイプ別に経営戦略の考え方を順番に説明していきます。

　経営学や経済学では不確実性とは何かについて細かい議論や分類（***Column*** 5.1）がありますが，本書ではそこには深く立ち入らずに直感的に理解できる定義を採用します。すなわち，不確実性とは，「ある時点で経営戦略が意図どおりの結果を実現できるかどうかわからない度合い」です。本書の用語を用いて言い換えると，不確実性とは，結果としての戦略要因が，戦略策定者の意図どおりに変化しない度合いということになります。

　図 5-1 は，本書で扱う2種類の不確実性の因果メカニズムを図示したものです。その2種類とは，(a)環境要因による不確実性と，(b)意思決定要因から戦略要因への因果関係による不確実性です。

　環境要因の変化は当然のことながら，企業側でコントロールできないので，「想定して備える」しか対応方法がありません。これは，不確実性に対する事前の対応が必要になります。

　それに対して，意思決定要因と戦略要因間の不確実性は，実行前に意図していたことと異なる結果が生じて初めて認識できる不確実性です。ですから，いくら準備をしたとしても，事前に対処することが難しいため，意思決定要因を実施したのちに事後的に対応するしかありません。ですから，このタイプの不確実性には，事後的な戦略を考える必要があります。

5.2 環境要因による不確実性

　環境要因による不確実性には，例えば，コロナ禍のようなパンデミックや，地震や，戦争などの現象があります。このタイプの不確実性は，基本的に事後的に対応するしかありません。しかしながら，発生を想定した事前準備は可能です。

　例えば，大地震は，いつか起こるかもしれませんが，いつどこでどのような規模で起こるかを正確に知ることはできません。首都圏の大地震は，明日起きるか

Column 5.1 ● 不確実性とリスク

不確実性には色々な考え方がありますが、最も有名なのは経済学者のナイト (Knight, F.) がリスクと不確実性の違いを示したことでしょう。リスクと不確実性は、「事前に何が起こるかわからない」という点では共通していますが、リスクは起こる可能性のある事象の種類とそれぞれが起こる確率がわかっているのに対し、不確実性は事象の種類も起こる確率もわからない状況であるとナイトは主張しています。ナイトの考え方に基けば、本書のリアル・オプションなどはリスクを一部含んだ不確実性を扱っていると言えるでしょう。

■図 5-1　不確実性の種類

Column 5.2 ● ビジネスにおける環境要因による不確実性の例

ビジネスの例を考えると、例えば電気自動車とガソリン自動車の競争の不確実性も時間経過とともに減少していきます。カリフォルニア州は 2035 年までにガソリン自動車の新車販売を全面的に禁止する規制案を決定していますが、現状ではほとんどの自動車はガソリン車です。この状況がどのように変化するかは 2024 年現在では非常に不確実性が高い状況ですが、2035 年に近づけばガソリン車と電気自動車の関係性はある程度予測可能になっているでしょう。

このタイプの不確実性には、ガソリン車と電気自動車の関係性のように 10 年以上の長期に渡る状況もありますが、アパレルのような季節商品のアイテム構成を考えたりすることのような比較的短期の不確実性もあります。例えば、ダウンジャケットをどの程度生産するかはその年の秋冬の気温に影響を受けますが、当然冬が実際に近づいて来れば不確実性は減少します。新興国も経済発展の初期段階に進出すればするほど不確実性は高いですが、ある程度時間が経過すればその国の経済発展の趨勢は読めるようになってきます。

もしれませんし20年間起きないかもしれません。実際には，もっと予測精度が高い不確実性もありえます。例えば，台風は，フィリピンの近くで発生したばかりの時点では日本に被害を及ぼす程度についての不確実性は高いですが，その不確実性は時間の経過とともに徐々に減少し，どの程度の被害が生じるかが明らかになってきます（*Column* 5.2 参照）。

環境要因による不確実性は，ある程度戦略的に扱うことが可能です。その代表例が，リアル・オプション戦略です。

5.3 リアル・オプション戦略
：「環境要因」の不確実性への対処

リアル・オプション戦略は，環境要因の不確実性に対して事前に対応するための戦略です（図5-2）。

リアル・オプション戦略が適応可能な具体例としては，アパレル企業の秋冬物の品揃えが考えられます。ユニクロのようなコスト・リーダシップ戦略を採用している企業は，同一の製品を一度に大量に生産します。その場合は，秋冬物であっても半年以上前に製品を企画して生産に入ります。この場合，生産に入った段階では，秋冬の流行や気温がどうなるかは不確実性が高い状況です。しかしながら，時間が経過し秋に近くなってくるとそのシーズンの流行や気温の状況がわかってきます。リアル・オプション戦略は，不確実性が解消された時点，具体例の場合は秋物の流行が確定した時点において，有効な「打ち手」をオプションとして事前に準備しておくための戦略です。この場合のオプションとは，将来に行動を起こす権利を意味しています。このオプションが権利であって，義務ではないという点がこの戦略のエッセンスなので，後ほど詳しく説明します。

リアル・オプション戦略は，トライアル＆エラーが容易ではない産業において有効性が高い戦略です。例えば，製薬産業や半導体産業などは多額の投資を必要とし，投資後の試行錯誤による不確実性への対処は容易ではありません。それらの業界では，投資の意思決定を事前に慎重に行います。最も典型的な投資判断評価法は，正味現在価値法（NPV 法：Net Presented Value）です。NPV 法とは，その投資によって将来獲得できるはずの利益を現在に割り戻して投資額との差分を検討することで投資判断を行う方法です（*Column* 5.3）。

NPV 法は実務でも広く用いられる投資判断手法ですが，不確実性が高い状況で使用する場合，2つの問題が生じます。一つは，そもそも将来獲得できるはず

112 第 5 章　不確実性下における経営戦略の考え方

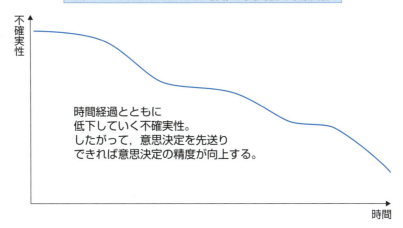

■図 5-2　リアル・オプション戦略で対応可能な不確実性

Column 5.3 ● NPV の計算方法と使い方

　正味現在価値は，投資によって得られる将来のすべてのキャッシュフローの現在価値から投資額の現在価値を引いた金額です。

　投資によって得られるキャッシュフローの現在価値は，ディスカウント・キャッシュ・フロー法（DCF 法）によって計算されます。DCF 法の考え方は，現在のキャッシュフローの方が同額の将来のキャッシュフローよりも価値が高いという前提に基づいています。例えば，今日もらえる 10,000 円の方が 1 年後にもらえる 10,000 円よりも価値が高いと考えるのです。それは今日 10,000 円もらえれば，預金や投資で運用することによって 1 年後には 10,000 円以上に増やすことが可能だからです。例えば，10,000 円を 5％の利率で運用して 1 年後に 10,500 円にできるならば，今日の 10,000 円の価値は 1 年後の 10,500 円と同じ価値であると考えられます。逆に 1 年後の 10,000 円は 5％の割引率で割り引かれて，現在価値は約 9,523.8 円の価値になります。

　この DCF 法の計算式は，次のようになります。

　　$PV = \Sigma C_n/(1+r)^n$　（C_n：n 年のキャッシュフロー，r：割引率）

　この PV から初期投資額を引いたものが，NPV となります。

　　NPV＝PV－初期投資額

　NPV が正ならば，投資額を上回る PV が獲得できることを意味しますから，投資を実行するという判断になります。逆に，負ならば投資はしないというのが，NVP の投資判断における使い方です。

のキャッシュフローの算定が難しいため，正確な正味現在価値が算出できないという問題です。もう一つは，たとえ正味現在価値が計算できたとしても投資機会を過少評価する傾向があり，有望な投資機会を見逃してしまう問題です。前者は不確実性が高ければ避けがたい問題ですが，後者の問題はNPV法の考え方から，リアル・オプションの考え方に切り替えると，ある程度回避することができるようになります。

　NPV法とリアル・オプションの考え方の違いを，図5-3の学園祭の模擬店の例を使って説明しましょう。あなたは大学生で，大学祭で焼きそばの模擬店を出店しようと考えているとしましょう。模擬店を出店するためには，大学祭の実行委員会に大学祭の10日前までに20万円の出店料を支払って，出店場所を確保しなければなりません。材料費とテントや鉄板などの備品のレンタル料は，30万円必要ですが，前々日まではキャンセルできます。焼きそばは人気があるので，天気が良く通常の客足があれば80万円の売上が見込めます。しかしながら，雨が降ると客足は激減し，売上も10万円しか得られないと予想されます。10日前の時点での大学祭当日の天気予報の降水確率は50％です。ただし，材料費などがキャンセルできる期日である前々日には，100％の確率で大学祭当日が晴れか雨かがわかります。あなたは，せっかくのイベントなので思い出作りという観点からも，少しでも利益が出そうなのであれば出店したいと考えています。

　図5-4は，AさんとBさんが出店の可否判断を議論しているところを表しています。NPV法に基づいて考えているAさんは，出店しないと主張しています。10日前の状況では，80万円の売上高が獲得できる確率は50％，10万円しか売上高が獲得できない確率も50％です。ですから，この時点の期待売上高は，45万円です。ここから，出店にかかる費用の合計50万円を引くと5万円の期待損失が出ます。この場合，割引率をどのように設定しても，NPVはマイナスですから，NPV法の考え方に基づけば，「出店をしない」というAさんの主張が結論になります。

　それに対し，Bさんはリアル・オプションに基づいて出店することを主張します。この仮設例における条件では，前々日には確実に天気がわかることになっています。前々日の状況では，晴れることがわかった場合80万円の売上高が確定するので，利益は30万円になります。ポイントは，雨であることがわかった場合です。その場合，大学祭に出店すると40万円の損失が出ます。しかしながら，その前々日の時点で大学祭への出店を取りやめる判断をすると，材料費などの30万円の費用はキャンセルできますので，損失は出店料の20万円に抑えること

114　第5章　不確実性下における経営戦略の考え方

■図 5-3　学園祭の模擬店

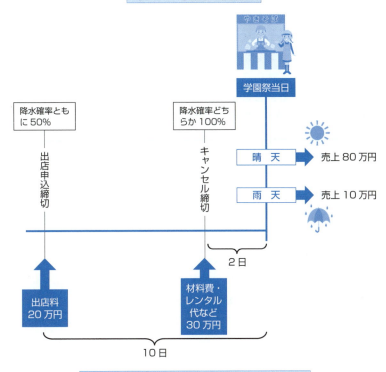

■図 5-4　NPV 法とリアル・オプションの比較

出店しない！（NPV）
理由：正味現在価値がマイナスになるから
・期待売上高：80万円×0.5＋10万円×0.5＝45万円
・費用：20万円（出店料）＋30万円（材料費など）＝50万円
・正味現在価値：45万円（×割引率）−50万円＝−5万円

出店する！（リアル・オプション）
理由：期待売上高がプラスになるから
・晴れの場合：80万円−50万円＝30万円
・雨の場合：−20万円（出店料のみ）
・期待売上高：30万円×0.5＋−20万円×0.5＝5万円

Aさん　　Bさん

5.3　リアル・オプション戦略：「環境要因」の不確実性への対処

ができます。この考え方を元に 10 日前の時点における期待収益を計算すると 5 万円の利益が得られるということになりますので，「出店する」という結論になります。

この仮説例をリアル・オプション戦略の観点から考えると，大学祭への出店する権利としてのオプションを出店料 20 万円で購入していると解釈できます。オプションは権利であって義務ではないという点は非常に重要です。なぜならば，オプションを持っていたとしても，それを使いたくなければ使わなくてもいいという選択肢があるからです。図 5-3 の場合，雨が降った場合はオプションを行使せず，出店を取りやめることで追加費用（原材料費やレンタル料）を支払わずに済むのです。

実際にリアル・オプション戦略を用いている企業の事例を見てみましょう。図 5-5 は，ベネトンというイタリアのアパレルブランドのリアル・オプションを因果ループ図で図示したものです。ベネトンはカラフルなニット製品で有名ですが，その年の流行色をシーズン前に予測することは困難でした。流行色が外れると，流行色ではない製品を大量に持っている在庫リスクと流行色の製品を持っていないことによる機会損失が生じます。在庫リスクは値引き販売で売り切る場合は「WTP」を低下させ（矢印 1），廃棄する場合は「コスト」を高め（矢印 2）ます。機会損失の場合は，「数量」を減らします（矢印 3）。いずれにせよ，利益にはすべてマイナスの影響を及ぼします。

そこでベネトンは生成りのニット製品をシーズン前に大量に生産するという「打ち手」によって，色の決定を先送りし，不確実性が低下するまで待つことができるようになりました（矢印 4）。不確実性が低下した段階で，染色を行うことで，在庫リスクと機会損失を避けることができたのです。これは，生成りのニットの生産によって「染色」オプションの権利を保持したと解釈することができ，この権利を流行色がほぼ確定する時点で行使することが「後染め」ということになります。その結果，在庫リスクと機会損失を低減させ，利益を向上させることができるようになります。

リアル・オプション戦略はドミナント・デザインが決定する前のイノベーティブな製品やサービスにも有効です。ドミナント・デザインとは，新製品が登場したばかりの様々な仕様や形状の中から 1 つに収束したデザインのことです（*Column* 5.4）。ドミナント・デザインが確定する前の製品は，様々な仕様や形状のものが現れ，市場も小さい上に分散しているため，戦略的に資源配分をすることが難しい状況です。それに対し，ドミナント・デザインが確立すると，顧客の

■図 5-5　ベネトンのリアル・オプション戦略

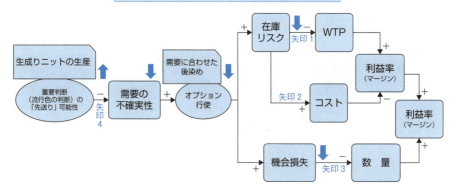

Column 5.4 ● スマートフォンのドミナント・デザイン

ドミナント・デザインの例として、「スマートフォン」を見てみましょう。図 5-6 はスマートフォンのデザインを「iphone」登場以前と以後で表したものです。iPhone 以前は、小さなキーボードとスクリーンが搭載されたものが主流でしたが、iPhone 登場以降はキーボードはなくなり、タッチパネルの大画面がドミナント・デザインになったことがわかるでしょう。

■図 5-6　「スマートフォン」のドミナント・デザイン

iPhone 以前　　　　　　　　　iPhone 以後

（出所）　ABACA PRESS/ 時事通信フォト

5.3　リアル・オプション戦略：「環境要因」の不確実性への対処　　117

認知も高まり市場が急速に立ち上がるので，その流れについていかなければなりません。このようなドミナント・デザインが確定していない不確実性が高い状況では，ドミナント・デザインの確立に向けたリアル・オプション戦略を検討する必要があります。もちろん，あまりに全方位的に開発を進めて経営資源が分散しすぎるのは問題ですが，ある程度のオプションを確保しておくことは重要です。

5.4 創発戦略
：「戦略要因」へ向かう因果関係の不確実性とその対処

リアル・オプション戦略では「環境要因」の変化に事前に備えることに焦点を当てました。ここからは，意思決定要因が意図どおりに戦略要因につながらなかった場合に事後的に対処することに焦点を当てた戦略を説明していきます。それが創発戦略（Emergent strategy）です。

創発戦略は，戦略要因が意図どおりにならなかった場合の戦略です。**第1章**で説明したように，戦略要因はある程度意図どおりに動かせるけれども，全く意図どおりになるわけではないという点において経営戦略の優劣を分ける可能性が高い要因です。計画としての経営戦略は，なるべく戦略要因を戦略策定者の意図どおりに動かしたいわけですが，現実の世界ではすべての戦略要因が意図どおりに動くわけではありません。現実のビジネスでは，「想定外」の出来事は頻繁に生じます。ですから，事前に論理的に計画された戦略と事後的に実現した戦略は，必ずしも一致するわけではないのです。一見，綿密に計画された戦略の方が，事後的に実現した戦略よりも良い結果をもたらしそうな気がします。しかしながら，「戦略要因」へ向かう矢印の不確実性が高い状況では，計画された戦略にこだわり続けると返って悪い結果につながることもあります。むしろ，実現した状況を柔軟に解釈し直し，新たな戦略の一部として取り込む方が良い結果につながることがあるのです。そのような事後的に実現した戦略を，ミンツバーグは事前に計画された戦略と対比して創発戦略と呼びました。

創発戦略は戦略の実行後に生じた結果を意図どおりであれ，意図とは異なる結果であれ，柔軟にその後の戦略に組み入れていく戦略です（**Column** 5.5）。とりわけ，事前に論理的に計画された戦略よりも事後的に実現した戦略の重要性を強調することが，創発戦略の特徴です。

図5-8は，ミンツバーグが創発戦略を説明するために用いた図です。この図5-8では，(a) 意図された戦略は実行プロセスにおいて実際に遂行された部分と

118 第5章 不確実性下における経営戦略の考え方

Column 5.5 ● ポストイットの創発戦略

　創発戦略の有名な事例として，3M のポストイットがあります。3M の科学者スペンサー・シルバーは，強力な接着剤を研究する過程で，表面に軽く接着するけれどもすぐに剥がすことができる非常に弱い接着剤を開発しました。これは明らかにシルバーが意図した結果ではありませんでした。彼はその新しい接着剤の用途を探すために社内の様々な部門の人々に熱心に説いて回ったため，皮肉にも「粘り強い人（Mr. Persistent）」として社内で知られるようになりました。そんなときに出会ったのが，3M のもう一人の科学者アート・フライでした。フライは教会の聖歌隊で讃美歌を歌うときに歌集のしおりがすぐに滑り落ちてしまうことにヒントを得て，その弱い接着剤でページを破らずにしおりを固定できればと考えたのです。最初の発明から 5 年の時を経てシルバーとフライが出会い，共同研究が始まりました。共同研究を進める中でフライはさらに貼ったり剥がしたりできる機能を備えたメモノートとして社内でのコミュニケーションツールに使えるのではないかという仮説を思いついたのです。

　その後実施された本社での性能試験では高評価を得られたので，アメリカ 4 大都市において試験販売を行いましたが，予想を裏切り，ほとんど売れませんでした。しかしながら，マーケティングチームは，全く新しいコミュニケーションツールとして製品に自信を持っていたため，市場へのアプローチを変更することにしました。それは，その使い方を消費者に理解してもらうための大規模な試供品提供でした。この施策は功を奏し，ポストイットを受け取った人が興味を持ち，さらに購入が促進されるという良循環をもたらし，フライ曰く「ウィルスのように」使用が拡大していきました。

　その後，1980 年に正式に全米で発売されて以降は私たちも知ってのとおり，様々なサイズや色に製品ラインナップが拡大され，現在では職場に不可欠なツールとして定着しました。くっつかない接着剤の開発から新しいコミュニケーションツールとして定着するまでの道のりは，まさに創発戦略実現の示唆がふんだんに含まれています（図 5-7）。

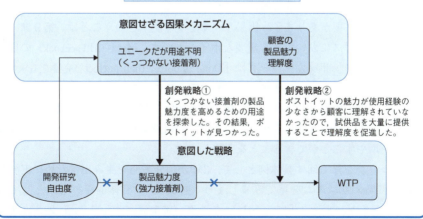

■図 5-7　ポストイットの創発戦略

遂行されなかった部分に分かれます。その遂行された部分に当初，戦略策定者が想定していなかった要素が加わり，(b)の実現された戦略になることを表しています。

創発戦略は，次の２つの条件下において特に有効性が高いと考えられます。その２つとは，①新商品や，新事業，新技術，新素材の探索的な活用を行う場合と②初期投資が比較的低額で試行錯誤が可能な場合です。

新しいことに取り組む場合，意図どおりの結果が実現できないことはよくあることです。しかしながら，意図どおりではない結果だったとはいえ，すべてが失敗というわけではありません。例えば，ある新商品は事前の市場調査でターゲットとして設定した顧客ではなく，全く別の顧客セグメントに全く別の用途で活用されていたということもあります。例えば，カモ井加工紙のマスキングテープは，自動車塗装などのときに使われる工業製品でしたが，2006年に工場見学に来た女性が装飾用途で使っていることがわかってから，文具や装飾として新たな市場を創造していきました（図5-9）。もちろん，事前の市場調査や事業計画が全く必要ないわけではありませんが，新しいことを実行する場合はポジティブな意図せざる結果を創発的に次の戦略に組み込んでいく柔軟性が必要なのです（*Column* 5.6）。

創発戦略の本質は，因果ループを早く回すことです。因果ループの回転を早くするためには，質よりも量を重視する必要があります。すなわち，製品であれサービスであれ，多少見切り発車であっても早く実行し，その結果生じる顧客からのフィードバックを取り入れながら質を高めていくということです。ただし，質の点では，決定的な欠陥は避けなければならないのでその点については事前に担保しておく必要があります。因果ループを早く回すということは，**第9章**のデジタル・サービスにおいて最も重要なポイントです。Meta（旧Facebook）の創業者であるマーク・ザッカーバーグは「Done is better than perfect（完璧を追求するより（何はともあれ）終わらせろ）」と言っています。これはデジタル・サービスが，ある程度の段階からユーザーに使ってもらいながら試行錯誤を繰り返して質を高めていくことを端的に表現しています。初期投資が低いことは，トライアルの回数を増やすことができることを意味します。

因果ループを早く回す具体例として，3Mが創発戦略を生み出すために実施している因果メカニズムを見てみましょう（図5-10）。具体的な打ち手として，「15%カルチャー」と，「ブートレッキング（密造酒づくり）」，「テクニカル・フォーラム」があります（*Column* 5.7 参照）。

120 第5章　不確実性下における経営戦略の考え方

■図 5-8　ミンツバーグの創発戦略

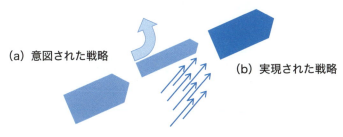

(a) 意図された戦略　　　(b) 実現された戦略

（出所）　Mintzberg & Waters（1985）p.258, figure1. から筆者作成。

■図 5-9　マスキングテープ

（出所）　カモ井加工紙株式会社 Web サイト

Column 5.6 ● 災い転じて福となる：ポケトークの創発戦略

　ポケトークは，「言語の壁をなくす」をミッションに掲げた AI 通訳機『POCKETALK』を販売しています。アメリカでも，海外旅行者のための個人向け商品として販売されていたところに，コロナ禍が直撃してしまい，大量の在庫が発生してしまいました。その後，その在庫は，外国語を学ぶための学校や病院などに寄付されることになりました。その寄付活動を通じて，実はアメリカは移民大国なので国内でもポケトークを使ったコミュニケーションの需要が存在していることに気づいたのです。その後，Amazon の配送センターなどでも，マネジャーと現場社員がコミュニケーションをするための導入されるなど，コロナ禍前は個人向けが 9 割，事業向けが 1 割だった顧客の割合が，全く逆転してしまったのです。

5.4　創発戦略：「戦略要因」へ向かう因果関係の不確実性とその対処　　121

15％カルチャーは，就業時間の 15％を自分の本当にやりたい研究に使っても良いということを意味しています。これは規則ではないので，その 15％は強制ではありませんが，何をしても自由であるが故に 3M の社員たちは本当にやりたいことに自発的に取り組むのです。その結果として，多様な開発アイディアが生まれてきます（矢印 1）。

15％カルチャーで生まれたアイディアは，**ブートレッキング**によって実現に向かって育っていきます。ブートレッキングとは，自分の研究のために会社の設備を本業で使用されていないときであれば使っても良いというものです。ブートレッキングでは，正規の業務が優先されるとはいえ，他部門の設備であっても自由に使用しても良いことになっています。これによって，アイディアは形を持つ試作品となる可能性が高まります（矢印 2）。

さらに，**テクニカル・フォーラム**では，アイディアの実現に欠けている知識を補うことができたり，一緒に取り組む仲間を集めたりすることができます。テクニカル・フォーラムは，3M 社内の技術系社員の自主的でオープンなコミュニティで，材料や電気などの研究分野ごとに開催され，興味があれば誰でも参加できます。テクニカル・フォーラムでは，技術系社員が自分の知識を互いに教え合うことで新たなアイディアが生み出され，時にはそのアイディアの中から画期的な新製品が生まれることもあるのです（矢印 3）。

3M では，これら 3 つの打ち手が「**トライアルの量と質**」という戦略要因に明らかに影響を及ぼしています（矢印 4）。15％カルチャーは，明らかにトライアルの量を増やすことに貢献していますし，ブートレッキングはアイディアを形にするという意味において量と質の両方を高めています。さらに，テクニカル・フォーラムは，自分一人では解決できない課題を 3M 全社の知識ベースにアクセスすることによって試行錯誤の質を高める打ち手になっています。これらの活動の結果として，新製品の成功率が高まり，ポストイット（**Column** 5.5 参照）のような成功が生み出されるのです。この方法で新製品が生み出されることで，新しい商品を考えようとする人々がこれらの仕組みを積極的に使うようになり，全体として自己強化の良循環ループが回り始めれば，創発戦略は持続的な競争優位を達成できるでしょう。

創発戦略が有効な探索的な活動と既存の活動は十分に切り離すことが重要です。探索的な活動には上述のようにトライアル＆エラーの繰り返しが必須です。しかしながら，トライアル＆エラー，とりわけエラーの部分は，既存の活動に従事している人々から見ると「失敗」，すなわち避けるべきことや減点に見えてしま

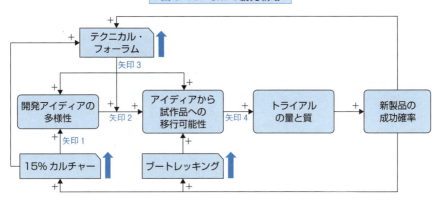

■図 5-10　3M の創発戦略

Column 5.7 ● 創発の種は何％？

　本文中では、3M の 15％カルチャーを紹介しましたが、3M 以外にも類似の仕組みを導入している会社があります。最も有名なのは、グーグルの 20％ルールで、就業時間の 20％を自分の興味のある研究開発活動に費やして良いというものです。このルールを通じて、グーグルの社員は様々なイノベーションに取り組んでいます。日本では企業以外にも、福井県や長崎県佐世保市などの自治体でも「20％ルール」の導入を始めています。

　これらの例とは多少意味合いは違うものの、エーザイでも、グローバルの全社員に対してビジネス時間の 1％を自社製品の最終顧客である患者の方々と過ごすことを推奨しています。製薬企業は基本的に病院や薬局との B to B の事業なので、さらにその先の本当に価値を届けるべき患者との接点は意図的に設けなければなりません。その意味では、この活動も創発の種になりうるのです。

います。さらに，コア事業に従事している人々は，自分たちが稼いだカネを無駄遣いしているという被害者意識を持つ傾向があります。

　このような既存事業に従事している人々と探索的な活動に従事している人々が同じ事業部内に所属している場合，探索的な活動の継続に対して圧力がかかることがあります。ですから，経営者は意思決定要因としての「探索的活動と既存活動の距離」を離すための打ち手を打つ必要があります。

　評価基準も，トライアル＆エラーを実行したことを評価し，その結果についてはよければプラスの評価をし，悪くてもマイナスの評価をしないというものに対応させなければなりません。

124　第5章　不確実性下における経営戦略の考え方

第2部
様々な条件下での経営戦略

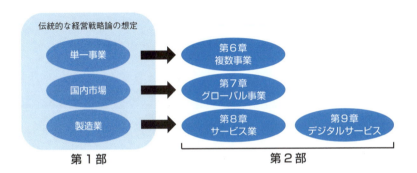

前章までは，基本的に「国内の単一事業の大規模製造業企業」を対象企業として念頭においた経営戦略について説明してきました。ただし，第4章や第5章の後半では，経営戦略の焦点が事業環境の変化への対応に移りつつあるとともに，対象企業も必ずしも製造業を想定していないことに読者の皆さんも気づかれたことでしょう。第2部では，第5章までの議論を基本としつつ，いくつかの条件を変更した場合の経営戦略について説明していきます。

入山（2019）*が指摘するように，経営理論には適用範囲（Boundary Condition）があり，経営戦略論も例外ではありません。第1部で想定した「国内の単一事業の大規模製造業企業」は，事業の典型例としてイメージしやすいものの，その範囲外の企業，例えば，多角化企業や，サービス業，グローバル企業にはそのまま適用できないことがあります。近年の傾向として，単一事業の大規模製造業以外の企業に対する経営戦略への関心が高まってきています。したがって，第2部では，より幅広い適用範囲の経営戦略について説明していきます。具体的には，上図に示すように論理の適応範囲を拡大します。

第6章では，「単一事業」という条件を「事業の拡大」と変更し，垂直統合企業と多角化企業の戦略に焦点を当てます。第7章では，「国内」という条件を「グローバル」と変更し，グローバル企業の経営戦略について説明します。第8章では，「製造業」という条件を「サービス業」と変更し，サービス業の経営戦略について説明します。第9章では，さらに「デジタル・サービス」へと経営戦略の適用範

囲を展開していきます。

　なお，教科書によっては，第1部までの経営戦略論を「競争戦略」と呼び，第6章で扱う多角化戦略を「全社戦略」と呼んでいたりしますが，本書では両者は密接に連動していると考えているので特に呼び方を区別せず，いずれも経営戦略として扱います。

＊ 入山章栄（2019）『世界標準の経営理論』ダイヤモンド社。

第6章

事業拡大の経営戦略

　第6章では，企業が「単一事業」から「事業の拡大」をする場合の経営戦略について説明していきます。事業拡大の戦略には，大きく分けて垂直統合と水平多角化があります。

6.1 事業拡大の範囲と方向性

第6章では，企業が「単一事業」から「事業の拡大」をする場合の経営戦略について説明していきます。現代の企業は，単一の事業だけでなく，垂直統合や多角化によって複数の事業を組み合わせて経営しています。

図6-1は，事業Aを起点とした垂直統合と水平多角化を表しています。

垂直統合は，バリューチェーンの内部で事業を拡大することを意味しています。特に顧客に近づく方向での統合を前方統合（川下統合）と呼び，逆に顧客から遠ざかる方向への統合を後方統合（川上統合）と呼びます。垂直統合型の企業としては，「ユニクロ」を展開するファーストリテイリングがあります（図6-2(a)）。同社は，商品の企画から，生産，販売までを統合したSPA（Specialty store retailer of Private label Apparel）という形態の垂直統合を採用しています。

それに対して，ソニーグループのように，異なる領域に事業を拡大する多角化戦略を採用する企業もあります（図6-2(b)）。ソニーグループの場合，ゲーム＆ネットワークサービスと，音楽，映画，エンターテインメント・テクノロジー＆サービス，イメージング＆センシング・ソリューション，金融の6つの領域に事業を多角化しています。

垂直統合であれ，多角化であれ，事業拡大の際に最も重要な意思決定要因は，企業の境界です。本章では，企業がどのように企業の境界を決定し，それがどのように持続的な競争優位をもたらすのかについて因果メカニズムの観点から説明していきます。

6.1.1 事業ドメイン

企業が事業拡大を意図する場合，選択肢は論理的にはほぼ無限に存在しています。ですから，企業が事業を拡大しようとするときに最初にしなければならないのは，「何をするか」もしくは「何をしないか」の線引きについてステークホルダー間で合意を形成することです。そのためには，事業ドメインを考える必要があります。

事業ドメインとは，経営者がステークホルダーに対して「自社の持続的な成長を可能とするための特有の事業活動領域」を規定したものです。事業ドメインは，単に既存事業の領域を規定するものではなく，企業の成長の方向性を示唆するものでなければなりません。

■図 6-1　垂直統合と水平的な多角化

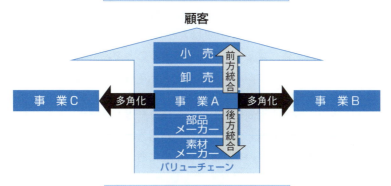

■図 6-2　垂直統合と多角化の具体例

(a) ユニクロの垂直統合

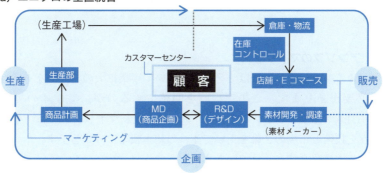

（出所）　株式会社ファーストリテイリング Web サイト「ユニクロのビジネスモデル」（2024 年 2 月 9 日閲覧）を参照して作成。（https://www.fastretailing.com/jp/group/strategy/uniqlobusiness.html）

(b) ソニーグループの水平多角化

（出所）　ソニーグループ株式会社 Web サイト「ソニーグループについて」（2024 年 2 月 9 日閲覧）を参照して作成。（https://www.sony.com/ja/SonyInfo/CorporateInfo/Data/organization.html）

具体例として，一般的には「自動車」メーカーと考えられているトヨタとマツダの事業ドメインを見てみましょう。

図6-3は，トヨタとマツダのビジョン（成し遂げたい世界像）を示しています。トヨタ自動車のビジョンには，「トヨタは人とモノの「可動性」＝移動の量と質を上げ，人，企業，自治体，コミュニティができることをふやす」とあり，自動車という言葉が使われていません。これは，トヨタが自社の事業ドメインを「自動車」ではなく「可動性（モビリティ）」と認識していると解釈できるでしょう。ですから，トヨタは，成長の方向性として，直接自動車とは関係のないスマートシティなどへも事業領域を展開していく可能性があるのです。

それとは対照的に，マツダのビジョンの中心にあるのは「クルマ」です。マツダは，「クルマ」と共存する世界や生活を豊かにするという事業領域に焦点を絞っていると言えるでしょう。これらの事業ドメインは，トヨタとマツダの現在の事業領域だけでなく，将来の事業展開の方向性も示唆していることがわかると思います。

6.1.2 アンゾフのマトリクス

事業ドメインを設定した後は，それに基づいて事業拡大の具体的な方向性を決定する必要があります。この選択肢を明確にするのが，図6-4のアンゾフ（Ansoff, H. I.）の成長マトリクスです。アンゾフの成長マトリクスでは，事業拡大の方向性を技術と市場の2軸を用いて4つの基本戦略に分類します。ホンダを例に4つの基本戦略を詳しく見ていきましょう。

(1) 市場浸透：既存市場と既存技術

図6-4の左上のセルは，市場浸透です。この戦略では既存の市場と技術に焦点を当て，本業の強化を図ります。例えば，ホンダがガソリン自動車の販売を日米の主要市場に集中させる場合がこれに該当します。

市場浸透は本業の市場が成長段階にあれば効果的ですが，市場が成熟している場合は，他の戦略を模索する必要があります。

(2) 市場開拓：新規市場と既存技術

図6-4の左下のセルは，市場開拓です。この戦略では既存の技術を用いて新しい市場に進出します。ホンダがバイクや自動車で培ったエンジンの技術を小型耕運機に転用し，新たな顧客層を開拓した事例がこれにあたります。

(3) 製品開発

図6-4の右上のセルは，製品開発です。この戦略は，既存の市場に新しい（技

130　第6章　事業拡大の経営戦略

■図 6-3　トヨタとマツダの事業ドメイン

◆トヨタ自動車

【VISION】

可動性（モビリティ）を社会の可能性に変える

不確実で多様化する世界において

トヨタは人とモノの「可動性」＝移動の量と質を上げ，人，企業，自治体，コミュニティができることをふやす。そして人類と地球の持続可能な共生を実現する。

◆マツダ

コーポレートビジョン

私たちはクルマをこよなく愛しています。
人々と共に，クルマを通じて豊かな人生を過ごしていきたい。未来においても地球や社会とクルマが共存している姿を思い描き，どんな困難にも独創的な発想で挑戦し続けています。
1. カーライフを通じて人生の輝きを人々に提供します。
2. 地球や社会と永続的に共存するクルマをより多くの人々に提供します。
3. 挑戦することを真剣に楽しみ，独創的な "道（どう）" を極め続けます。

（出所）　トヨタ自動車株式会社 Web サイト「トヨタフィロソフィー」（2024 年 8 月 20 日閲覧）。
　　　（https://global.toyota/jp/company/vision-and-philosophy/philosophy/?padid=ag478_from_header_menu）
　　　マツダ株式会社 Web サイト「コーポレートビジョン」（2024 年 8 月 20 日閲覧）。（https://www.mazda.com/ja/about/vision/）

■図 6-4　アンゾフの成長マトリクス（具体例：ホンダ）

製品（技術）

	既　存	新
既存（市場ニーズ）	【市場浸透】 ■軽自動車 ■コンパクトカー ■SUV ■ハッチバック・スポーツ・セダン ■バイク	【製品開発】 ■ハイブリッド車 ■電気自動車 ■燃料電池自動車
新（市場ニーズ）	【市場開拓】 ■除雪機 ■耕うん機 ■発電機 / 蓄電機 ■刈払機 / 芝刈機 / ブロワ ■高圧洗浄機 ■汎用エンジン	【多角化】 ■マリン（船外機） ■航空（HondaJet / 航空エンジン）

（出所）　本田技研工業株式会社の Web サイトを参照して作成。

6.1　事業拡大の範囲と方向性　**131**

術を使った）製品を提供します。ホンダがガソリン自動車からハイブリッド車へと製品ラインを拡充したのは，この戦略の一環です。

(4) 多角化

図6-4の右下のセルは，多角化です。多角化は，新しい顧客に新しい製品を販売することです。既存事業から見ると，顧客も技術も重複していない飛地のように見えますが，次節で詳しく説明するように通常は全く既存事業と関係のない事業に進出するわけではありません。ホンダの場合も，HondaJet は市場も技術も新しいものでしたが，ホンダの事業ドメインには従っていたのです。

ホンダの事例は，アンゾフのマトリクスの使い方を説明するためのわかりやすい例として用いましたが，ホンダが本当にこのマトリクスのような戦略意図を持って事業拡大を進めてきたのかはわかりません。ただ，このマトリクスを実際の成長戦略として活用している会社もあります（*Column* 6.1）。

6.2 多角化戦略

アンゾフのマトリクスでは，4つの成長の方向性がありうることがわかりました。この節では多角化戦略に焦点を当てさらに掘り下げて説明していきます。

多角化戦略には，関連型多角化と非関連型多角化の2種類があります。関連型多角化では，既存事業と新規事業の間の関連性を利用することを目指すのに対し，非関連型多角化では異なる市場や技術に事業を広げることによる成長の連鎖を目指します。

6.2.1 関連型多角化：相補効果と相乗効果（シナジー）

関連型多角化では，事業間の関係性からメリットを獲得することを目指します。主なメリットは，相補効果と相乗効果です。

図6-6 は，関連型多角化の因果ループ図です。関連型多角化は，事業間の関連性を利用して事業利益の合計以上の「プラスアルファ」を獲得するための戦略です。その「プラスアルファ」は，主に相乗効果から獲得できると考えられています。相乗効果は，ビジネスの世界では，「シナジー」と呼ばれることが一般的です。

その効果は，経済学の範囲の経済によって説明できます。範囲の経済とは，企

Column 6.1 （事例）日東電工の三新活動

　日東電工の三新活動は，アンゾフの成長マトリクスによる成長プロセスの好例です。三新活動とは，「既存製品の『新』しい用途を開拓してそこに新たな技術を加える。もしくは新しい技術を用いて『新』製品を開発したうえでその用途を広げる。こうして『新』しい需要を創出する。」という3つの「新」を積み重ねていく活動のことです。

　図6-5は，三新活動の具体例です。電気絶縁用ビニルテープの技術を「新」用途として自動車部品表面保護フィルムへと応用し，さらにフィルム技術を住宅建材市場，自動車市場へと用途を拡大しつつ，技術面でも様々な革新を成し遂げ，光学部材表面保護フィルムへと展開して行ったのです。

■図6-5　日東電工の三新活動

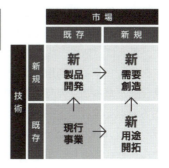

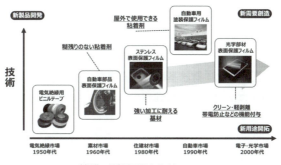

（出所）日東電工Webサイト

業が複数の事業活動を同時に営むことによって，それぞれの事業を独立に行っているときよりもコストが割安になるという現象です。なぜ同時に行う方がコストが安くなるかというと，その企業が持っている経営資源を共同利用できるからです。例えば，販売チャネルを共同利用して異なる製品を販売できるのであれば，それは販売シナジーがあるといいます。表6-1は，アンゾフが示したシナジーの4つのタイプと共同利用している経営資源を一覧にしたものです。

いずれの場合も，なんらかの経営資源を複数事業で共同利用することによって，別々に事業を遂行している企業に対して「コスト」もしくは「WTP」について優位性を獲得できると考えられています（図6-6の矢印1）。

しかし，シナジーは単に多角化することで自動的に獲得できるわけではありません。シナジーを獲得するためには，事業間の適切な調整と管理をしなければなりません。それには追加コストがかかるという重要な事実（図6-6の矢印2）が，シナジーを議論する際には軽視されているので注意しましょう。

相乗効果は，相補効果と混同されやすいことにも注意が必要です。相補効果とは，複数の事業が地理的もしくは時間的に補完し合う関係があるときに得られる効果です。例えば，スキー場の施設を夏の間も利用して，テニスやトレッキングなどのアクティビティに利用しようという計画を考えてみましょう。

この場合，ただ冬と夏の時間的な補完性のみに焦点を当てるのであれば，相補効果があると言えます。相補効果は，「数量」には確実に影響します（図6-6の矢印3）が，それは補完し合う事業の合計そのものであり，合計以上の効果ではありません。それに対し，相乗効果は「数量」の合計以上の利点を獲得できると考えられています。スキー場の例でも，冬でも夏でも宿泊施設などは共同利用できるので，相乗効果があるとも言えます。相乗効果と相補効果は概念的には区別できますが，現実としては相補効果のみのケースはほとんどなく，何らかの相乗効果を伴っていると考えられます。

6.2.2　非関連型多角化：財務基準による事業の取捨選択

非関連型多角化は，事業間の関連性ではなく，財務的な基準を優先して事業の取捨選択を行います。

図6-7は，非関連型多角化の因果ループです。非関連型多角化は，シナジーのような事業間の関連性によるメリットを考慮しないため，各事業の利益の単純な足し算です。ですから，このタイプの企業の課題はいかに収益性の高い事業の集合体であり続けるかということになります。そのためには，現在の基幹事業から

■図 6-6　関連型多角化の因果ループ（全体）

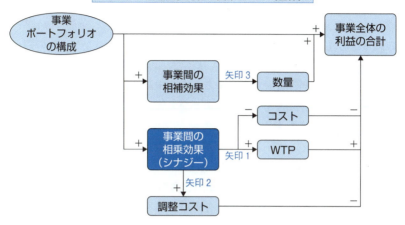

■表 6-1　シナジーのタイプ

シナジーの種類	シナジーの内容	共同利用している資源
販売シナジー	ノートパソコンとタブレットは流通チャネルや営業スタッフを共通で利用できる	流通チャネル，営業スタッフ
投資シナジー	ある製品のための研究開発投資によるノウハウが他の製品にも役立つ	原材料の共同在庫，研究開発投資
生産シナジー	SUV の生産ラインが，他の車種を生産するためにも使える	生産設備，生産スタッフ
経営管理シナジー	ある事業で成功を収めた経営管理者は，他の事業に配属しても適切な経営管理を行える	経営管理者

6.2　多角化戦略

生み出される経営資源（基本的にはカネ）の余剰を，将来の成長が見込まれる新規事業へ投資することを検討します。その事業構成の全体像を事業ポートフォリオと呼びます。非関連型多角化では事業を入れ替えながら事業ポートフォリオをいかに適切に維持し続けるかが中心的な戦略課題となります。

　事業ポートフォリオは，ポジショニング戦略（**第2章**）と経営資源戦略（**第3章**）の両方を考慮して決定します（*Column* 6.2）。ポジショニング戦略の観点からはどの事業領域に参入するかを検討し，経営資源戦略の観点からは，これらの事業領域にどのように経営資源を配分するかを決定します。このバランスの取り方が，非関連型多角化の成否を左右する重要な要因となります。

　事業ポートフォリオを考えるための有名なフレームワークには1970年代にボストン・コンサルティング・グループが開発した**プロダクト・ポートフォリオ・マネジメント**（PPM：Product Portfolio Management）やGEとマッキンゼーによるビジネス・スクリーンがあります（*Column* 6.5 参照）。これら以外にも様々な類似のフレームワークがビジネスの現場では使われていますが，ここでは，最もシンプルでエッセンスがわかりやすいPPMを具体例として解説します。

　図 6-8 は，PPMのフレームワークです。PPMは，資金という経営資源を各事業に適切に配分することによって，全社の利益を最大化するために用います。PPMが示唆するのは，資金は余っているけれども自分の事業に再投資する必要のない事業から，競合企業に打ち勝ってシェアを獲得するためにカネが必要な事業へどのように適切に資源配分するのかということです。

　PPMでは，**市場成長率**（縦軸）と，**相対市場シェア**（横軸），**各事業の売上規模**（円の面積）という3つの要素を図に表します。市場成長率は，高いか低いかで2つに分けられています。市場成長率は事業によって環境が異なるので高低の線引きをするのは難しいですが，一般的には10%が基準として用いられています。

　横軸の相対市場シェアを描く際には注意が必要です。まず，通常のグラフとは逆に右に行くほど市場シェアが低くなります。また，横軸を2つに分ける「相対市場シェア＝1」という基準にも気をつけてください。相対市場シェアとは，自社の市場シェアを自社以外で最大のシェアを持つ企業の市場シェアで割ったものとして表します。例えば，自社のシェアが20%でリーダー企業のシェアが40%ならば，相対市場シェアは0.5となり，図の右側に描かれます。逆に自社が業界1位のシェア40%で2位が20%ならば2.0となり，図の左側に描かれることになります。つまり，相対市場シェア＝1の境界は業界1位かどうかを意味し，このラインよりも左にプロットされた事業はすべて業界1位の事業なのです。

136　第6章　事業拡大の経営戦略

■図 6-7 非関連型多角化の事業ポートフォリオの因果ループ（全体）

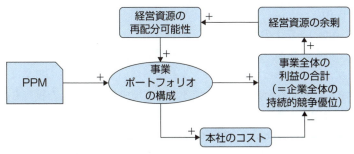

Column 6.2 ● コングロマリット・ディスカウント

　非関連型多角化企業は，一般的に「コングロマリット」と呼ばれています。コングロマリットは，近年では投資家からの評判が良くありません。本文中でも説明したとおり，コングロマリット内の事業間には資本以外のつながりがないため，各事業が個別企業として経営されるよりも，本社を維持する間接費用分が余分に費用として計上されていると考えられているからです。ですから，コングロマリット企業は，その間接経費分だけ株式市場で割引されて評価される「コングロマリット・ディスカウント」に直面しています。その解決策として，21世紀に入ってからのコングロマリットの多くは，関連型多角化企業としてシナジーを獲得するための再編や個別事業会社への解体を行っています。コングロマリットの象徴的な存在であった GE も，2021 年に 3 つの事業会社に解体されています。

■図 6-8　PPM のフレームワーク

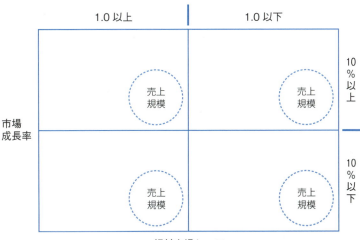

6.2　多角化戦略　137

以上の基準で分割された4つのセルにはそれぞれ特徴的な名前がつけられています。それぞれの名称と，資金という経営資源の位置づけについて順番に説明します（図6-9）。

(1) 花形（star）：左上のセル

花形は，市場成長率の高い市場における業界1位のシェアを持つ事業で非常に目立ちますから，花形というネーミングになっています。花形の事業は，シェア1位なので入ってくる金額も大きいですが，市場成長に合わせた投資も必要なため出ていく金額も大きいと考えられています。

(2) 金のなる木（cash cow）：左下のセル

金のなる木は，市場成長が鈍化した業界のシェア1位の事業です。金のなる木は，花形同様獲得できる資金の額は大きいですが，市場成長に合わせて積極的に投資する必要がないので，資金が余った状態になると考えられています。ですから，「金のなる木」というネーミングになっているのです。

(3) 問題児（question mark）：右上のセル

問題児は，成長率の高い市場の2番手以下のシェアを持つ事業です。これらの事業は，成長の潜在性はありますがリーダーになるためには追加投資が不可欠です。しかしながら，その追加投資は自部門では十分に確保できないと考えられています。

(4) 負け犬（dogs）：右下のセル

負け犬は，市場成長が鈍化した業界の2番手以下の事業です。負け犬は，業界1位ほどカネを稼ぐ力はありませんが追加投資も必要ないため，資金はそれほど不足していません。ただし，市場成長が止まって業界内の序列が固定的になっているので，業界のリーダーになるためには，問題児から花形に移動するよりも難しいと考えられています。

最後に，これら4つのセルに各事業の売上規模を表す円をプロットします。これについては，次の3つの前提条件が想定されています（図6-10）。

前提①：市場成長率は自然に低下する傾向にあるため，各事業の円は時間とともに下方向に移動する。

前提②：事業への資金投入量は，その事業の市場シェアの変動に影響を与える可能性がある。したがって，資金の投入が多い事業ほど，左（シェア拡大）に移動できる可能性が高まる。

前提③：業界リーダー（左側の2つのセルに位置する事業）は，経験効果や規模

■図 6-9　PPM の 4 つのセル（花形・金のなる木・問題児・負け犬）

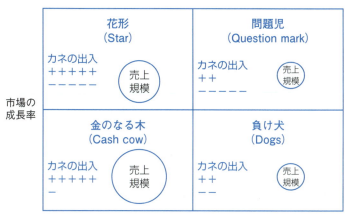

■図 6-10　PPM の前提条件

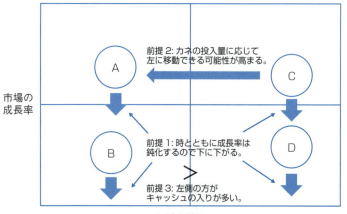

6.2　多角化戦略　139

の経済などが競合他社よりも強く働くため，その他の企業よりも資金を多く獲得できる（**Column** 6.3）。

これらの前提から論理的に導かれる最適なシナリオは，「金のなる木の事業で余った資金を有望な問題児の事業に投資する」というものです。この投資によって問題児は図の左側に移動（**前提②**）して花形となり，花形は時間とともに下に移動（**前提①**）し，金のなる木となります。さらに，新たな金のなる木は，その時点で有望な問題児に資金を提供し，次のサイクルに入っていくのです。

このシナリオを実現するためには，単に各事業が独立して最適化に注力するのではなく，事業間での役割分担による長期的な全社最適化を目指す経営が求められます。この考え方は，**戦略経営**（strategic management）と呼ばれています（**Column** 6.4）。

セルごとの役割に基づく目的と基本戦略は，以下のとおりです。

金のなる木は，効率的に資金を生み出すために利益の最大化が目的になります。ですから，金のなる木の事業では，**第 1 章**で示したとおりの差別化戦略もしくはコスト・リーダーシップ戦略を構築することを考えるべきです。

問題児は，花形事業に移行するために業界のリーダー企業のシェアを逆転することが目的となります。ですから，問題児事業では，市場成長率が高い間は「数量」を最優先とする戦略を考えます。ただし，販売数量のみに注力すると不毛な価格競争に陥る可能性があるので，差別化についても目配りしなければなりません。

逆に花形は，競合他社の問題児からのシェア奪取の攻撃を防いでシェアトップを維持しなければなりませんから，競合他社の戦略を見極め，適切な対応策を講じます。

負け犬事業では，事業を継続するか撤退するかについて真剣に考える必要があります。PPM を杓子定規に適応すると，業界 2 位の事業であっても「負け犬」に分類されてしまうので，ただ「負け犬」に分類されたからといって優良事業でないわけではありません。実態を調査した結果が実質的に金のなる木や花形と同等の働きをするのであれば，事業を継続すべきです。逆に撤退すべきであるという調査結果になったのであれば，M&A などで売却するなどして作った資金を問題児に移行します。

140 第 6 章 事業拡大の経営戦略

Column 6.3 ● なぜシェア1位が重要なのか

PPMでは，右と左のセルを隔てる境界が相対市場シェア1位かどうかであることからもわかるように，市場シェアが非常に重要であると考えられています。その理由は，市場シェアが高いほど経験効果が強まり，競合他社に対してコスト優位が高まるからです。経験効果とは，累積生産量が2倍になるとその生産コストが一定の割合（実証研究によれば2〜3割程度であると考えられています）で低下する効果のことです。

■図6-11 なぜシェア1位が重要なのか？ PPMの最適なシナリオの因果ループ

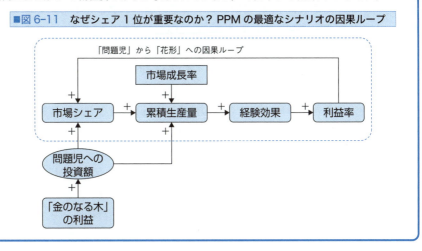

Column 6.4 ● ミスミザウルス：PPMの現実の使用例

PPMは戦略経営の実行に多大な影響を及ぼした一方，時代遅れのフレームワークであるという批判も受けてきました。その批判の多くは，PPMは競争市場成長率（縦軸）と，相対市場シェア（横軸），各事業の売上規模（円の面積）の3つの次元で考えるので，複雑な経営戦略を策定するためには単純すぎるというものでした。しかしながら，BCGで薫陶を受け，ターンアラウンドマネジャーとして活躍したのちにミスミの経営者になった三枝匡は，その単純さこそがPPMの強みであるとその著書の中で主張しています。その主張を裏付けるように，ミスミ社内ではPPMが「ミスミザウルス」という恐竜として生き残っているどころか，素晴らしい成果を挙げているのです。三枝は，ミスミでPPMが有効活用されているのはトップだけの道具ではなく，ミドル以下の現場社員が自分の業績を上げるための道具として完全に理解し使われているからであることを強調しています。

6.2.3　多角化による事業拡大の因果メカニズム

図6-12は，ここまで説明してきた多角化による事業拡大を因果メカニズムとしてまとめたものです。多角化は，①新規事業の選択と，②事業間の経営資源配分の2つの意思決定要因に関わる戦略です。

　この2つの意思決定要因は，(1) 事業ごとの市場成長率と (2) 事業ごとの市場優位性と (3) 企業全体の持続的競争優位の3つの要因に主に影響を受けます（矢印1・矢印2）。(1) と (2) と (3) は，それぞれ PPM の縦軸と横軸と円の面積の合計に対応しています。これは PPM に限らず，事業のポートフォリオを考えるフレームワークの基本要因になっています（*Column* 6.5）。さらにいえば，市場成長率を「環境の機会と脅威」，事業ごとの市場優位性を「自社の強みと弱み」と読み替えれば，SWOT 分析とも対応しています（第1章の図1-2 参照）。ですから，事業ポートフォリオは広義の SWOT 分析に基づいて考えるべきであるとも言えます。

　新規事業の選択と事業間の経営資源の配分は，(a) 中核事業の資源適正化と，(b) 次世代中核事業の育成，(c) 事業間のシナジー，(d) 事業間の調整コストの4つの戦略要因に影響を及ぼします（矢印3）。(a) と (b) は PPM で考慮したシナリオであり，現在の中核事業から次世代の中核事業になりうる問題児に経営資源を再配分することで競争優位を維持することを意図しています。

　PPM は資金という経営資源の配分に絞った非関連型多角化のフレームワークでしたが，近年はコングロマリット・ディスカウント（前出 *Column* 6.2 参照）のように非関連型多角化を1つの企業内で実行することは好ましくないと考えられるようになってきました。そのため，多角化シナリオを考える際には，(c) 事業間のシナジーについて熟考する必要が高まっています。しかしながら，シナジーは (d) 事業間の調整コストが発生するという点が見落とされがちなので，コスト面についてもしっかりと目配りする必要があります。このシナリオを考える際には，第4章の両利きの経営の考え方も参考にすると良いでしょう。

6.3　垂直統合戦略：Make or Buy の意思決定

6.3.1　取引費用による企業の境界の設定

　垂直統合は，多角化とは異なる事業拡大の方法です。垂直統合による成長は，自社を含むバリューチェーン内で取引関係にある川上もしくは川下の事業を取り込むことによって実現されます。当然，同じバリューチェーンの中で利益を分け

■図 6-12 多角化による事業拡大の因果メカニズム（まとめ）

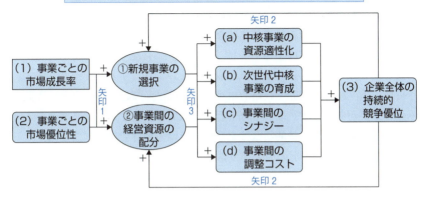

Column 6.5 ● PPM 以外のフレームワーク

　ポートフォリオを分析するためのフレームワークには PPM 以外にも，GE のビジネス・スクリーンが有名です。GE のビジネス・スクリーンは，縦軸に「産業の魅力」，横軸に「事業の強み」を取り，3×3 のマトリックスを構成します。このマトリックスの中で，各事業がどの位置にあるかをプロットすることで，その事業の戦略的なポジションを評価します。ビジネス・スクリーンが PPM と異なるのは，「産業の魅力」や「事業の強み」がさまざまな指標を組み合わせた複合的な軸である点です。

　GE のビジネス・スクリーンは，事業の評価を「上位」「中位」「下位」の 3 段階に分類し，各事業がどのような戦略を取るべきかを示唆します。例えば，「高い産業の魅力」と「強い事業の強み」を持つ事業は，成長と投資を推奨される一方で，「低い産業の魅力」と「弱い事業の強み」を持つ事業は，撤退や売却が検討されるべきであると考えます。

■図 6-13　GE のビジネス・スクリーン

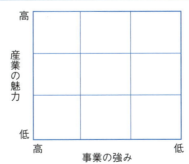

合ってきた関係にある企業なので，それらを取り込めば利益は増加しますが，そもそもバリューチェーン内で自社の業界が最も利益ポテンシャルの割合が高いのであればわざわざ垂直統合して自社内に取り込まずに市場で調達する方が良いかもしれません。垂直統合の最も基本的な動機は利益率の向上ですので，利益につながる要因としては「WTP」もしくは「コスト」に目配りすべきであって，量的な成長としての「数量」にあまり気を取られないようにする必要があります。

さらに，垂直統合の範囲を戦略的に設定するには，「取引コスト」という概念を組み込む必要があります。取引コストとは，取引を実施する際に必要となる時間や労力のことであり，直接的な金銭を意味しているわけではありません。

図6-14 は，取引コストの因果メカニズムを表しています。取引コストを高める要因は，様々考えられますが，経営戦略論の観点から最も重視されているのは，機会主義的行動（Opportunistic Behavior）です。機会主義的行動とは，取引相手が取引を自分に有利に進めるために，自分にとって有利な情報を相手に隠したり，それを利用して条件を引き上げたり，時には相手を裏切ったりする行動のことです。この機会主義的行動の原因となっているのは，情報の非対称性です。取引に関する情報は，売り手と買い手の両方の当事者が同等の情報を持っているわけではありません。さらにいえば，ビジネスの現場では，自分にとっての有利な情報や不利な情報を持っている場合にわざわざ相手にそれを教えるようなことはしません。むしろ，積極的にその情報の非対称性を利用して，取引を有利に進めようとするでしょう。それが，情報の非対称性と機会主義的行動の関係です。

仮にあなたの企業が重要な部品を調達している市場において機会主義的行動が頻発するような状況を想定してみましょう。具体的には，購入してみたら不良品ばかりだったり，納期に全く間に合わなかったり，契約書に書かれていない点において相手の瑕疵が見つかったり，といった状況です。その部品が重要でそれなしには自社製品が成り立たない場合，その企業は自社で作ること，すなわちその部品製造を垂直統合することを考えるだろうと取引コスト理論では考えるのです（*Column* 6.6）。逆に取引相手が信頼でき，効率的な調達が可能なのであれば，その企業はその部品調達を垂直統合する誘因を持たないのです。つまり，取引コストが高ければ垂直統合が採用され，低ければ市場取引が選択されると取引コスト理論では考えるのです。これが，取引コストに基づく企業の境界を設定する理論的な説明です。

取引コストは，財務指標では容易に計測できない費用ですが，垂直統合のような事業拡大やアウトソーシングのような事業の外部化を検討する際には，重要な

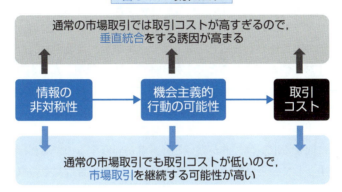

■図6-14 取引コスト

Column 6.6 ● 取引費用理論の提唱者オリバー・ウィリアムソン

　取引費用理論の提唱者であるウィリアムソン（Williamson, O. E.）は，「経済ガバナンスの分析，特に企業の境界に関する理論」への貢献が評価され，2009年にノーベル経済学賞を受賞しました。

　彼は，経済学，組織理論，契約法を統合し，市場と企業の関係性を解明しました。ウィリアムソンは，1960年代にアメリカ合衆国司法省の反トラスト部門で経済学者として勤務していたときに，「なぜ一部の経済取引は企業内で行われ，他の類似の取引は市場で行われるのか」という疑問を持ちました。当時の通説では，最も効率的な資源配分メカニズムであるはずの市場以外で取引が行われることは効率性を阻害しているはずだから，企業内取引は「悪」だったのです。ウィリアムソンはこの通説を取引費用理論で覆し，企業内取引は，市場と別の形で経済効率を達成するための代替的な手段であることを説明したのです。その後，ウィリアムソンの取引費用経済学は，企業の組織構造や経済活動における意思決定に大きな影響を与えたと考えられたため，ノーベル経済学賞を受賞したのです。

戦略要因として考慮するべきです。さらにいえば，取引コスト以外のコストとの関係性もその意思決定に織り込むことが不可欠です。

6.3.2 垂直統合戦略の因果メカニズム

図6-15は，取引コストを織り込んだ垂直統合戦略の因果メカニズムです。

図の中央のボックスの「取引コスト」に注目してください。取引コストは，機会主義的行動の可能性が高まると上昇します（矢印1）。機会主義的行動の可能性は，情報の非対称性が高まることで上昇するのは上で説明したとおりです（矢印2）。

取引コストの上昇は，「コスト」を上昇させる（矢印3）とともに，企業の境界に関する意思決定にも影響を及ぼします（矢印4）。

ある事業に関する取引コストが高いと経営者が判断するのであれば，境界を拡大する打ち手として「垂直統合」を採用します。垂直統合は，その取引を社内に取り込むことによって，取引コストを削減できるからです。取引コストと企業の境界は，バランス型ループ（マイナスが奇数）なので，どこかに企業の境界が定まるはずです。

この基本的な垂直統合の因果ループ図に加えて，企業の境界を狭める場合も考えてみましょう（図6-16）。「企業の境界」の意思決定要因の下にある「アウトソーシング」という打ち手に注目してください。「アウトソーシング」を行う動機（期待される結果）は，通常の「コスト」の削減です。ここで想定されているのは，労働集約的な組み立て加工部門を賃金の高い先進国ではなく，賃金の安い新興国の企業に委託生産してもらうような状況です。これは一見合理的な意思決定に見えますが，アウトソーシングは社内取引を通常の市場取引に切り替えることを意味しており，一般的には「取引コスト」が社内取引より高くなります。もちろん，信用できる取引相手を見つけ出し機会主義的行動を抑制できるのであれば，アウトソーシングは全く問題ありません。しかしながら，取引相手の機会主義的行動を統制できない場合は，当初期待していたアウトソーシングのコスト削減効果が，取引コストの上昇分も考慮すると相殺されてしまうだけでなく，むしろコストが上昇してしまうこともありうるのです。

■図 6-15 垂直統合の因果メカニズム

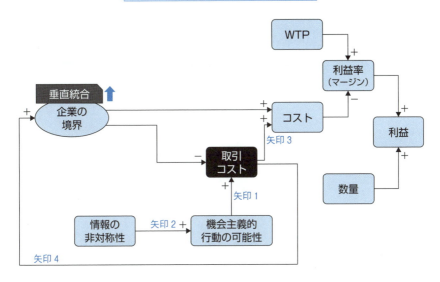

■図 6-16 「アウトソーシング」のコスト

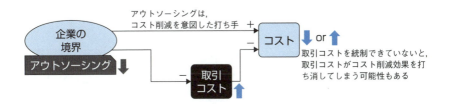

6.3 垂直統合戦略：Make or Buy の意思決定

第7章

グローバル経営戦略

　第7章では，ここまでの主に国内市場を対象にした経営戦略から「グローバル」な経営戦略，すなわちグローバル市場に進出し競争優位を獲得するためにはどのような要素を考慮する必要があるのかについて説明していきます。

7.1　グローバル・ビジネスの全体像

　グローバル経営戦略のエッセンスは，「国境を越えること」です。グローバル経営戦略では，国境を越えることについての様々な疑問，例えば企業はなぜ国境を越えるのか，どのように越えるのか，どこに進出するのか，何がボトルネックなのか，などについて考えていきます。

　第7章では，多様なグローバル経営戦略の理論の中でも，ゲマワット（Ghemawat, P.）の理論に焦点を絞って説明します。なぜならば，彼の理論は包括的で一貫性があり，初学者であっても全体像が理解しやすいからです。

　図7-1は，ゲマワットのグローバル戦略の全体像です。通常の経営戦略（**第1章の図1-2参照**）と対比して，目的と，環境，経営資源，戦略の4つの要素で表現しています。グローバル経営戦略は，経営戦略という意味では基本構造は同じですが，「国境を越えること」によって各要素に相違が生じるので，本章ではそれらの違いに焦点を当てグローバル経営戦略固有の側面について解説をします。

7.2　グローバル・ビジネスの目的 ：ADDING 価値スコアカードによる整理

　グローバル経営戦略を構築する上で最初に考えるべきことは，「なぜ国境を越えるのか」です。つまり，企業がグローバル化する目的は何かです。これは一見，非常に簡単な問いに見えます。なぜならば，市場拡大もしくは新規顧客の獲得という答えを簡単に思いつくからです。

　しかしながら，この単純な答えに満足して，グローバル市場への参入を決定するのは危険です。もちろん，急速に経済成長している新興市場へは先行者利益を目指してなるべく早く参入した方が良いという場合もあるでしょうが，多くの場合は参入すべき市場の選定も含めて目的も慎重に考慮すべきです（**Column** 7.1 参照）。

　グローバル経営戦略の目的を，わかりやすく整理したのがADDING 価値スコアカードです。図7-2は，ADDING 価値スコアカードを因果ループ図で表現したものです。前章までの議論では，経営戦略の目的は持続的競争優位，すなわち業界標準以上の利益を獲得することであると考えてきました。グローバル経営戦略でも基本は同じです。ADDING 価値スコアカードでは，Adding Volume（数量の追加）と Differentiating（差別化）と Decreasing Cost（コスト削減）が，これまで

150　第7章　グローバル経営戦略

■図 7-1　グローバル経営戦略の全体像

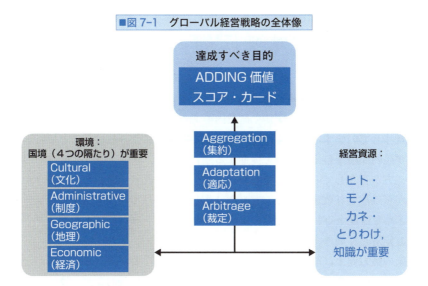

■図 7-2　ADDING 価値スコアカードの因果メカニズム

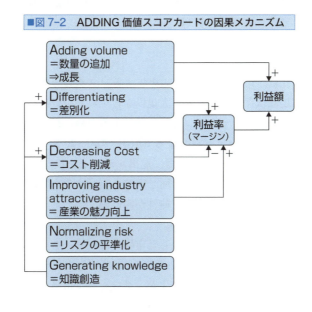

7.2　グローバル・ビジネスの目的：ADDING 価値スコアカードによる整理　151

の議論の「数量」と「WTP」と「コスト」にそれぞれ対応しています。この一般的な3つの目的以外にも，グローバル経営戦略にはさらに3つの目的があります。Improving industry attractiveness（産業の魅力向上），Normalizing risk（リスクの平準化），Generating knowledge（知識創造）です。

(1) 産業の魅力向上

「産業の魅力向上」は，進出先の国ではその産業が未成熟で消費者からの評価が低かったり，そもそも産業や市場が存在していなかったりする状況を，自社が進出することによって産業全体や産業内のあるセグメントの魅力を向上させることを意味しています。たとえばヤクルトは，継続的に飲み続けることで特別な乳酸菌が腸内環境を整えて健康を促進する飲料ですが，インドネシアではそのような考え方が存在していませんでした。進出当初は，乳酸「菌」という響きから消費者から誤解され敬遠されることもありましたが，日本同様のヤクルトレディによる丁寧な説明と継続的な配達によって「ヤクルト」独自の市場セグメントを作り出し定着していきました。

産業の魅力向上は消費者の習慣や考え方を変える必要があるため時間がかかりますが，その結果は一時的な先行者利益に留まらず，持続的な競争優位につながりやすくなります。ただし，「産業の魅力向上」は採用可能な企業が限定される要因ですから，通常の企業は，WTP向上，コスト削減，数量増加の3つの要因の方を優先すべきでしょう。

(2) リスクの平準化

リスクの平準化は，市場を分散することによるリスクの分散効果を意味します。これは一国の市場に依存していると，大規模な自然災害や戦争などのリスクの影響を非常に強く受けてしまうので，それを回避するために行います。この目的を重要視するのであれば，後ほど説明するCAGEフレームワークの1つ以上の要因においてなるべく違いが大きい市場に進出することを検討すべきでしょう。CAGEにおいて類似した市場は本国と同じ戦略を実行する上では有利ですが，類似しているが故に同じリスクに弱い可能性が高いのです。

(3) 知識創造

知識創造は，本国市場やそれに類似した市場ではなく，あえて馴染みのない未知の市場へ参入することで新たな知識の獲得を目指すことです。知識創造も産業の魅力向上同様，時間がかかる目的ですが，グローバル市場で長期的に競争優位を獲得していくためには重要な視点です。

たとえばユニクロは，グラミン銀行と「グラミン・ユニクロ」というジョイン

152　第7章　グローバル経営戦略

Column 7.1 ● ADDING 価値スコアカードからの 3 つの示唆

ADDING 価値スコアカードには，グローバル市場への進出を検討している企業に対して 3 つの示唆があります。

一つは，新規顧客の獲得のみに目を奪われないようにすることです。成長市場は，国内市場の成長が見込めなくなってきた企業にとっては非常に魅力的に映ります。しかしながら，数量は利益率との掛け算でしか効果を発揮できませんから，WTP とコストへの目配りが欠かせません。もちろん，まず圧倒的な数量（シェア）を獲得した後にコスト・リーダーシップ戦略によって競争優位を獲得するという考え方はありえます。しかしながら，数量のみを追ってグローバル化した企業の中には，売上高は飛躍的に増加した一方で売上高営業利益率は国内の水準に遠く及ばないという企業も散見されます。ですから，数量だけでなく他の目的についても参入前にじっくり検討してみる必要があるのです。

二つ目は，環境要因へのアプローチの可能性です。**第 3 章**で示唆したように環境要因は場合によっては，戦略要因として自社に有利になるように働きかけることができる可能性があります。ローカル企業にとっては「環境要因」とみなされているような要因であっても，グローバル企業は戦略要因として「産業の魅力向上」が可能な場合もあるのです。

三つ目の示唆は，グローバル化の目的は，参入先での持続的競争優位の獲得とは限らないということです。前章までは，経営戦略の目的は持続的競争優位であると考えてきましたが，グローバル経営戦略では，参入市場の目的は必ずしもその市場での競争優位の獲得ではないと考えます。もちろん参入市場での競争優位が獲得できることに越したことはないのですが，これまで経験したことない市場，例えば新興国市場での知識獲得が目的なのであれば，その市場での競争優位の獲得の優先順位は低くても構わないということになります。

また，リスクの平準化であれば，なるべく同じリスク（例えば自然災害の影響など）に対して補完的な国や地域に進出することを考えるべきでしょう。これらの目的の違いによって，グローバル企業は，**第 6 章**で説明したようなポートフォリオとして進出国のバランスを考慮する必要があるのです。

7.2 グローバル・ビジネスの目的：ADDING 価値スコアカードによる整理　*153*

トベンチャーを設立し，バングラディッシュ市場へ参入しました。バングラ
ディッシュは，国民の多くが購買力平価ベースで年間所得 3,000 ドル以下のベー
ス・オブ・ピラミッド（BOP）と呼ばれる低所得階層に属している最貧国の一つ
です。この取り組みは，ユニクロ事業を経営するファーストリテイリングとして
社会課題を解決するための取り組みであるとともに，BOP という新たな市場に
事業展開するための知識獲得の活動でもありました（2023 年に事業終了）。

7.3 「隔たり」の理解：CAGE フレームワークによる分析

ADDING 価値スコアカードでグローバル化の目的を設定した後は，通常の戦略
策定と同様に自社の経営資源と進出先の環境の分析をします。とりわけ，本国と
進出先の環境の違いに焦点を当てた分析が重要です。なぜならば，国境を越える
ことによって生じる環境の「隔たり」は，国内と比べてはるかに大きいからです。

CAGE（「ケージ」と読みます）は，国境を越えることによって生じる隔たりを
分析するためのフレームワークです。CAGE は，隔たりをもたらす 4 つの要因で
ある Culture（文化），Administration（行政），Geography（地理），Economy
（経済）の頭文字を集めて名付けられています。CAGE 分析では，この 4 つの要因
について本国と進出先を比較し，それらの隔たりが大きいか小さいかによって，
次節で説明する戦略の組み合わせ方を判断します。

表 7-1 は，CAGE の 4 つの隔たりについて具体的に検討すべき項目を一覧表と
してまとめたものです。

文化的（Culture）隔たりの検討項目としては，言語や，民族，宗教などの違いなど
があります。例えば，スペインを旧宗主国とする中南米諸国は，アメリカよりもス
ペインの方が言語や宗教などの観点から文化的な隔たりが小さいと考えられます。

行政的（Administration）隔たりでは，貿易協定や通貨などがどの程度共有され
ているかを検討します。例えば，フランスにとっては，EU に属しているととも
に通貨ユーロも共有しているドイツの方がイギリスよりも行政的な隔たりは小さ
いと言えるでしょう。

地理的（Geography）隔たりは，時差や気候などが検討項目に含まれています。
特に，時差は「隔たり」を利用するために参入することもありうる項目です。

経済的（Economic）隔たりは，様々な指標を使って比較可能なので，イメージ
しやすい項目です（**Column** 7.2）。しかしながら，実際に使う際には誤解しやすい

154　第 7 章　グローバル経営戦略

■表7-1　CAGE フレームワーク

Culture 文化的隔たり	Administration 行政的隔たり	Geography 地理的隔たり	Economy 経済的隔たり
・言語の違い ・民族の違い：結合力のある民族的・社会的ネットワークの欠如 ・宗教の違い ・信頼の欠如 ・価値観，規範，気質の違い	・旧植民地のつながりがない ・共有する地域貿易圏がない ・共通通貨がない ・政治的に敵対している	・物理的距離 ・国境がない ・時差 ・気候や疾病環境の違い	・貧富の差 ・天然資源，財源，人的資源，インフラ，情報，知識のコストや質の差

(出所)　Ghemawat（2007）Table2-1（位置 No.819 by Kindle）を筆者翻訳。

Column 7.2 ● ビッグマック指数

　経済的な隔たりを確認するためには，各国間の経済水準を比較するための基準が必要です。その基準の一つが，ビッグマック指数です。ビッグマック指数は，1986 年から英国の経済誌『エコノミスト』が毎年発表しており，ビッグマックの価格を国ごとに比較して，US ドルを基準に各国の購買力を比較するための指数です。

　ビッグマック指数は，購買力平価という考え方に基づいています。購買力平価とは，同じ商品の価格は世界中どこでも同じ価格になるという「一物一価の法則」に基づいて為替レートが決定されるという考え方のことです。ただし，すべての商品の価格において購買力平価を計算するのは非常に複雑な計算が必要なので，簡易的な指標として「ビッグマック」が用いられているのです。ビッグマックという単一商品で厳密に各国間の比較を行うことは難しいですが，ビッグマックの価格は原材料費や，人件費，水光熱費，物流費など様々な要素によって決まっている上に誰にとっても直感的に理解しやすいので，世界各国の経済力を概観するには役立つ指標です。

　たとえば，ビッグマックの価格が，日本では 300 円，アメリカでは 3US ドルである場合を考えてみましょう。実際の為替レートが 1 ドル＝150 円だとすると，ビッグマックの価格はアメリカでは 450 円ということになります。これはアメリカから見れば日本は「割安な国」ということになります。

7.3　「隔たり」の理解：CAGE フレームワークによる分析　**155**

項目でもあります。よくある誤解は，購買力が低いと考えられる新興国に価格を抑えるために自国の旧タイプの製品によって参入しようとすることです。この参入方法は，購買力が低いことと製品に対するニーズが古いことを混同しているため，現地の人々のニーズを捉えられずに参入に失敗することがあります。

CAGE の具体的な使い方は，主に参入候補国の選定です。参入候補国の選別は，4 つの要因にそれぞれ自社にとって重要であると考えられる具体的な内容を書き込んでいき，それらに重みづけを行います（*Column* 7.3）。

CAGE 分析による参入候補国選定は，あくまでも 4 種類の環境要因の隔たりが小さく大きなマイナスがないと考えられる市場にすぎません。ですから，次は具体的なローカルの競争相手に対して，自社の競争優位がどの程度通じそうなのかによって実際の参入候補国を決定する必要があります。そのためには，次節で詳しく説明する AAA 戦略について自社の分析を行い，自国の市場のみで通用するローカルな優位性と国境を越えても通用しそうなグローバルな優位性を区別する必要があります。その分析の際に，グローバルな優位性が見出せない場合は，グローバル市場に進出することは見送った方が賢明でしょう。さらに，もし自社に国境を越えて通用する優位性を見出し，ローカルな競合他社に対して有利に競争できそうだとしても，他の多国籍企業との競争も考慮しなければなりません。

7.4　グローバル戦略の基本論理：AAA 戦略

CAGE 分析によって参入候補国を絞り込んだら，その国の市場で競争優位を獲得するためのグローバル戦略を構築する段階に入ります。ゲマワットは，国境を越えて価値を創出するために使える戦略の基本モデルとして AAA 戦略を提唱しています。AAA とは，Aggregation（集約）戦略と，Adaptation（現地適応）戦略，Arbitrage（サヤ取り）戦略の 3 つの基本戦略の頭文字を表しています。

図 7–3 は，AAA 戦略の因果ループ図を示しています。図 7–3 で示している通り，3 つの基本戦略は並列ではありません。集約戦略とサヤ取り戦略は，現地の競合企業に対するグローバル企業の優位性を高める（矢印 1 と矢印 2）のに対して，適応戦略はグローバル企業の弱点を緩和して集約戦略の有効性を高める（矢印 3）ことに役立ちます。つまり，グローバル経営戦略では，集約戦略かサヤ取り戦略の 2 つのいずれか（もしくは両方）が競争優位を構築する主戦略であり，適応戦略は集約戦略の強みを活かすための副次的な戦略なのです。ですから，グローバ

Column 7.3 ● ドクター・レディーズ・ラボラトリーズの進出国選定

表7-2は，インドの後発医薬品メーカーであるドクター・レディーズ・ラボラトリーズのCAGE分析です。4つの要因ごとにドクター・レディーズ・ラボラトリーズが重要だと考える構成要素を書き出し，それに重みづけを行っています。重み付けの内訳は，文化的要素10％，行政的要素35％，地理的要素16％，経済的要素39％となっており，後発品医薬品という事業内容から文化や地理よりも行政的要素が重視されていることが見て取れます。この分析によって，ドクター・レディーズ・ラボラトリーズは，進出先を36カ国からジャマイカ，ミャンマー，スリランカ，アラブ首長国連邦，ベトナムの5カ国に絞り込んだのです。

■表7-2 ドクター・レディーズ・ラボラトリーズのCAGE分析

	構成要素	比重
文化的要素	言語の違い	5％
	宗教/価値観の違い	5％
行政的要素	規制の壁	5％
	旧植民地つながり	2％
	政治的影響/保護主義	7％
	地元の参入障壁	5％
	気候/環境の違い	5％
	知的財産権の障壁	5％
	医薬品に対する政府の影響	6％
地理的要素	時差	2％
	物理的隔たり	2％
	人口規模	12％
経済的要素	1人当たり所得	3％
	医薬品市場環境	15％
	投資回収期間	9％
	質の高い人材の獲得可能性	5％
	ヘルスケアの政府支援	7％

（出所）Ghemawat（2018）Table 5-2を一部抜粋して筆者翻訳。

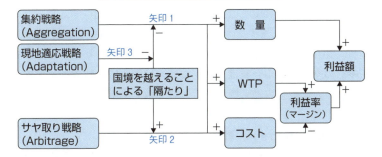

■図7-3 グローバル戦略の基本構造

ル経営戦略を策定する際は，3つのうちどれか一つの戦略を選択するのではなく，それらの適切な組み合わせ方を考えることが重要です。その組み合わせ方を考える前に，まず一つ一つの戦略についての概要を見ていきましょう。

7.4.1　集約（Aggregation）戦略

　集約戦略は，グローバル企業が現地企業に対して有利になることを目指す戦略です。その優位性のポイントは，「標準化（Standardization）」です（*Column* 7.4）。集約戦略を採用する企業は，各国間の差異ではなく，類似点や共通点を探し出し，どの国でもなるべく同じことを同じように実施できる体制を整えることを優先します。

　例えば，製品のスペックを統一したり，共通のブランド・イメージを訴求するプロモーションを実施したりすることは具体的な標準化の取り組みです。標準化によってどの進出国であっても本国と同じことができるようになれば，生産面では規模や範囲の経済が働きやすくなりますし，それ以外の側面でもブランドや知識のような無形資産の多重利用が容易になります。

　図 7–4 は，集約戦略の因果ループ図です。集約戦略では，本国で成功した戦略を進出国でもなるべく同じように適用することを目指します。集約戦略が目指すのは，グローバルな規模の経済性を活用するコスト・リーダーシップの因果ループを回すことです。この因果ループは，提供する製品やサービス，もしくはオペレーションや生産設備を標準化する「打ち手」によって駆動されます。

　これまで国内向けの製品だけを生産していた工場で，標準化された製品を全世界向けに生産すれば，当然生産数量は増加する（矢印 1）ので，より強く規模の経済が働きます（矢印 2）。それによってローカル企業の競合製品に対してコストパフォーマンス比で優位に立ち（矢印 3），販売数量を増加させるループ（矢印 4）を駆動することを目指します。さらに，グローバルに統一されたブランド・イメージを打ち出すことは，WTP の向上に役立つ場合もあります（矢印 5）。成功している多くのグローバル企業は，有形資源だけでなく，特許や，ブランド，ノウハウ，評判などの無形資源も標準化し国境を越えて活用しています。

7.4.2　サヤ取り（Arbitrage）戦略

　サヤ取り戦略も，集約戦略同様に現地企業に対して有利になることを目指す戦略です。「サヤ取り」とは，簡単に言えば「安い場所で仕入れて高く売れる場所で売る」ということですから，集約戦略が各国の共通点に着目したのとは逆に，

158　第 7 章　グローバル経営戦略

Column 7.4 ● マクドナルドの標準化

グローバルな標準化の具体例として，マクドナルドの取り組みを見てみましょう。

1. メニューの標準化

マクドナルドは，ハンバーガーやフライドポテトなど世界中で同じメニューを提供することで一貫した製品品質を維持しています。その一方，各国の文化や嗜好に合わせた現地化も行っています。例えば，インドでは牛肉を使わないメニューが提供されています。

2. オペレーションの標準化

店舗運営においては，調理プロセスや，店舗レイアウト，サービス手順が標準化されています。これにより，どの店舗でも同じ品質の食品とサービスが提供できるようになっています。マクドナルドは，店舗スタッフのトレーニングやマニュアルの徹底を通じて，これらの標準を維持しています。

3. サプライチェーンの標準化

グローバルなサプライチェーンの標準化も，マクドナルドの強みです。原材料の調達から製品の配送に至るまで，すべてのプロセスが統一されており，これによって製品品質が一貫していると同時にコストの効率化が図られています。

4. ブランドの標準化

マクドナルドのロゴ，パッケージデザイン，広告キャンペーンなど，ブランド要素もグローバルに標準化されている。これにより，世界中の消費者に対して統一されたブランドイメージが伝わるようになっている。

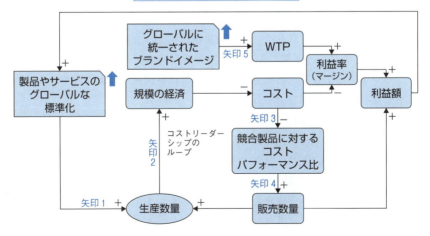

■図 7-4 集約戦略の因果ループ

7.4 グローバル戦略の基本論理：AAA 戦略

各国の差異に注目するのがサヤ取り戦略の基本です。サヤ取りは，太古の昔から国際貿易の最も基本的な戦略でした（*Column* 7.5）。シルクロードの発展やコロンブスのアメリカ大陸の発見も，このサヤ取りを目的とした国際貿易の賜物です。

図7-5は，サヤ取り戦略の因果ループ図です。サヤ取り戦略では，差別化戦略とコスト・リーダーシップ戦略のいずれの選択も可能です。サヤ取り戦略における差別化は，ある国や地域では容易に入手可能な商品を入手が困難な国や地域に持っていくことによって，WTPの差額を獲得することです（矢印1）。この場合は，第4章の資源戦略における模倣困難性が重要です（矢印2）。

コスト・リーダーシップの場合は，原材料の購入価格が安価な国や地域から調達し，市場となる国や地域の競合企業に対してコスト優位を作り出す必要があります（矢印3）。日本の製造業も，東南アジアの人件費の安い国に生産拠点を移すことでサヤ取り戦略を実行しています。

近年では，単純な肉体労働に限らず，知的労働もサヤ取り戦略に取り込まれています。その典型例が，インドのオフショアITセクターへのアウトソーシングです。インドは大英帝国の一部だった時代もあるので知識層は英語を話します。そのため，英米との文化的差異は比較的小さいにもかかわらず，経済的な隔たりが大きく，さらに地理的には時差も大きいため，英米のIT企業のコールセンターなどが数多くアウトソーシングされています。ただし，コスト面でのサヤ取りは，多くの場合グローバルな競合他社にとっては模倣が困難ではないので，これだけで持続的な競争優位を獲得することは困難だと考えられます。

さらに，サヤ取り戦略，特に人件費に関するサヤ取り戦略は，本国においても，進出国においても，感情的な反発を招きやすいため，実施の際には細心の注意が必要です。人件費のサヤ取りは，本国の立場に立てば「自国の雇用が奪われている」「安い外国製品に本国製品が苦境に追いやられている」という被害者感情につながりやすいですし，進出国では「外国資本に自国民が搾取されている」という反感を買ってしまいがちです（矢印4）。

ですから，サヤ取り戦略を採用する場合は，政治的なリスクやコンプライアンス上のリスクに対処する準備も同時にしておかなければなりません（矢印5）。これはグローバル企業固有のリスクです。このリスクへの対策を怠ると，結果として削減したコストよりもはるかに高い代償を支払うことにもなりかねません（矢印6）。グローバル戦略を実施する企業は，ローカルな企業であれば許されることであっても，グローバル企業では許されないことがあることを常に念頭に置かなければなりません。

Column 7.5 ● Wise：サヤ取り戦略のイノベーション

　サヤ取り戦略は 21 世紀の現代でも頻繁に用いられています。Wise（旧 TransferWise）は，国際送金サービスを提供するイギリスの企業です。2011 年に創業され，2021 年には利用者数が世界で 1,000 万人を超え，日本にも進出しています。

　Wise は世界中に自社の銀行口座を設け，送金人が自分の口座から自国にある Wise 口座に入金すると，Wise が同額を受取人の国の自社口座から受取人の口座へ振り込みます。

　通常の国際送金では SWIFT と呼ばれる仕組みを使っているため，日本からアメリカに送金する場合，中継銀行も含め何度も手数料を払わなければならない上に非常に時間がかかってしまいます。それに対して，Wise は各国に銀行口座を保有しているため，日本国内とアメリカ国内の送金として扱うことができます。その結果，手数料が安く，送金にかかる時間も短くて済むのです。Wise を利用するとイギリスの大手銀行と比較して平均 5 倍安い手数料で送金することができ，一般的な送金サービスだと数営業日かかるところを数時間で送金できます。

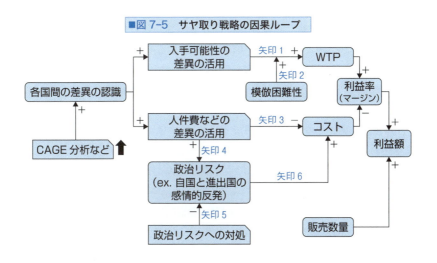

■図 7-5　サヤ取り戦略の因果ループ

サヤ取り戦略は，人件費以外にも CAGE の各要素についても可能です。文化的な隔たりを利用したサヤ取りとしては，原産国や原産地の好ましいイメージを利用するというサヤ取りがありえます。例えば，ハーゲンダッツは，アメリカのブランドであるものの，北欧風のブランド名をつけることで高級感を醸成し文化的なサヤ取りとして活用しています（**Column** 7.6）。

行政的な隔たりに基づくサヤ取りは，法律や，制度，政治の差異によって可能ですが，これらを利用する差異には倫理的・社会的側面に細心の注意を払う必要があります。地理的な隔たりを利用したサヤ取りは，多くの観光業の基本戦略です。観光資源の場合は，地理的な隔たりの場合も，文化的隔たりの場合もありえますが，いずれにせよ各国固有の観光資源は他国では入手も模倣も困難であるがゆえに，高い WTP を獲得できる可能性があるのです（**Column** 7.7）。

7.4.3 適応（Adaptation）戦略

適応戦略は，現地化に重点を置いた戦略です。適応戦略の基本は多様化のコントロールです。多様化とは，各国の CAGE の隔たりに応じて製品ラインや，ポジショニング，数値指標などを変化させて対応することです。しかしながら，多様化は，集約戦略やサヤ取り戦略をそのまま現地に適用することと比べると多大なコストがかかります。

例えば，CAGE の隔たりが大きい国への進出には，その市場に合わせた製品開発コスト，制度に合わせた諸手続きのコスト，さらにはマーケティングのコストがすべて追加で必要になります（矢印 1 と矢印 2）。このような状況では，グローバル化で獲得できるはずの利益をコストが上回ってしまい，参入の是非から問い直さなければならないかもしれません。ですから，適応戦略を考える際には，多様化にかかるコストを冷静に見極めつつ，さらにその効果を高めコストを抑制する「打ち手」を実施しなければなりません。ゲマワットは，その「打ち手」として①絞り込みと，②外部化，③設計，④イノベーションの 4 つを提示しています。図 7-6 は，多様化に対する 4 つの打ち手を織り込んだ適応戦略の因果ループ図です。

(1) 絞り込み

絞り込みは，参入国の現状を踏まえて，事業内容を絞り込んで多様性を削減する打ち手です。例えば，ヤクルトは，新規参入国に進出する際に，製品ラインを「ヤクルト」のみに限定して参入しています。このように製品や生産面の多様性を絞り込むことで，それ以外の流通チャネルの開拓やプロモーションなどの現地化に経営資源を集中的に配分することができたのです。

Column 7.6 ● 原産国効果

原産国効果（Country-of-Origin Effect）とは，ある国や地域に対する消費者のステレオタイプが製品の評価に影響を及ぼす効果のことです。もちろん，その効果は，それらの国々の企業努力を反映している（例えば，日本製の自動車は故障が少ないなど）場合も多々ありますが，本文中にあるとおりそのステレオタイプのイメージを利用してマーケティングを行うこともできるのです。ただし，原産国効果はネガティブな効果の場合もあるので，進出する国や地域によって消費者の持つステレオタイプを確認した方が良いでしょう。

Column 7.7 ● ニセコの地理的なサヤ取り

北海道のニセコは海外の富裕層をターゲットとした高級スキーリゾートとして成功を収めています。ニセコの場合は，地理的な隔たりを利用して雪の降らないアジア各国や，季節が逆転する南半球からの富裕層を獲得できていると言われています。

■図 7-6　適応戦略の４つの打ち手

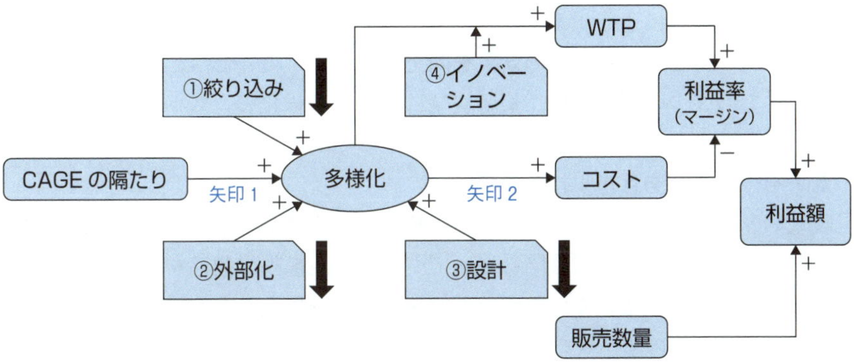

7.4　グローバル戦略の基本論理：AAA戦略　**163**

(2) 外部化

外部化は，ローカル企業と連携を行うことによって多様化の負荷を相手に移転する方法です。具体的には，フランチャイズや，ライセンシング，ジョイントベンチャーなどの方法を用いて，多様化をローカル企業に任せてしまうのです。例えば，米国のマクドナルド・コーポレーションは，日本マクドナルド株式会社と『マクドナルド』のマスター・フランチャイズ契約を結んでいます。

図7-7は，マクドナルドの外部化による適応を図示しています。この図では，マクドナルドとしてのブランドやビジネスの仕組みはマクドナルド・コーポレーションが集約戦略として実行するのに対して，一部の商品開発や日本でのプロモーションは日本マクドナルド株式会社が大きな裁量を持って行うという分業が成立していることがわかります。この分業によって，マクドナルド・コーポレーションは，それほどコストをかけずに日本市場に適応することができる一方，日本マクドナルドはグローバル企業としての集約戦略のメリットを享受できるのです。

(3) 設　計

設計は，事前の設計段階において参入国ごとに変えられる要素と変えられない要素を明確に分けることで多様化のコストを縮小することです。例えば，トヨタはIMV（Innovative International Multipurpose Vehicle）プロジェクトにおいて，世界共通の車台（platform）を開発しています（*Column* 7.8）。車台とは自動車の性能を特徴づける基本部分なので簡単に変更することはできない部分です。それに対し，その外見を特徴づけるボディは市場に応じて様々に変更することができます。車台の共通化は，集約戦略としてコスト削減に貢献すると同時に，ボディの多様化によって各国市場に適応することができるのです。

(4) イノベーション：多様性の効果を向上する

ここまでの3つの選択肢は，適応戦略に必要な多様化のコストをいかに抑制するかという観点からの打ち手でしたが，イノベーションは多様化によってプラスの効果を得ることを目指す打ち手です。

現地のイノベーションの典型例は，GEのインドでの小型心電計です。GEはインドに進出する際に集約戦略に従ってグローバル標準の製品を導入しました。ところが，インドの市場ではなかなか標準製品が受け入れられませんでした。その理由は，CAGEのすべての点でグローバル市場とインド市場は隔たりが大きすぎたからです。その隔たりを理解していた現地の開発チームは，インド市場向けの全く新しい小型ポータブル心電計を非常に低価格で開発しました。その製品はインド市場で成功を収めたのち，先進国市場においても開業医や小さな診療所向

■図7-7　マクドナルドの外部化

マスター・
フランチャイズ
契約

市場に合わせた
商品開発や
プロモーション

マクドナルド・
コーポレーション
（アメリカ）

集約のメリット →
ロイヤリティ ←

日本マクドナルド
株式会社

適応 →

日本国内の顧客

Column 7.8 ● トヨタの IMV

　トヨタの IMV シリーズは，2004 年に世界 140 以上の国と地域への導入を目的に開発されました。共通の車台からなるピックアップトラック 3 種類，SUV 1 種類，ミニバン 1 種類の 5 車種で構成し，タイ，インドネシア，アルゼンチン，南アフリカなど 11 拠点で生産されて界各地の顧客に手頃な価格で迅速に提供されました。とくにピックアップの「ハイラックス（IMV-Ⅰ，IMV-Ⅱ，IMV-Ⅲ）」はタイで，SUV の「フォーチュナー（IMV-Ⅳ）」はフィリピンで，ミニバンの「イノーバー（IMV-Ⅴ）」はインドネシアで，それぞれ非常に人気のある車種になりました。この IMV プロジェクトは大成功を収め，累計販売台数は 2006 年に 100 万台，2009 年に 300 万台，2010 年に 400 万台，2012 年 3 月には 500 万台に達しました。

Column 7.9 ● 日本のリバース・イノベーション

　関西ペイントの「アレス・ムシヨケクリーン」は，日本発のリバース・イノベーションの事例です。アレス・ムシヨケクリーンは，南アフリカの子会社が開発した製品でした。2013 年に塗料に防虫剤を混ぜた製品として発売したものの，現地では蚊などを媒介する感染症が少なかったため売れ行きは良くありませんでした。この製品を南アの子会社が世界中の関西ペイントの子会社が集まる会議で紹介すると，マレーシアの子会社が関心を示し，マレーシアの国立大学との共同研究を経て，2014 年に改めて製品化して販売しました。マレーシアでは，デング熱やマラリアの対策として通常の製品の 5 倍以上の売り上げを記録しました。2015 年夏には日本でも発売され，「2015 年日経優秀製品・サービス賞」の最優秀賞を受賞しました。

7.4　グローバル戦略の基本論理：AAA 戦略　　**165**

け製品として受け入れられていきました。この事例は，進出国でのイノベーションが本国に還流するという意味で，リバース・イノベーションと呼ばれています（**Column** 7.9 参照）。

イノベーションは，適応戦略として重要な打ち手ですが，この打ち手を採用する場合，主戦略である集約につなげるための因果メカニズムを事前に組み込むことを検討しておく必要があります。GE の心電計の場合，開発チームがクリアしなければならない課題に国際認証への適合が当初から組み込まれていました。そのため，インド市場向けに開発された製品が，国境を越えて中国などの新興国市場やアメリカ本国の開業医の市場などに広く展開することができたのです。

7.5　AAA 戦略の組み合わせ方

AAA 戦略を構成する 3 つの個別戦略は，1 つのまとまったグローバル戦略として次の 3 つのステップで組み合わせて実行します。

最初のステップは，主戦略の選択です。主戦略としては，集約戦略かサヤ取り戦略のいずれかを選びます。通常，集約戦略は CAGE の隔たりの少ない市場を目指すのに対して，サヤ取り戦略では CAGE の隔たりを利用しようとするため，両立することは難しいと考えられます。ですから，どちらか一方を主戦略として選択したのちに，もう一方も部分的に使えるかどうかを検討しましょう。

二つ目のステップは，CAGE 分析に基づいた現地適応戦略の検討です。集約戦略が主戦略の場合，CAGE の隔たりによってローカル企業に不利になっている部分があれば，その点を現地適応戦略で対応します。サヤ取り戦略の場合，CAGE の隔たりを利用するので現地化は関係ないように見えますが，上述のようにサヤ取り戦略は政治リスクを高める場合があるので，それを抑制するという意味で現地適応が必要になる場合があります。

最後のステップは，戦略実行後のバランスの調整です。最初のバランスで想定通りの結果が得られれば問題ありませんが，グローバルな経営環境は常に変化していますので，3 つの個別戦略のバランスは一定ではありません。とりわけ，各国の政府が企業のグローバル化に寛容かどうかは，様々な事象によって大きく揺れ動きます。各国政府がグローバル化に寛容なときは集約戦略が威力を発揮しますが，自国第一の保護政策を重視するような不寛容な時期には現地適応を重視する必要があります。

第8章

サービス業の経営戦略

　第8章では，製造業とは異なるサービス業の経営戦略に焦点を当てます。製造業が有形の製品を扱うのに対し，この章では無形のサービスを提供する企業の経営戦略について説明していきます。

8.1 「サービス」とは何か

　本章では，企業が扱う対象を「製品」から「サービス」に変更した場合の経営戦略について説明していきます。**第1部**で議論した経営戦略のほとんどは有形財としての「製品」を念頭に置いていましたが，現実の世界は近年急速に無形の「サービス」の重要性が高まってきています（*Column* 8.1）もちろん，**第1部**で学んだ経営戦略はサービス業でもそのまま使える部分も多いのですが，本章ではサービス業固有の論点に注目して経営戦略を説明してきます。サービス業の経営戦略を理解するために，まずサービスと製品の違いについて見ていきましょう。

　サービスは，自動車や食品などの有形な製品とは異なる4つの特性があります。それは，①無形性と，②消滅性，③不可分性，④変動性です。これらの特性がどのようなものかを，図8-1 に示した美容室のサービスを例に説明します。

(1) 無形性

　サービスは，形のないもので，目で見たり手で触れたりすることはできません。美容室のヘアカットやカラーリングなどは，無形のサービスの例です。

(2) 消滅性

　サービスは，消費されると同時に消滅します。美容室での施術では，サービスの結果としてヘアスタイルは変わりますが，サービス自体は何も手元に残りません。サービスがその場で消滅するという特徴は，サービスを在庫して保持することが不可能であることを意味しています。例えば，美容室ではシャンプーやカラーリング剤のような物理的な製品は在庫可能ですが，実際の「サービス」そのものは在庫できません。在庫による一時保存ができないため，サービス業では，大量生産による規模の経済といったコスト削減につながる戦略要因を活用することが困難なのです。

(3) 不可分性

　サービスは，提供者と消費者の両者が同じ時間と場所を共有していなければなりません。美容室のサービスを受けるには，美容室に行って直接美容師から施術を受ける必要があります。

(4) 変動性

　サービスの品質は，有形物である工業製品ほど安定せずにばらつきが生じてしまいます。サービス提供者のスキルや習熟度によってももちろん品質にばらつきが生じますが，サービスは提供者と消費者の相互作用が必要なため，その両者の

168　第8章　サービス業の経営戦略

Column 8.1 ● 日本のサービス産業の概要

『サービス産業動向調査年報（2021年）』によれば，日本のサービス産業（第三次産業）は，GDP（国内総生産）の73.1％を占め，事業者数と従業者数もそれぞれ82.1％と78.9％と第一次産業と第二次産業に対して非常に大きなウェイトを占めています。

具体的に，「サービス産業」にどのような業種が含まれるかについては，経済産業省が作成している『第3次産業活動指数』の対象範囲を見てみましょう。この指数の対象範囲は，以下の13大分類に属する業種としています。「F 電気・ガス・熱供給・水道業」，「G 情報通信業」，「H 運輸業，郵便業」，「I 卸売業，小売業」，「J 金融業，保険業」，「K 不動産業，物品賃貸業」，「L 学術研究，専門・技術サービス業」，「M 宿泊業，飲食サービス業」，「N 生活関連サービス業，娯楽業」，「O 教育，学習支援業」（ただし，教育は対象業種から除外），「P 医療，福祉」，「Q 複合サービス事業」，「R サービス業（他に分類されないもの）」。これらの対象範囲を見てわかるとおり，サービス業といっても非常に幅広いので，実際のサービス業の経営戦略は，大分類以下の産業特性を織り込んで考えるようにしましょう。

■図 8-1　美容サービスの例

（1）無形性

（2）消滅性

（3）不可分性

（4）変動性

相性も品質に影響します。美容室でも，熟練した美容師と新人美容師ではサービスの質が違いますし，サービス中のコミュニケーションについては，美容師と顧客の相性が品質の感じ方に大きな影響を及ぼします。

8.2　価値共創メカニズム

　これらのサービスの4つの特性は，サービス業に固有のメカニズムである価値共創と強く関係しています。価値共創とは，顧客とサービス従事者がサービスの価値を共に作り上げていくプロセスのことです。

　図 8-2 は，価値共創の因果メカニズムを示したものです。価値共創では，企業はサービスの価値を顧客に対して一方的に提供するのではなく，提案すると考えます（*Column* 8.2）。その提案に対して顧客は自分のサービスに対する期待に基づいて相互作用します（矢印 1）。美容室の例では，顧客と美容師がヘアスタイルの提案や要望をやりとりしながら，実際のサービスを進めていくイメージです。

　相互作用の結果が知覚品質です（矢印 2）。「知覚」とは顧客の主観的な品質の感じ方のことです。有形物の製品では数値化可能な客観的な品質評価軸（例えば，燃費や馬力など）が存在していますが，サービスの品質はそのような評価軸を設定できないとは言わないまでも，設定しにくいものが多いと考えられています。美容師の接客態度や，ヘアスタイルが自分に似合っているかどうかなどは，知覚品質の評価軸だと言えるでしょう。結果としての知覚品質は，サービスに対する事前期待との差分として「知覚価値」になります（矢印 3・矢印 4）。例えば，ミシュランガイドに掲載されているレストランは，顧客に非常に高い事前期待を抱かせます。しかし，実際に食事をしてみたら，料理の味も接客も事前期待ほどではなかったとすると，知覚品質と事前期待の差分がマイナスになるので，知覚価値は低くなります。逆に，通りがかりに事前期待なしに入ったラーメン屋が非常に美味しかった場合は，知覚品質が事前期待を上回るので知覚価値が高くなります。

　さらに，知覚価値は満足度を経由して次の事前期待を形成します（矢印 5・矢印 6）。その期待はそのサービスを次回利用したときの相互作用に反映される（矢印 7）と同時に知覚価値の評価基準になります（矢印 4）。期待のループ（矢印 5-6-4）と知覚品質のループ（矢印 5-6-7-2-3）の2つの因果ループが何回か繰り返されると，期待と知覚品質の差分が収束していき，その顧客にとっての知覚価値

170　第 8 章　サービス業の経営戦略

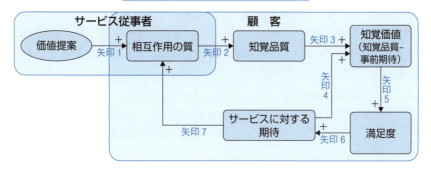

■図 8-2　価値共創の因果メカニズム

Column 8.2 ● サービスドミナントロジックという考え方

　価値共創という考え方は，Vargo & Lusch（2004）によって提唱されたサービス優位の論理（SDL：Service-Dominant Logic）に基づいています。SDL は，それまでのマーケティングの支配的な考え方である製品優位の論理（PDL：Product Dominant Logic）と対比するために提示されました。PDL は製品やサービスを 1 回の取引で売り切ることを前提とした考え方だったのに対して，SDL では，企業は顧客と共に価値共創プロセスに積極的に関わることの重要性が強調されています。SDL で用いられている「サービス」の概念は，いわゆる製品とサービスという場合のサービスではなく，製品やサービスの持っている本質的な価値という意味で使われていることには注意が必要です。

が安定してくるのです。

8.3 経営戦略としての価値共創

　価値共創は，サービス業固有のメカニズムとして経営戦略に影響を及ぼします。差別化戦略としては，知覚価値を高い水準に維持することによって WTP を押し上げることを目指します。それに対して，コスト・リーダーシップ戦略では，WTP につながる知覚価値を一定水準に維持しつつコストを削減することを目指します。

　以下では，価値共創メカニズムの中で，サービス企業側が影響を及ぼすことができる「価値提案→相互作用の質（図8-2 の矢印1）」に焦点を当てて，差別化戦略とコスト・リーダーシップ戦略について詳しく見ていきましょう。

8.3.1　差別化戦略

　差別化戦略のエッセンスは，模倣困難な価値共創メカニズムを構築し実行することです。

　図8-3 は，差別化戦略の因果ループ図です。差別化戦略の準備として，顧客の事前期待を自社が想定している知覚品質と同等程度の水準まで高めておく必要があります（Column 8.3）。事前期待を高めるためには，そのサービスの価値提案が素晴らしいものであるシグナルを顧客に伝える必要があります（矢印1）。例えば，レストランを銀座の一等地に出店して，高級感のある内装にすれば，そのレストランでの体験は素晴らしいはずであるという事前期待を顧客に与えるでしょう。このような顧客へのシグナルは，マーケティング・ミックス（第2章のColumn 2.4 を参照）の考え方を参照にして考えると良いでしょう。

　事前期待を高めることができれば，最初のサービス時の WTP は高くすることができるでしょうが，実際のサービスを受けた知覚価値が高くなければ持続的にその WTP を維持することはできません。ですから，事前期待に見合う知覚品質を顧客に感じてもらうために相互作用の質を高めなければなりません。そのための戦略要因は，カスタマイゼーション能力とサービス・コンセプトの理解度の2つです。

(1) カスタマイゼーション能力

　カスタマイゼーション能力は，サービス従事者と顧客の相互作用の質を直接向

172　第8章　サービス業の経営戦略

■図 8-3 サービス業の差別化戦略

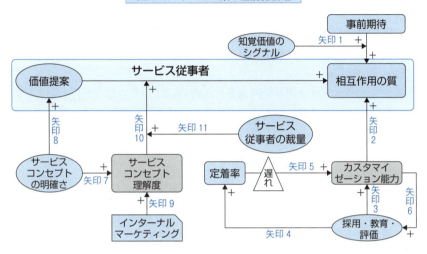

Column 8.3 ● SERVQUAL：事前期待と事後評価の測定尺度

　SERVQUAL は，Service（サービス）と Quality（品質）を組み合わせた造語であり，その名のとおりサービス品質を測定する尺度です (Parasuraman et al., 1988)。SERVQUAL は，信頼性 (reliability) と，対応力 (responsiveness)，確実性 (assurance)，共感 (Empathy)，有形物 (tangibles) の 5 つの次元で構成されており，それぞれの次元について合計で 22 の質問が設定されています (表 8-1)。これらの質問項目について，それぞれ事前期待（〜はどうあるべきか）と事後評価（〜は実際どうだったか）を聞き出し，その違いについて分析します。

■表 8-1　SERVQUAL

信頼性	約束どおりのサービス提供 顧客のサービス・トラブル時の対応への信頼 最初から正しいサービスを提供すること 約束の時間にサービスを提供すること 間違いのない記録の維持
対応力	いつサービスが提供されるかを顧客に知らせ続けること 顧客への迅速なサービス 顧客を助ける意欲 顧客の要望に応える準備
確実性	顧客に信頼を与える従業員 顧客が安心して取引できるようにすること 常に礼儀正しい従業員 顧客の質問に応えられる知識を持つ従業員
共　感	顧客への個別対応 思いやりをもって顧客に対応する従業員 顧客利益を最優先 顧客ニーズを理解している従業員 便利な営業時間
有形物	現代的な設備 魅力的な外観を持った建物 清潔でプロフェッショナルな身なりの従業員 サービスに関する魅力的な外観を持つ素材

（出所）Parasuraman et al.（1991）より筆者作成。

上させます。この能力は，顧客を個人として個別に扱うための能力です。例えば，高級レストランでは顧客一人一人を「○○様」個人として認識し，料理の好みや苦手な食材なども事前に理解した上でサービスを提供しますが，ファストフードのレストランでは顧客は一人一人区別して扱われることはなく，誰もが一顧客として一律で同質のサービスを受けることになります（*Column* 8.4）。顧客を個人として理解することは，相互作用の質を高め，知覚品質を高めることにつながります（図 8-3 の矢印 2）。

カスタマイゼーション能力を向上させるためには，その能力を持った人材の採用や，教育，評価が必要になります（矢印 3）。採用や，教育，評価は，直接カスタマイゼーション能力を高めるだけでなく，カスタマイゼーション能力の高い人材を長期的に雇用し続けることによっても高まります。具体的な採用，教育，評価の方法は企業によって様々でしょうが，これらを適切に設計できれば「定着率」は上がり（矢印 4），カスタマイゼーション能力が高い人材が組織に長くとどまることで，組織全体としてのカスタマイゼーション能力が高まります（矢印 5）。その組織能力を活用することで，採用・教育・評価はより良いものになります（矢印 6）。

優れた人材を雇用し育成するためには当然コストがかかりますが，長期的に見れば「定着率」の向上は教育などのコストを低下させるので，採用・教育・評価とカスタマイゼーション能力の良循環が回るまではコストを削減することはあまり考えない方が良いでしょう。仮に採用・教育・評価にかかるコストの削減を優先した場合を考えてみましょう。その場合，カスタマイゼーション能力の低下によって相互作用の質が低下して WTP を押し下げると同時に定着率の低下によるコスト増も加わり，マージンが低下する悪循環に陥ってしまいます。このように，自己強化型ループ（矢印 4-5-6）を駆動する意思決定要因は，短期的なコストに気を取られると悪循環に陥ってしまい，長期的な競争優位の喪失につながるので慎重に考える必要があります。

(2) サービス・コンセプトの理解度とインターナル・マーケティング

相互作用の質を高めるためのもう一つの要因は，サービス・コンセプトの理解度です。サービス・コンセプトとは，企業が顧客に対して提案する価値の内容のことであり，有形製品における製品コンセプトに対応するものです。

有形製品の場合は，製品の見た目が製品コンセプトを体現していたり，数値化可能な性能基準によって製品コンセプトが表現されていたりします。ですから，製品の場合，製品コンセプトの違いが顧客にとって理解しやすいのです。

174 第 8 章 サービス業の経営戦略

Column 8.4 ● カスタマイゼーションのプロセス

本文中に示したとおり，サービス業は経営戦略によってカスタマイゼーションの水準に違いがあります。Kannan & Healey（2011）は，包括的な既存企業レビューに基づいてサービス業におけるカスタマイゼーションのプロセスについてのフレームワークを提示しています（図8-4）。

この図では，縦軸をマーケティング・カスタマイゼーションの水準，横軸をオペレーショナル・カスタマイゼーションの水準をそれぞれ示しています。この2つの軸は，前者が顧客接点におけるカスタマイゼーションを表し，後者は顧客接点以外のバックオフィスでのカスタマイゼーションを意味しています。

この図では，右下のいずれのカスタマイゼーション水準も低い状況である標準化から議論を始めます。標準化は，ファーストフードチェーンのようにメニューが決められており，接客もマニュアル化されていて，誰に対しても同じように接するサービスを意味しています。この場合は標準化の規模の経済性を最大限に享受することによって，コスト・リーダーシップ戦略を目指します。そこから，オペレーショナル・カスタマイゼーションを高めると，マス・カスタマイゼーション（右下）に移行します。マス・カスタマイゼーションでは，標準化に得られる規模の経済性をなるべく維持したまま，生産プロセスなどを調整し顧客ニーズの違いにある程度応えることを目指します。

それに対し，パーソナリゼーションは，標準化からマーケティングカスタマイゼーションを高める方向を目指します。この場合は，顧客接点においてサービス提供者がある程度属人的に顧客の個別ニーズに対応します。

しかしながら，パーソナライゼーションはオペレーションとは独立しているので，サービス提供者の個別の能力に依存することになる上に標準化のメリットを損なう場合もあります。最終的には，なるべく個別の細かいニーズの違いに対応しながら，標準化のメリットを活用するカスタマイゼーション（右上）に至るのが理想です。このカスタマイゼーションに至るプロセスは容易ではありませんが，近年はAI等のテクノロジーも組み合わせながら右上のセルに近づいている企業も増えてきています。

■図8-4 カスタマイゼーションのプロセス

（出所） Kannan & Healey（2011）p.306, fig.5を筆者翻訳。

それに対し，無形のサービスではサービス従事者がサービス・コンセプトを顧客に提案して理解してもらう必要があります。さらに，サービスは変動性という特徴がありますから，サービス従事者間でサービス・コンセプトの理解が統一されていないと変動性が大きくなり，企業全体としてのサービス・コンセプトが曖昧になってしまいます。曖昧なサービス・コンセプト基づいて顧客に価値を提案したとしても，相互作用の質は高まりません。

　サービス・コンセプトの理解度を高めるためには，そもそものサービス・コンセプトを明確にしなければなりません（図8-3の矢印7）。複雑で曖昧なサービス・コンセプトでは，サービス従事者も具体的に自分が顧客に対してどのような価値提案を行えば良いのかがわかりません。

　例えば，サービスが素晴らしいことで有名なザ・リッツ・カールトン・ホテルでは，「紳士淑女にサービスする紳士淑女」というサービス・コンセプトがすべての従業員に理解されています（*Column* 8.5）。これはサービス従事者自身が紳士淑女として振る舞わなければならないことを常に意識させる明確なサービス・コンセプトです。サービス・コンセプトが明確になるとサービス従業者は具体的に顧客とどのように接すれば良いかをイメージしやすくなるので，価値提案の質も向上します（矢印8）。

　さらに，サービス・コンセプトの理解度を高めるための有効な打ち手は，インターナル・マーケティングです（矢印9）。インターナル（内部のサービス従事者向け）・マーケティングとは，通常のマーケティングをエクスターナル（外部の顧客向け）マーケティングと位置づけて対比した名称です（*Column* 8.6）。

　マーケティングは，顧客に製品やサービスの価値を理解してもらうための活動ですから，エクスターナルなのは当たり前ですが，サービスの場合は顧客との相互作用によって価値が共創されるわけですから，従業員自体がサービス・コンセプトを理解できていなければ意図どおりの相互作用を行うことはできません。ですから，サービス従事者は，提案すべき価値を理解し，その価値を提案するための相互作用とは具体的にどのような行為なのかを研修やOJTを通じて学んでいくのです。これらの結果としてサービス・コンセプトの理解度が高まったサービス従事者は，価値を適切に提案できるようになり，顧客との相互作用の質を高めることができるのです（矢印10）。

　インターナル・マーケティングによってサービス・コンセプトの理解度が高まったサービス従事者は，自分の行動の適切さをサービス・コンセプトに照らし合わせて判断できるようになります。ですから，サービス・コンセプトの理解度

Column 8.5 ● ザ・リッツ・カールトンのクレド・カード

　ザ・リッツ・カールトンにおいてサービス・コンセプトを従業員に理解してもらう上で非常に重要な役割を果たしているのが，「クレド・カード」です。就業時間中のザ・リッツ・カールトンの従業員は，折りたたみ式のこのクレド・カードを肌身離さず身につけています。「Credo」というラテン語は「私は信じる」を意味しており，従業員が自分の役割に対して持つべき信念を表現しています。クレド・カードに記されている具体的なクレドは以下のとおりです：

> *Credo*
> 我々の信条
>
> The Ritz-Carlton is a place where the genuine care and comfort of our guests is our highest mission.
> ザ・リッツカールトンは，真心のこもったおもてなしとお客様の快適さを至上の使命としている場所です．
>
> We pledge to provide the finest personal service and facilities for our guests who will always enjoy a warm, relaxed, yet refined ambience.
> 私たちは，お客様が常に温かく，寛ぎ，洗練された雰囲気を楽しめるように最高のパーソナルサービスと設備を提供することをお約束します．
>
> The Ritz-Carlton experience enlivens the senses, instills well-being, and fulfills even the unexpressed wishes and needs of our guests.
> ザ・リッツカールトンでの体験は，お客様の五感を刺激し，心身の健康を促進し，お客様が明示されていない願いやニーズさえも満たします．

（出所）　THE RITZ-CARLTON Web サイト（https://ritzcarltonleadershipcenter.com/2022/08/16/the-power-of-the-ritz-carlton-credo/）より筆者翻訳。

Column 8.6 ● インターナル・マーケティングと社員教育

　インターナル・マーケティングは，通常の顧客向けのマーケティングに対して，社内の従業員向けという意味で「インターナル」と名付けられているものの，実態として一般的に行われている社員教育と何が違うのかはさほど明瞭ではありません。インターナル・マーケティングの研究を体系的にレビューした Rafiq & Ahmed（2000）では，インターナル・マーケティングを (1) 従業員の動機づけと満足度，(2) 顧客志向と顧客満足度，(3) 内部機能の調整と統合，(4) 上記に対するマーケティング的なアプローチ (Marketing-like approach)，(5) 特定の企業戦略や機能戦略の実行，の 5 つの要素で定義しています。この中で，インターナル「マーケティング」と呼べる要素は，(4) マーケティング的なアプローチですがその具体的な内容は詳述されていません。

8.3　経営戦略としての価値共創　　177

が高い人材には，一挙手一投足を指示するようなマニュアルは不要なだけでなく，より良いサービス提案を阻害してしまう可能性を高めてしまいます。したがって，サービス・コンセプトの理解度が高い人材には，より大きな裁量を与えた方が良いということになります（図8-3の矢印11）。裁量が増えることによって，サービス提供者は自分の判断で相互作用の質を高めることができるようになるからです。ザ・リッツ・カールトンの例では，すべての従業員がゲストに喜んでもらうためであれば最大2,000ドルまで自由に使用しても良いという方針を掲げています。

　サービス・コンセプトが明確に顧客に伝われば，顧客は競合他社のサービスと全く異なる知覚価値を感じるようになります。知覚価値は顧客の主観なので，知覚価値による差別化は競合他社からは容易に模倣できません。さらに，サービス理解度やカスタマイゼーション能力を高めるメカニズムも競合他社からは観察が困難なため，競争優位の維持に貢献します。

8.3.2　コスト・リーダーシップ戦略

(1) サービスプロセスの標準化

　コスト・リーダーシップ戦略では，ある価格に対する顧客の知覚価値を一定に保ちつつ，コストを低減させる施策によって利益を獲得することを目指します。

　図8-5は，コスト・リーダーシップ戦略の因果メカニズムです。コスト・リーダーシップ戦略で最も重要な要因は，「サービスプロセスの標準化」です。サービスプロセスの標準化とは，サービスを顧客に提供するまでのプロセスをいくつかの部分に分けた上で，それらの各部分を誰でもできる作業手順として形式化することです。サービスプロセスの標準化によって顧客との相互作用の質を高めることができます（矢印1）。

　サービスプロセスの標準化の具体例として回転寿司を見てみましょう（図8-6）。回転寿司のプロセスは，①顧客を席に案内すること，②注文を受け付けること，③寿司を握ること，④完成した寿司を顧客に届けること，⑤会計することなどの部分に分割できます。分割された各部分ごとに一つ一つのサービスの手順をレシピのように記述し，マニュアル化します。さらに，可能であれば機械に置き換えることも検討します。例えば，①順番待ちができるウェブサイトや，②注文や会計ができるタブレット，③シャリを握る機械，④寿司を顧客の席まで届けるベルトコンベヤーなどが実際のサービスプロセスに取り入れられています。これらの置き換えによって，コストを抑制することができます（図8-5の矢印2）。

　さらに，標準化は「サービス・コンセプトの明確さ」との自己強化型ループに

178　第8章　サービス業の経営戦略

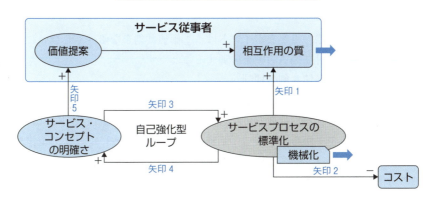

■図 8-5 コスト・リーダーシップ戦略

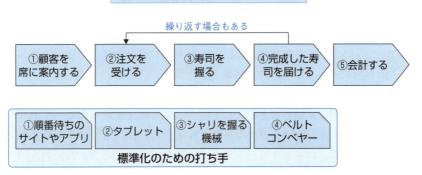

■図 8-6 回転寿司のサービスプロセス

よって，間接的に知覚品質の安定に貢献します。サービス・コンセプトが明確であると，何を標準化すべきか，すべきでないかを判断する基準となり，標準化を進めることができます（図8-5の矢印3）。また，標準化によってサービス・コンセプトがプロセスに埋め込まれるため，顧客に伝わりやすくなります（矢印4・矢印5）。この良循環を駆動するためにも，サービス・コンセプトを明確にすることが非常に重要です。

(2) 標準化のポイント

標準化を設計する際の重要なポイントは，①価値共創をなるべくしないことと，②付加価値活動と非付加価値活動を区別することです。

① 標準化のための価値共創の抑制

価値共創は，差別化戦略ではプラスの価値を生み出し競合他社の模倣を困難にする重要な要因でしたが，コスト・リーダーシップ戦略では価値共創はコストであると考えます。ですから，なるべく価値共創をしないようにマニュアル化や機械化をすることによって顧客と従業員の接点を標準化します。それによって，未熟練の労働力の活用や省人化が可能になり，人件費が削減できるのです。

② 付加価値活動と非付加価値活動の区別

サービスプロセスにおいて付加価値活動と非付加価値活動を区別することも標準化を考える上では重要です。付加価値活動とは，サービスプロセスの中で顧客が対価を支払って得たいと考えている活動であるのに対して，非付加価値活動はそれ以外の活動です。回転寿司の例では，③寿司を握ることや④寿司を顧客に届けることは付加価値活動であり，⑤会計をすることなどは非付加価値活動に相当します。

コスト・リーダーシップ戦略では，サービスプロセス全体の活動の中で非付加価値活動を削減すると同時に付加価値活動をサービス・コンセプトとフィットさせることを目指します（*Column* 8.7）。

非付加価値活動は，顧客にとっては必要のないものですからなるべく減らしたいわけですが，企業側には不可欠な活動（料金を受け取るなど）であることもあります。この場合は，コスト・リーダーシップ戦略であることを念頭に置きバランスを考えましょう。例えば，待ち時間は非付加価値活動ですが，順番と待ち時間を通知するアプリなどを活用することでさほどコストをかけずに削減できるのであれば，それを採用すると良いでしょう。

付加価値活動も同様に標準化して無駄な部分は削減すべきですが，付加価値活動はサービス・コンセプトとのフィットが最重要な課題なので，そのフィットに

Column 8.7 ● QB ハウスの標準化

QB ハウスは，「10 分の身だしなみ」という明確なサービス・コンセプトを打ち出し，そのためにヘアカットというサービスに焦点を絞っています。この明確なサービス・コンセプトに基づき，QB ハウスではサービスプロセスを標準化しています。

① 待ち時間の標準化

なるべく顧客の待ち時間（＝理美容師の稼働時間）を均等にするために，信号のようなシグナルによって混み具合を入店前の顧客に知らせる仕組みを採用しています。

② 会計の標準化

知覚価値のコアであるヘアカットに集中するために，それ以外の会計などは標準化して自動販売機によるチケット販売を採用しています。

③ ヘアカット技術の標準化

ヘアカット技術は，理美容師のトレーニングによって 10 分以内に顧客のオーダーに適切に対応できる水準に標準化されています。

④ 予約や指名などの排除

サービス・コンセプトに従ってサービスを適切に顧客に提供するために不必要な構成要素である「予約」や「指名」などは実施していません。

これらの 4 つの標準化は，①，②，④の非付加価値活動については徹底的に削減し，③については「10 分の身だしなみ」というサービス・コンセプトとフィットさせるために時間もコストもかけて重点的にトレーニングをしています．その結果，図 8-7 のように一般的なヘアサロンと比較して，サービスプロセス全体に占める付加価値活動の比率が高くなり，理美容師という模倣困難な経営資源を効率的に活用することができているのです。

■図 8-7 QB ハウスの標準化

8.3 経営戦略としての価値共創 **181**

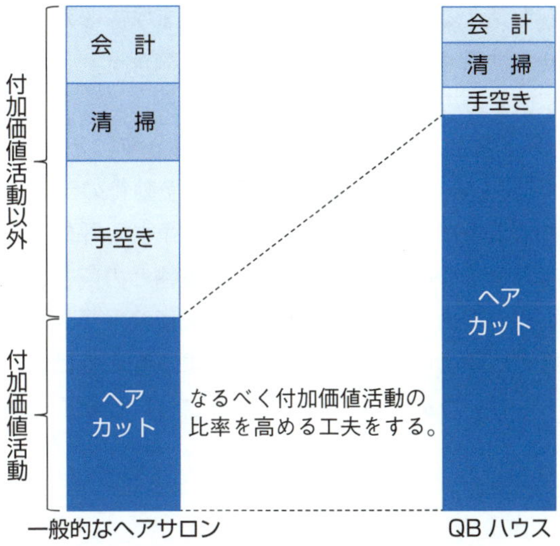

不可欠な部分は多少コストがかかったとしても残さなければなりません。

8.4 サービス業における模倣困難性

差別化戦略とコスト・リーダーシップ戦略のいずれを採用するにせよ，サービス業であっても競争優位を維持するためには競合他社に対する模倣困難性（**第4章**参照）を高めることを考えなければなりません。サービス業の場合も，顧客から直接見える部分だけを模倣することはさほど難しくありませんから，製品同様競合企業から見えにくい部分に模倣困難性を組み込む工夫が必要になります。

サービス業において競合企業から見えにくい部分は2つあります。①サービスそのものと，②顧客接点以外の業務です。

サービスそのものは無形であるため競合他社は直接観察することが困難です。上述のザ・リッツ・カールトンのようなホテル業では，客室や設備や立地を模倣することはある程度可能でしょうが，接客やトラブル対応などのサービスそのものを模倣するのは困難だと考えられます。ですから，サービス業で模倣困難性を生み出す最も基本的なアプローチは，サービスそのものに模倣困難性を組み込むことです。

もう一つの見えにくい部分は，顧客接点以外の業務です。顧客から見えるものは，競合他社からも見えるので容易に模倣ができます。しかしながら，顧客接点以外の部分，とりわけ**第4章**で説明したような組織ルーティンに相当する事業の仕組みの部分は模倣するのが困難です。

例えば，ヤマト運輸が『クロネコヤマトの宅急便』という商品名で宅配便サービスを始めた昭和50年代には，多くの会社が動物のシンボルマークを模倣して宅配便サービス市場に参入したため「動物戦争」と呼ばれました。しかしながら，それらの参入企業のほとんどが，ヤマト運輸との競争に敗れて市場を退出していきました。その理由は，ヤマト運輸が宅配便サービスで競争優位を構築できたのは，目に見える動物のシンボルマークによるものではなく，地道に構築した全国ネットワークという顧客接点からは見えにくい仕組みのおかげだったからです。

第9章

デジタル・サービスの
経営戦略

　前章では，飲食店や小売店のような一般的なサービス業の経営戦略について説明しました。第9章では，近年デジタル技術によって変革されつつあるデジタル・サービス業の経営戦略に焦点を当てます。

　デジタル・サービスは，「サービス」と「製品」の両方の性質を持っており，その戦略は固有のメカニズムで動いています。本章では，その固有のメカニズムについて詳細に説明していきます。

9.1 デジタル技術がもたらした企業と顧客の関係の変化

9.1.1 3つのイノベーション

現在も生成 AI などの新たなデジタル技術がビジネスに影響を与え続けていますが，本節では既にデジタル・サービス企業の戦略に深く入り込んでいる3つのデジタル技術のイノベーションについて説明します。その3つとは，①**インターネット**と，②**スマートフォン**，③**クラウドコンピューティング**（以下，**クラウド**）です。もちろん，デジタル技術の領域ではこれ以外にも多くの重要なイノベーションが起こっていますが，この3つのイノベーションは，顧客が求める価値を利用するために，有形物を所有することなく，サービスとして利用することを可能にしたという点で，経営戦略の観点から非常に重要だと考えられるのです（**Column** 9.1）。

(1) インターネット

一つ目のイノベーションは，インターネットです。図 9-1 は，インターネットの利用率（個人）の推移を表しています。この図から，1990 年代後半から 2000 年代初頭にかけてインターネットが急激に普及していったことがわかります。この普及のきっかけは，1995 年にインターネット接続機能を持つ Windows95 を搭載した PC の販売が始まったことでした。この Windows95 の登場により，一般家庭でも簡単にインターネットに接続することが可能になったのです。その後は，通信速度も通信量も飛躍的に向上し，Yahoo! JAPAN や，楽天，サイバーエージェントといったインターネットでのサービスを提供する企業群が勃興していきました。スマートフォン登場以前のインターネット普及期は，インターネット広告や，検索，E コマースなどが実験的な段階から実用化されるに至り，私たちが現在当たり前のように毎日利用しているデジタル・サービス群の基礎が形成されました。

(2) スマートフォン

二つ目のイノベーションは，スマートフォンです。スマートフォンは，デジタル・サービスを議論する上で欠かせない画期的なデジタル技術です。スマートフォン自体は 2000 年代初頭から存在していましたが，その当時は，小さな画面に小さなキーボードを備えたミニパソコンという位置づけの製品で，主にビジネス用途で用いられていました。現在多くの人に親しまれているスマートフォンの原形は，2007 年に Apple が発売した初代 iPhone です。この初代 iPhone 以降，タッチパネルで直感的に操作できるスマートフォンが爆発的に普及し，非常に多くの人々が容易にインターネットに常時接続できるようになったのです。

Column 9.1 ソフトウェアが世界を飲み込む理由

　ここで紹介している3つのイノベーションが世界中のビジネスに非常に大きな影響を及ぼすことをいち早く予見していたのが，マーク・アンドリーセンが寄稿した2011年8月20日のウォール・ストリート・ジャーナルの記事「ソフトウェアが世界を飲み込む理由（Why Software Is Eating The World）」です。アンドリーセンは，Netscapeを創業したのち，先端技術の企業に投資するAndreessen-Horowitzを共同経営しています。アンドリーセンは，この記事の中で具体例を提示しながら，伝統的な企業はソフトウェアを活用した企業（本章のデジタル・サービスを提供する企業とほぼ同義）にあらゆる領域で代替されていくだろうと主張しています。この記事から10年以上経過した現在は，まさに彼の主張どおりの世界になってきています。

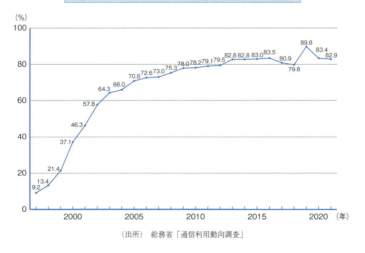

■図 9-1　インターネット利用率（個人）の推移

（出所）　総務省「通信利用動向調査」

9.1　デジタル技術がもたらした企業と顧客の関係の変化　**185**

図9-2 は，情報通信機器の世帯保有率の推移を示しています。スマートフォンが 2010 年の 10％程度から急激に普及し，2016 年以降にはパソコンを抜き去っていることが読み取れるでしょう。

スマートフォンの普及は，企業と顧客の関係性を根本的に変化させました。スマートフォン以前も，ワン・トゥ・ワン・マーケティングやカスタマー・リレーションシップ・マーケティングといった顧客一人一人との継続的な関係性に基づいたマーケティングのアイディアは存在していましたが，具体的な企業の戦略の一部に顧客一人一人との関係性を織り込めるようになったのは，スマートフォンの貢献が大きいと考えられます。

(3) クラウドコンピューティング

三つ目のイノベーションは，クラウドです。あまり馴染みがない読者もいるかもしれませんが，クラウドは現在のデジタル・サービスを語る上では欠かすことのできない変化をもたらしました。クラウド（雲）とは，インターネットを雲に見立てて，コンピュータ処理を自社内で抱え込むのではなく，「雲」の中からサービスとして必要なときに必要な量だけ使用することを意味しています。

クラウド以前は，企業は自社内でサーバーなどの機器を保有し，システムやアプリケーションを購入したり構築したりして利用していました（クラウドに対して「オンプレミス」と言います）。クラウドでは，サーバーを自社で保有せず，システムやアプリケーションを必要なだけ「サービスとして」購入することになります。ですから，クラウドのサービスは，SaaS や PaaS のように「X をサービスとして（XaaS: X as a Service）」という略語で表記されているのです。

図9-3 は，企業におけるクラウドの利用状況の推移を示しています。この図によれば，クラウドを利用している企業（「全社的に利用している」と「一部の事業所又は部門で利用している」の合計）は 2014 年から 2022 年の 8 年間で約 40％から 70％へ 30％以上増加していることがわかります。

9.1.2 企業の変化：コストの極小化と一人一人の顧客との継続的な関係性の構築

これらのイノベーションによって，デジタル・サービスが，一般的なサービスと大きく異なるようになったのは，前章で説明したサービス業の 4 つの特性のうち，無形性以外の 3 つの特性をかなりコントロールできるようになったことにあります。デジタル・サービスは，基本的にコンピュータのプログラムとして作られます。ですから，一度作り上げてしまうと無形でありながら消滅もしなければ，変動もしないし，不可分でもありません。デジタル・サービスを提供している事

■図 9-2 情報通信機器の世帯保有率の推移

①インターネットに接続できる家庭用テレビゲーム機　②インターネットに接続できる携帯型音楽プレイヤー　③その他インターネットに接続できる家電（スマート家電）等

（出所）　総務省「通信利用動向調査」

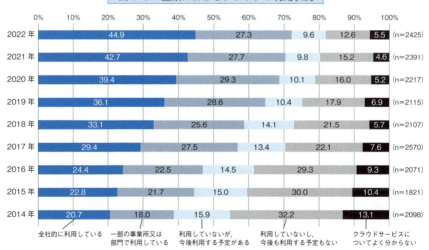

■図 9-3 企業におけるクラウドの利用状況

（出所）　総務省「通信利用動向調査」

9.1　デジタル技術がもたらした企業と顧客の関係の変化　187

業者が自社サービスのことを「プロダクト」と呼ぶことが示しているように，デジタル・サービスは目に見えない製品と考えた方が正しい理解かもしれません。

図9-4は，デジタル・サービスの特性を表したものです。デジタル・サービスは，この特性によって，製品や一般的なサービスと比べて様々なコストを圧倒的に抑制することができます。デジタル・サービスでは，開発費などの固定費はある程度必要ですが，そのサービスを顧客に提供するために必要な変動費はほとんど必要ないと考えられています。具体的には，デジタル・サービスでは，次の3つの変動費がほとんど必要なくなります。

(1) 量産コスト

一つ目は，量産コストです。通常の製造業は，製品を量産するためには部品や原材料を購入する必要があります。それに対して，デジタル・サービス企業が提供しているのはプログラムやソフトウェアなので，いったん開発したサービスを複製するための変動費は基本的に必要ありません。

(2) 流通コスト

二つ目は流通コストです。通常の製造業では生産した製品を顧客の手元まで届けるために卸売業者や小売業者といった商流を担う事業者や物流業者との取引によって製品を流通させるためにコストを支払っています。このようなコストもデジタル・サービスの企業では，インターネットを経由してスマートフォンやPCに即座に届けられるので，ほとんど必要ありません。

(3) 在庫コスト

三つ目は，在庫のコストです。製品の場合，完全受注生産でない限り，原材料や，仕掛品，完成品などの在庫を持っており，その維持や処分を行うためにコストが必要です。デジタル・サービスは，無形性という特徴からこのコストも基本的に必要ありません（*Column* 9.2）。もちろん，デジタル・サービスを安定的に供給するために自社サーバーを持つコストなどは，一種の流通や在庫のコストと見なすことはできますが，それも通常の製造業と比較すればはるかに少額で済ますことができます。

これらのコストの圧倒的な低さが，デジタル・サービス企業の戦略構築の基点となります。

9.1.3 顧客の変化：所有から価値の継続利用へ

デジタル技術が変化をもたらしたのは企業側だけではありません。顧客側もデジタル技術やそれを用いたデジタル・サービスにより大きく変化してきています。

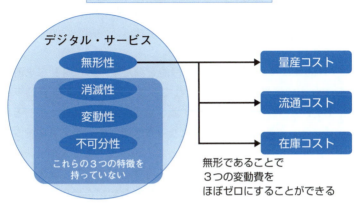

■図9-4 デジタル・サービスの特性

Column 9.2 ● ロングテール

デジタル・サービスには，圧倒的な変動費の抑制以外にも，オンライン上の無限のスペースと検索の容易さという大きな利点があります。これらの特徴が顕著に表れている現象の一つが，「ロングテール」です。

ロングテールとは，Amazon.com が一番のベストセラーから順番に販売冊数を並べたときに発見した現象です。Amazon.com では，販売冊数が1〜2冊しかないタイトルの合計が普通の書店よりも遥かに多かったのです。その部分を図示したときに非常に長い尾のように見えたことからロングテールと名付けられました（図9-5）。

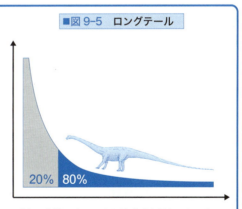

■図9-5 ロングテール

ロングテールは，オンライン書店の特徴である本棚に制約のないことと検索が容易なことによってもたらされました。物理的に制約のある書店では，「売れ筋」であるベストセラーなど売上高上位20%を中心に品揃えをします。それに対し，オンライン書店は，すべてのタイトルをオンライン上に表示することにはコストがかかりません。ですから，それらを容易に検索できるようにした上で，在庫は大型倉庫で一括で管理することによってロングテールを収益化することに成功したのです。この発見は本に関するものでしたが，その後，様々な商品のオンラインECサイトで応用されるようになりました。

デジタル技術によって，個人であれ企業であれ，なんらかの価値や機能を獲得し利用するために，有形の製品を所有する必要がなくなってきています。例えば，以前であれば，音楽や映画を楽しみたいときには，DVD や CD やファイルのダウンロードによってそれらを購入し所有する必要がありました。近年では，Netflix や Spotify などの配信サービスを利用すれば，映画や音楽を所有することなく楽しむことができるようになりました。

　他にも，「目的地に移動する」という機能を満たすために自動車を所有するということもこれまでは当然だと考えられてきましたが，近年は自動車のシェアサービスや Uber などのライドシェアによって「目的地に移動する」という機能だけをサービスとして購入できるようになってきました。企業も基幹システムをクラウド化し，サービスとして購入するところが増えてきてきます。このような有形製品を所有することから価値や機能のみをサービスとして購入することへの変化は様々なビジネスで起こっており，それは経営戦略を考える上でも無視できない変化となってきています（**Column** 9.3）。

9.2　デジタル・サービス企業の因果ループ図

　前節のデジタル技術の影響を踏まえて，デジタル・サービス企業は経営戦略を構築する必要があります。図 9-6 は，その基本型の因果ループ図です。この基本型にオリジナルな「打ち手」を加えて模倣困難な経営戦略を構築することが戦略策定者の腕の見せ所となります。ここからは，この図 9-6 の因果ループ図をコストを基点として順番に説明していきます。

9.2.1　顧客との関係性

　デジタル技術が企業にもたらす最大の恩恵は，コストが圧倒的に低いことです。ですから，デジタル・サービス企業は，コストを基点として戦略を構築する必要があります。

　第 2 章では，経営戦略の 2 つの基本型として差別化戦略とコスト・リーダーシップ戦略を説明しました。この 2 つは，WTP を高めるかコストを低下させるかのいずれかを選択することでマージンを拡大することを目指していました。それに対して，デジタル・サービスでは圧倒的なコスト優位を利用できるものの，製造業の規模の経済や経験効果とは異なり，競合他社であっても同じように使え

Column 9.3 ● サブスクリプション

　所有から価値の継続利用への変化を端的に表しているのが,「**サブスクリプション**」です。サブスクリプションは,定期購入という意味で,あるサービスを一定期間利用する権利を購入することを意味しています。サブスクリプションは古くから新聞や牛乳などの宅配で行われてきましたが,デジタル・サービスでは新たな意味を獲得しました。デジタル・サービスでのサブスクリプションは,圧倒的な在庫・流通コストの低さを活用するため,音楽や,映画,本などのインターネットで配信できるコンテンツにおいて最も効果を発揮しますが,製造業においても有形財としてのモノを売ることからモノが提供していた価値をサービスとして売るための戦略としてサブスクリプションは重要な役割を果たしています。

　サブスクリプションが利用しているのは,在庫と流通のコストの圧倒的な低さです。例えば,Netflix や Spotify は非常に多くの映画や音楽のコンテンツを持っていますが,これらはデジタルデータなのでどれだけ種類が増えても在庫や流通のコストは有形財ほど増加することはありません。

　サブスクリプションのエッセンスは,「数量」の概念を「定期数量」と「都度数量」に分けた上で前者の最大化に力点を置いたことです。定期数量とはサービスを継続的に購入し続けている顧客数を意味しているのに対して,都度数量とは顧客が必要なタイミングで必要な分量だけ購入した場合の製品やサービスの販売数量を意味しています。例えば,アマゾンプライムに入会することは「定期数量」を増加させることになるのに対し,プライムビデオ内で新作ビデオをレンタルする場合は「都度数量」の増加につながります。このように「定期購入」と「都度購入」は組み合わされることも多いですが,サブスクリプションは前者を戦略の中心に据えているという点が最大の特徴なのです。

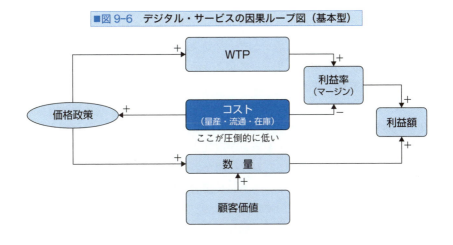

■図 9-6　デジタル・サービスの因果ループ図（基本型）

るのでコスト優位のみで競争優位を獲得できるわけではありません。むしろ，コスト優位は前提条件として戦略を駆動する基点と考えます。

デジタル・サービス企業がコスト優位を利用して考えるべき最重要ポイントは，「数量」すなわち顧客数や利用頻度です。なぜならば，デジタル・サービスでは数量がいくら増加しても，上述したように変動費はほとんど上昇しないからです。ですから，WTP を高めて数量の増加が制限されるよりも，WTP をある程度の高さに留めて数量をなるべく増加させる方が，マージン×数量としての「利益額」を増加させることができます。さらに，数量を増加させて囲い込んだ顧客に対してWTP を高める戦略もありうるので，最終的にはマージンも高められる可能性があります。したがって，デジタル・サービス企業の戦略の基本型では WTP よりも数量を優先します。

その数量を増加させるために考慮すべきことは，①ネットワーク効果と②価格政策の2つです。

9.2.2 ネットワーク効果の活用

一つ目の数量増加へのアプローチは，ネットワーク効果です。ネットワーク効果は**第1章**の差別化戦略で説明しましたが，ここではデジタル・サービスとの関連でより詳しくネットワーク効果について説明します。

ネットワーク効果には，直接的な効果と間接的な効果があります（**Column** 9.4）。**第1章**で説明したのは，直接的なネットワーク効果についてですが，デジタル・サービスでは間接的なネットワーク効果も重要な役割を果たします。

直接的なネットワーク効果は製品やサービスそのものの便益に使用者の数が影響を及ぼしますが，間接的なネットワーク効果は製品やサービスの使用者が増加するとそれと補完的な製品やサービスがより活発に供給されることによって便益が高まることを意味します。

例えば，図9-7 は，LINE のようなコミュニケーションツールを想定したネットワーク効果を示しています。それらのサービスを使う人が増えれば増えるほど，より多くの人々とコミュニケーションが取れるようになるので使用者が得られる便益は高まります（矢印1）。これが直接的なネットワーク効果です。ネットワーク効果によって便益が高まると，さらに使用者が増えます（矢印2）。この2つの矢印は，自己強化ループになっているので，どちらかの戦略要因を正に駆動することができれば，自動的に良循環が回ります。

さらに，LINE を使う人にとっての補完的な製品やサービス，例えばスタンプ

192　第9章　デジタル・サービスの経営戦略

Column 9.4 ● 16種類のネットワーク効果

　本書では，ネットワーク効果を直接効果と間接効果の2つに分けて説明していますが，ネットワーク効果の分類の仕方は2種類とは限りません。NfXというネットワーク効果を活用したテクノロジー企業への投資に特化したベンチャーキャピタルは，ネットワーク効果を以下の16種類に分類（表9-1）し，それぞれの相互関係を示す「ネットワーク効果マップ」を提示しています。

■表9-1　NfXによる16種類のネットワーク効果

ネットワーク効果	大分類	小分類
強　　　　　　　　　　　　　弱	直接ネットワーク効果	物理的
		プロトコル
		個人ユーティリティ
		個人
		市場ネットワーク
		ハブ＆スポーク
	両面(Two-side)ネットワーク効果	マーケットプレイス（両面）
		プラットフォーム（両面）
		漸近的（Asymptotic）マーケットプレイス
		専門知識（Expertise）
	データネットワーク効果	
	テック・パフォーマンス・ネットワーク効果	
	ソーシャルネットワーク効果	言語
		信念
		バンドワゴン
		部族

（出所）　NfXのWebサイトを参照して作成。(https://www.nfx.com/post/network-effects-manual)

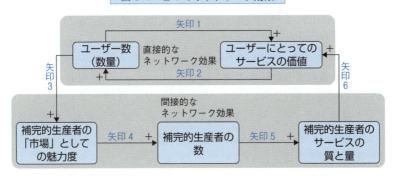

■図9-7　2つのネットワーク効果

やゲームも，LINE の使用者が増えれば増えるほど提供したいと考える人が増加します（矢印 3）。そのような補完的生産者の数が増えて競い合うことで（矢印 4），それらの補完的なサービスの質も量も向上していきます（矢印 5）。その結果，LINE の使用者は，LINE 本来のコミュニケーション機能からだけでなく，それらの魅力的な補完サービスからも便益を得られるようになります（矢印 6）。これが間接的なネットワーク効果です。このネットワーク効果も，LINE の使用者が増加すると自動的に自己強化ループの良循環が回り始めます。このネットワーク効果の因果メカニズムでは 2 つの自己強化ループが自動的に駆動するので，後発企業が先発企業に追いつくことが非常に難しくなります。このメカニズムは「勝者総取り（Winner takes all）」と呼ばれています。

9.2.3　デジタル・サービスの価格政策

ネットワーク効果の因果メカニズムを駆動するためには，価格政策を考えることが重要です。LINE の例で示したように，ネットワーク効果は数量が増えれば増えるほど顧客にとってのサービスの価値を高めるわけですが，逆に言えば数量が少ないときはサービスの価値が低いとも言えます。ネットワーク効果が強く働くサービスでは，ネットワーク効果によって自動的に良循環が駆動し始める数量までなんとか顧客を増やさなければならないのです。そのための重要な打ち手が，フリーミアムです。

フリーミアムとは，インターネットサービスの価格の一部もしくは全部を「無料」にすることです（**Column** 9.5）。「無料」は数量を増加させるためには非常に効果がありますが，事業として継続するためには「無料」の背後に利益につながる因果メカニズムを準備しておかなければなりません。その代表的なメカニズムは，①第三者モデル，②期間限定モデル，③基本‒プレミアム・モデルです。

(1) 第三者モデル

第三者モデルは，無料でサービスを利用する本人からではなく，それ以外の第三者から料金を徴収する仕組みです。図 9-8 は，サービス利用者とサービス提供者と第三者の関係を表しています。サービス提供者はサービス利用者に無料でサービスを提供しますが，その対価として第三者に対する便益（直接的な金銭ではない）を獲得します。その便益に対する対価を第三者から獲得することでサービス提供者は利益を獲得するのです。

この第三者モデルは，デジタル・サービス以前から広告業界ではよく知られた仕組みでした。テレビ局は視聴者に無料で番組を提供する代わりに CM を見ても

Column 9.5 ● 「無料」の威力

「無料」は，数量を増加させるための非常に強力な武器です。経済学者のダン・アリエリーたちは，この無料の威力を実験によって明らかにしました（Ariely, 2008）。

彼らは，一粒 27 セントの高級な大粒のチョコレートと一粒 2 セントの普通の小粒のチョコレートを二者択一で学生達に販売しました。この条件では，73％の学生が高級チョコを選び，27％の学生が普通のチョコを選びました。そこから，両方のチョコをそれぞれ1セントずつ値下げして，26 セントと 1 セントで販売しましたが，その購入比率は変化しませんでした。

ところが，さらに 1 セントずつ値下げして 25 セントと 0 セント（つまり，無料）にすると劇的な変化が生じました。高級チョコを選んだ人が 31％に減少し，普通のチョコを選んだ人が 69％に増加したのです！ 前回と同じように両方とも 1 セントずつ値下げしただけなのに，学生達の購買パターンは逆転してしまったのです。これが無料の威力です。

■図 9-8　第 3 者モデル

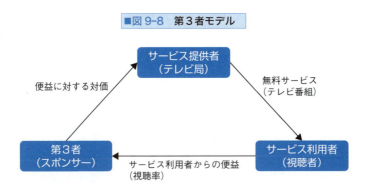

9.2　デジタル・サービス企業の因果ループ図

らい，スポンサーから CM の放映料を受け取って収入を得ているのです。

図 9-9 は，第三者モデルの因果ループ図を表しています。最も基本的なメカニズムは，サービスが魅力的であればあるほど，ユーザー数が増加するという関係です（矢印 1）。「無料」という打ち手は，モデレータ変数として，ユーザー数をさらに増加させます（矢印 2）。例えば，Google は，Gmail や検索サービスなどの様々な魅力的なサービスを提供していますが，もし各サービスが無料でなければ，そのユーザー数は今よりもはるかに少なかったでしょう。

ユーザー数が増加すると，そのユーザーたちにアクセスできることに価値が生じます（矢印 3）。Google の場合，ユーザーに対する広告の価値が高まることを利用して Google のユーザーに対して広告を出したい企業に課金するのです。この広告主が第三者として高い WTP を支払うため，サービスのユーザーは無料で良質のサービスを使い続けることができるのです（矢印 4・矢印 5・矢印 6）。さらにこの良循環の自己強化ループが回り続けるとユーザーの広告利用に関する様々なデータが遅れて蓄積されていきます（矢印 7）。その利用データそのものも広告の価値をさらに高めますが（矢印 8），そのデータを分析し，より効果的な広告を提案するという打ち手によって広告の価値をさらに高めるもう一つの因果ループを駆動することができます（矢印 9）。結果として，いくつもの良循環のループが回り続けることで，Google の第三者モデルは成長を続けたと考えられます。

(2) 期間限定モデル

期間限定モデルは，無料の試用期間を設定してユーザーに実際に使用してもらい，その期間を過ぎた後に課金するという方法です。これもデジタル・サービス以前から試供品の提供として行われてきたので，無料を利用したモデルとして目新しいわけではありません。デジタル・サービスとしては，Netflix や Spotify などの定額配信サービスで最初の 1 ヶ月を無料で提供したのちに有料プランに切り替わるといった形で用いられています。

図 9-10 に示しているとおり，有料期間に移行する前に解約者が多数発生しますが，デジタル・サービスでは大量の利用者を集めることができるので，十分に利益を獲得することができます。図 9-11 は期間限定モデルの因果ループ図です。無料によって，サービスの魅力度がユーザー数を増やす効果を高めるのは，第三者モデルと同じです（矢印 1）。期間限定モデルの場合，無料ユーザーと課金ユーザーの両方のデータ（例えば，解約者のプロフィールデータ）が蓄積してくる（矢印 2・矢印 3）と，それらを分析することで解約率を下げる打ち手も考えることができるようになります（矢印 4）。

196　第 9 章　デジタル・サービスの経営戦略

■図 9-9　第三者モデルの因果ループ図

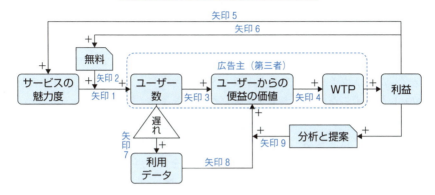

■図 9-10　期間限定モデル

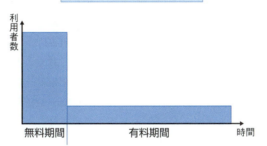

■図 9-11　期間限定モデルの因果メカニズム

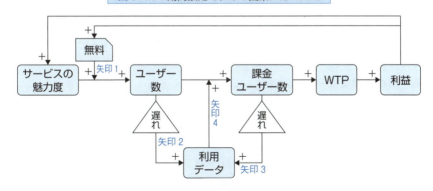

9.2　デジタル・サービス企業の因果ループ図

(3) 基本–プレミアム・モデル

基本–プレミアム・モデルは，図9-12に示すとおり，利用者は基本サービスを無料で利用できるものの，基本サービスでは不十分な点を解決したり，より快適にスムーズにサービスを利用したりするためには利用者はプレミアム・サービス料を支払わなければならないという仕組みです。典型例は，ゲーム・アプリです。基本サービスとしてゲームは十分楽しめるものの，より良いアイテムにグレードアップしたり，ガチャでレアなキャラクターを獲得したり，単純反復作業の時間を短縮したりするためには課金が必要になってきます。

図9-13は，基本–プレミアム・モデルの因果メカニズムです。利用データの活用という点では，基本–プレミアム・モデルと期間限定モデルは類似していますが，基本とプレミアムの違いを設計して課金を促す点が異なっています（矢印1）。これは，**アップセリング**と同じ考え方です。アップセリングとは，サービスや製品のグレードを段階的に用意しておき，顧客に下のグレードから上のグレードへと購入を促していくことです。飛行機のエコノミーと，ビジネス，ファーストの3つのクラスなどはアップセリングの典型例です。

アップセリングのポイントは，下位のグレードに顧客の不満を組み込み，その不満がより上位のグレードでは解消されるようにしておくことと，より上位のグレードに下位のグレードの顧客が憧れるような魅力を組み込むことです。飛行機の例では，エコノミークラスの顧客は狭いシートピッチや搭乗までの待ち時間の長さに不満を持っているので，ビジネスクラスではそれらが解消できるようにする代わりに価格を上乗せするのです。

デジタル・サービスの基本–プレミアム・モデルも同様に基本サービスに不満を組み込み，プレミアム・サービスでそれらが解消できるようにする必要があります。このモデルを用いる企業は，とりわけ，**基本サービスの設計**を注意深く行う必要があります。なぜなら，顧客は基本サービスに不満が多すぎれば，無料であるだけに簡単に他のサービスにスイッチしてしまいますし，基本サービスに対する不満が軽微なものならば課金してまでプレミアム・サービスに移行しようとは思わないからです。このバランスの継続的な調整が，基本–プレミアム・モデルの成功のカギとなる要因です。

ここまでは，ほぼすべてのデジタル・サービス企業が考慮すべき戦略の基本型について説明してきました。ここからは，デジタル・サービス企業のポジショニング戦略に相当する**ビジネス・エコシステム**について説明していきます。

■図 9-12　基本-プレミアム・モデル

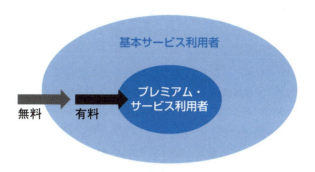

■図 9-13　基本-プレミアム・モデルの因果ループ図

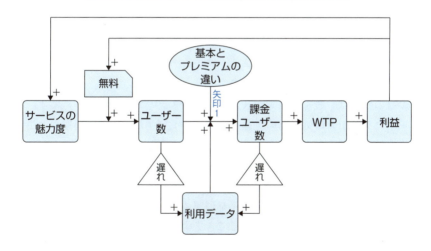

9.2　デジタル・サービス企業の因果ループ図　199

9.3 ビジネス・エコシステム

9.3.1 ビジネス・エコシステムの構造

ビジネス・エコシステムは，**第3章**で説明したバリューチェーンと一見類似している様々な企業のつながりです。デジタル・サービスでは，バリューチェーンの代わりにビジネス・エコシステムにおける位置づけについて考える必要があります。

図9-14は，ビジネス・エコシステムの構造を表しています。ビジネス・エコシステムの特徴は，①多層構造と②競争と協調のシステムの2つです。

ビジネス・エコシステムの一つ目の特徴は，様々なサービスの多層的な構造になっていて顧客が各層と直接接点を持っている点です。図9-14は，デジタル・サービスを利用しようとする顧客が接する階層を表現しています。最初の層は，物理的な接点となるデバイスです。次の層は様々なアプリが作動するOSであり，さらにデジタル・サービスへの入口としてのアプリがあり，さらにサービスそのもののアプリなどへとつながっています。

この多層構造はバリューチェーンと似ていますが，それぞれの層のデジタル・サービスが顧客と直接接点を持っているという点が異なっています。バリューチェーンの場合は顧客との接点は基本的には最終製品のメーカーもしくは小売店のいずれかであり，それ以外の部品メーカーや卸売業者は顧客との接点はありません。それに対して，ビジネス・エコシステムの場合はすべてのプレイヤーが顧客との直接的な接点を持っているのです。

二つ目の特徴は，競争と協調が入り組んだシステムであるという点です。ビジネス・エコシステムは動植物の生態系のメタファですから，食物連鎖や共生関係のような競争や協調が1つのシステムとして組み合わさっているものとしてビジネスのつながりを理解します（*Column* 9.6）。ですから，各層の間や各層の中で，顧客接点をめぐって競争することも多々ありますが，各層の間では様々な協調関係も見られます。このような協調関係を理解するためには，**第3章**で説明した補完的生産者という考え方が重要になってきます。

9.3.2 マルチサイド・プラットフォーム戦略

このような特徴を持つビジネス・エコシステムにおいて競争優位を獲得するためのポジショニング戦略の代表例が，マルチサイド・プラットフォーム戦略（以下，

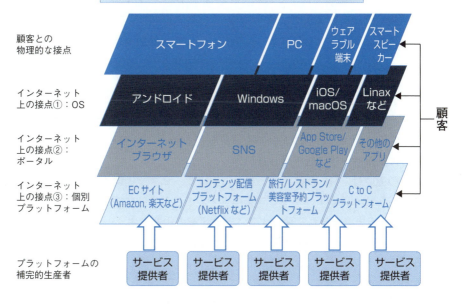

■図 9-14　デジタル・ビジネス・エコシステムの構造

Column 9.6　ビジネス・エコシステムにおけるキーストーン種

「キーストーン種」という言葉は、もともと生物学の生態系において使われていました。これは、生態系全体において数や割合はそれほど大きくないにもかかわらず、その存在が生態系全体に極めて大きな影響を及ぼす種を指します。この概念が、近年ではビジネスのエコシステムにも広がり、メタファーとして使われるようになっています。

例えば、Apple の iPhone は、デジタル・ビジネス・エコシステムにおけるキーストーン種の一例と考えられます。iPhone の世界シェアは全体の約 4 分の 1 にすぎず、Android OS を搭載したスマートフォンのシェアはその約 3 倍にもなります。つまり、iPhone は多数派とは言えません。にもかかわらず、もし仮に iPhone が突然市場から消えたとしたら、その影響は単なるシェアの数字をはるかに超えるでしょう。iPhone がなくなれば、顧客だけでなくアプリ開発者やアクセサリーメーカーといった補完的な生産者、さらには競合企業にまで甚大な影響が及ぶと予想されます。

このように、ビジネス・エコシステムにおいても、特定の企業や製品がキーストーン種の役割を果たしている場合があります。その存在が、シェアや規模以上に大きな意味を持ち、エコシステム全体のバランスを左右しているのです。

MP 戦略）です。

　MP 戦略は，多層的なエコシステムにおいて 2 つの層の間を仲介し，結びつけることによって利益を獲得する戦略です。図 9-14 の下段に「サービス提供者」というプレイヤーがいますが，彼（女）らは顧客と直接接しているわけではなく，何らかのプラットフォームを介在して顧客とつながっていることが示されています。例えば，Google や Facebook は，検索や SNS などのサービス利用者と広告事業者を結びつけるプラットフォームです。

　図 9-15 は，MP 戦略の因果ループ図です。この戦略のメカニズムは，2 つのネットワーク効果とフリーミアムの組み合わせです。その意味では，MP 戦略は基本型の応用ですが，以下の 3 つの違いがあります。

(1) 顧客に直接サービスを提供しない

　一つ目の違いは，MP 企業はユーザーに直接サービスを提供することを前提としていないという点です。サービスを提供するのは基本的に補完的生産者であり，MP 企業はあくまでもそれを仲介することが事業の中心です。

　例えば，Uber は，自動車のドライバーと自動車でどこかに移動したい人を仲介するプラットフォームです（図 9-16）。Uber は，タクシー会社とは違い，自動車を所有したり，ドライバーを雇用しているわけではありません。Uber の場合は，ドライバーも利用客も Uber というプラットフォームを利用することに対して対価を支払っているのです。ですから，MP 企業は，自社で資産を抱える必要がないので，比較的小資本で起業することができます。

　しかしながら，自社で直接サービスを提供しないことは，経済学の「逆選択（Adverse Selection）」と呼ばれる状況を回避する工夫をしなければならないことを意味しています。逆選択とは，本来，良質の商品が評価され質の悪い商品が淘汰されていくことが望ましいはずなのに，逆に質の悪い商品ばかりが生き残ってしまい良質の商品が駆逐されている状況です。

　図 9-17 は，逆選択が発生する因果メカニズムを示しています。このメカニズムの起点は，両サイドの参加者間の「情報の非対称性」です。情報の非対称性は，それを利用して取引相手を騙そうとする行動である「機会主義的行動（Opportunistic Behavior）」を誘発します（矢印 1）。機会主義的行動の結果，顧客は質の悪い商品に騙される可能性が高まります（矢印 2）。騙された顧客は二度と購入しなくなるので，市場が縮小し優良な業者は去っていきます（自己強化ループ①）。それとは逆に，騙せる可能性が高いことがわかると悪い業者は集まってきます（自己強化ループ②）。その結果，逆選択が起こり，プラットフォームが崩壊するのです。

202　第 9 章　デジタル・サービスの経営戦略

■図 9-15　MP戦略の因果ループ図

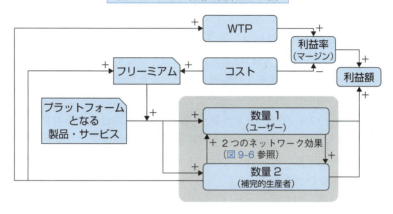

■図 9-16　Uberの因果ループ図

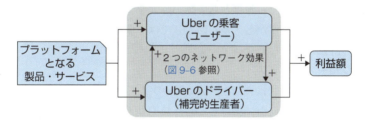

■図 9-17　逆選択の因果ループ図

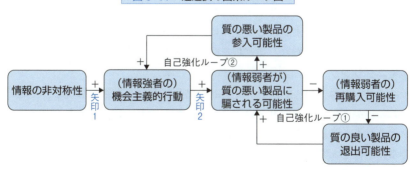

9.3　ビジネス・エコシステム　203

MP 戦略を採用する企業はこの因果メカニズムに対して逆選択を回避するための対策を行う必要があります。その代表的な「打ち手」が，①相互評価，②エスクロー・サービス，③モニタリングの 3 つです。

① 相互評価

取引当事者同士の相互評価は，相手の信用を評価するための基本的な「打ち手」です。相互評価では，取引当事者同士が相手が提示した取引条件と実際の取引を星の数や「いいね」マークで評価します。これは情報を持っている側が情報を持っていない相手に信頼してもらうための「シグナリング」と呼ばれているものです（*Column* 9.7）。シグナリングは，情報を持っている側の優劣を識別できなければならないので，相互評価の場合は評価された数が重要になります。なぜなら，少数の高評価であれば，自分で投稿することで手に入れることが可能なので，シグナルにならないからです。

相互評価でもう一つ重要なことは，同時に相手を評価するということです。なぜならば，一方が先に評価をすると評価された側はその評価を見て評価を変える可能性があるからです。取引直後は非常に相手を高く評価していた人も，取引相手から酷い評価をされたら報復として酷い評価をつけ返すということは容易に想像できることです。ですから，多くの MP では，取引当事者両方の評価が出揃うまで互いの評価が見えなくなっています。

② エスクロー・サービス

エスクロー・サービスは，MP 企業が買い手から代金を預かり，取引が完了し売り手と買い手がその取引に納得した時点で売り手に代金が支払われる仕組みです。エスクロー・サービスを用いると，例え参加者が機会主義的行動を取ろうとしても，その成果を得ることはできません。結果として，機会主義的な行動を行うインセンティブがなくなりますし，機会主義的行動を取ろうとした参加者に退出を促すことができます。この仕組みは，個別の取引の情報の非対称性を解消するための「打ち手」であり，逆選択を防ぐ効果があります。

③ モニタリング

モニタリングは，MP 企業がウェブ上の出品状況などを常時監視し，不適当と思われる出品者に出品を取り下げるように依頼したり，警告を発したりすることです。これも，逆選択を防ぐためには重要ですが，無数の出品を常時監視するのは非常に困難でありかつ，コストもかかるのでモニタリングの実施手段は工夫する必要があります。現在では，多くの企業が AI による機械学習でモニタリングをしていますが，これはコスト抑制という点では効果が高いと思われます。

Column 9.7 ● シグナリングが機能する条件

　シグナリングが効果的に機能するためには，2つの条件が必要です。一つ目の条件は，シグナルは偽ることが難しい，つまりコストが高いものでなければならないというものです。例えば，企業が新卒採用において大学の学位を重要視するのは，学位が一定の学力や努力の証明となり，それが簡単に偽装できないからです。二つ目の条件は，シグナルは受け手にとって解釈しやすいものでなければならないことです。学位や資格，過去の業績などは，受け手がその信号を評価しやすい具体的な例です。

Column 9.8 ● シェアリングエコノミーの拡大

　シェアリングエコノミーは，製品やサービスの機能や価値を共有することを活用した経済活動を意味しています。

　表9–2 は，シェアリングエコノミーを活用した様々な事業の一覧です。この図では，モノ，空間，移動，スキル，お金の5つが共有されていることが示されています。シェアリングエコノミーの典型的な戦略は，活用されていない有休資源とそれを活用したい人を結びつけるマルチサイド・プラットフォームです。

■表 9–2　シェアリングエコノミーを活用した様々な事業

モノ	使っていないモノを売買・貸し借りする				
	例	衣類	食料品	インテリア	電気製品	楽器

空間	民泊，部屋貸しなど空きスペースを貸し借りする				
	例	家	倉庫	駐車場	店舗	倉庫

スキル	スキルや労働力を売り買いする				
	例	販売	家事代行	育児	IT	配達

移動	移動ツールの貸し借りや共同での移動を実現する				
	例	車	バイク	自転車	船	キックボード

お金	社会的な企画や物作りにお金を出し合う
	例	クラウドファンディング

（出所）　一般社団法人シェアリングエコノミー協会 Web サイト「シェアリングエコノミー領域 MAP」を参考に作成。
（https://sharing-economy.jp/ja/）

(2) ネットワーク効果を駆動することが難しい

二つ目の違いは，MP 企業はネットワーク効果を駆動することが難しいという点です。MP 企業は，自社でサービスを提供しないために，一般的なデジタル・サービス企業のようにネットワーク効果を駆動するためのユーザー数を持っていません。LINE のように自社サービスを保有して多くのユーザーを獲得したのちに，そのユーザー数を活用して MP 戦略に展開するという方法もありますが，自社サービスを持たない場合は，ユーザー数の獲得が先か，サービス提供者の獲得が先かという「卵が先か鶏が先か」といったジレンマに陥ります。

Uber の例で考えると，ユーザーが Uber を使いたいと思ってもドライバーが少なくいつまで待っても車が来なければ次に使おうとは思わないでしょう。逆に，ドライバーに登録したとしても，1 日に 1 人のユーザーも使ってくれなければ Uber のドライバーを続けたいとは考えなくなってしまいます。ですから，MP 企業は，地域をある程度限定した上で，サービス提供者側の数を集める工夫をすることでネットワーク効果を駆動させることを目指す必要があります。

その代表的な工夫が，シェアリングエコノミーの活用です（Column 9.8 参照）。シェアリングエコノミーとは，有休資源を他者と共有することを活用した経済活動です。Uber は自動車と自分の自由時間という有休資源を活用したサービスですし，Airbnb は別荘や空き家という有休資源を活用したサービスです。シェアリングエコノミーは，サービス提供者にとっては投資なしで気軽に利益が得られる仕組みなので，サービスを提供するインセンティブを高めます。ですから，サービス提供開始時に不足しがちな補完的生産者の数を増加させることができるのです。

(3) 顧客を選ぶことができる

三つ目の違いは，顧客の選択，すなわち誰から利益を獲得するかを選択できることです。MP 戦略を採用する場合，顧客はユーザーでも，サービス提供者でも，その両者でもありえます。フリーミアムの第三者モデルを活用して，ユーザーを無料にしてサービス提供者に課金することでネットワーク効果を早く駆動するという考え方もありますし，サービス提供者側を多く集めたいのであれば，その逆もありえます。さらに，2 つのネットワーク効果の良循環が回り始めたら，MP 企業がユーザーやサービス提供者に対して圧倒的に優位な立場になりますので，その状況の変化に応じて顧客の選択を変更するということも可能です。

第3部
経営戦略の創り方

　第3部では，実際に経営戦略を因果ループ図として作図する手順について順を追って説明していきたいと思います。第3部は2つの章から構成されています。第10章では，本書で戦略記述の重要な考え方として提案しているシステム・シンキングについて改めて他の思考法との対比によってその意義を説明します。第11章では，実際に経営戦略を自分で策定する場合の手順を順を追って説明します。

「因果メカニズム」としての経営戦略のゴール

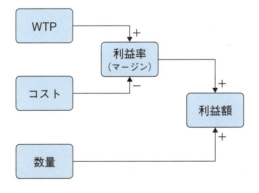

第 10 章

なぜ経営戦略を
システム・シンキング
で記述すべきなのか

第 10 章では，本書で経営戦略を記述するために用いてきたシステム・シンキングを，ロジカル・シンキングとデザイン・シンキングと比較します。これにより，システム・シンキングを用いて経営戦略を考える意義が明確になるでしょう。

10.1 経営戦略の３つの思考法：ロジカル・シンキング，デザイン・シンキング，システム・シンキング

　経営戦略を因果メカニズムとして記述する方法は，システム・シンキング（ST：Systems thinking）という考え方に基づいています。第１章でその概要を説明しましたが，第10章では，ST を含む経営戦略の３つの思考法を比較することで，ST で経営戦略を考えることの意義について説明します。本章で取り上げる残り２つの思考法は，ロジカル・シンキング（LT：Logical Thinking）とデザイン・シンキング（DT：Design Thinking）です。

　この章で取り上げる LT は，すべての科学の基礎である論理的な思考法全体を意味するのではなく，経営戦略を考えるためのツールとしての狭義の「ロジカル・シンキング」です。LT の特徴は，要素還元主義に基づいている点です。要素還元主義とは，全体を細かな要素に分解することで個別の要素に答えを見出すことができるという科学に対する視座の一つです（*Column* 10.1）。

　DT は，新しいアイディアを生み出し実現するための思考法です。近年，イノベーションや新規事業開発が喫緊の課題となる中で注目が高まってきた考え方です。

　図10-1 は，３つの思考法の関係を示しています。横軸が戦略策定のプロセスを表し，縦軸が背後の世界観の違いを示しています。LT は要素還元主義に基づいて現状を分析し戦略を策定します。それに対して DT と ST は戦略に関わる全体を捉えようとする視点を持ち，DT は新たなアイディアの創出と実現に主眼を置いているのに対し ST は戦略全体のダイナミックな挙動に焦点を当てています。これらの思考法は，それぞれが得意分野を持ち，補完的に経営戦略全体を考えることに貢献しています。ですから，経営戦略を策定する上ではすべての思考法について理解し，必要に応じて使い分ける必要があります。以下では，順番にそれぞれの思考法について見ていきましょう。

10.2 ロジカル・シンキング（LT）に基づく経営戦略

　LT は，経営戦略を策定する上で最も基本的な考え方です。経営戦略論のフレームワークやツールの多くも LT に基づいて作られています。ですから，LT が経営戦略を学ぶ上で必須の思考法であることは間違いありません。この節では，まず LT の考え方を概観したのちに，経営戦略論を LT を用いて考えることの長

210 第10章　なぜ経営戦略をシステム・シンキングで記述すべきなのか

Column 10.1 ● LTとSTの背後にある世界観の違い

LTで用いられる還元主義の考え方は，説明対象である世界（本書の場合は経営戦略）を静的，閉鎖的，機械的，直線的，決定論的であると捉える傾向があります。これは一つの世界の捉え方ではあるものの，現実の世界は動的，開放的，有機的，循環的，非決定論的に振る舞い，それほど容易に理解や予測をすることはできません。STのような世界の捉え方をホーリズム（Wholism：全体論と訳す場合もあるが，全体主義（totalitarianism）との混同を避けるためホーリズムと表記する）と呼びます。STは，基本的にホーリズムに依拠した考え方です。もちろん，STでも現実の世界の一部を切り取っていることには変わりはありませんが，動的に変化する世界をよりよく理解できるのではないかと著者は考えています。

■図10-1　3つの思考法の関係

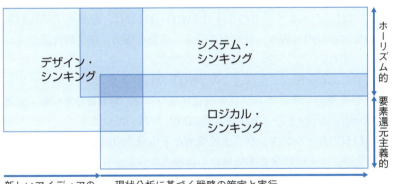

所と短所について説明します。

図 10-2 は，LT の全体像を表したものです。LT では，上位の概念と下位の概念の入れ子構造の論理関係を示す「縦の」LT と，同じ階層の概念内の部分を構成する一つ一つの要素間の論理関係を示す「横の」LT があります。

例えば，「利益」という概念は，「WTP」と「コスト」と「数量」の3つの下位概念の集合に分解できます（図 10-3）。利益とこの3つの要素は縦の LT でつながっており，3つの要素間は横の LT でつながっています。

(1) 横のロジカル・シンキング：MECE（ミーシー）

「横の」ロジカル・シンキングでは，ある概念に含まれる下位概念の各要素を何らかの関係性でグルーピングして整理します。そのグルーピングの際の重要なルールが，MECE（Mutually Exclusive and Collectively Exhaustive）です。これは，上位概念を下位概念に分解するときに「不足もなく，重複もなく」分解しなければならないというルールです。

経営学の多くのツールは，この MECE のルールを適切に満たしています。例えば，SWOT 分析を見てみましょう。企業の今後の業績に影響を及ぼす要因は，大きく分けると「社内のこと」と「社外のこと」の2つです。社内のこと以外のことは，すべて社外のことですから，この2つで MECE であることがわかると思います。また，「社内のこと」は，自社の強み（Strength）と弱み（Weakness）に，「社外のこと」は，社外の機会（Opportunities）と脅威（Threats）に，それぞれ MECE に分けられます。このように SWOT 分析では，企業の業績に影響を及ぼす要因は，自社内の強み，自社内の弱み，環境の機会，環境の脅威の4つのグループのいずれか一つに必ず分類されるのです。

経営戦略で LT を使うときは，この SWOT 分析のように 2×2 のマトリクスを描くことが典型的です。アンゾフの成長マトリクス（第6章参照）も「企業成長のアプローチ」を 2×2 のマトリクスで MECE に描いています。

(2) 縦のロジカル・シンキング：上位概念と下位概念の論理整合性

縦の LT では，上位概念と下位概念の論理的なつながりの適切さを確認します。上位の概念に対して「なぜそうなるのか（Why so?）」という問いを発すれば，下位概念の要素や要素間のつながりがその答えになっていなければなりません。逆に，下位概念に対して「そうだとしたら，何なのか（So what?）」という問いかけをした場合の答えは，上位概念になっていなければなりません。この両方の問いと答えが納得できるものであれば，その上位概念と下位概念は論理的につながっていると言えます。

212　第 10 章　なぜ経営戦略をシステム・シンキングで記述すべきなのか

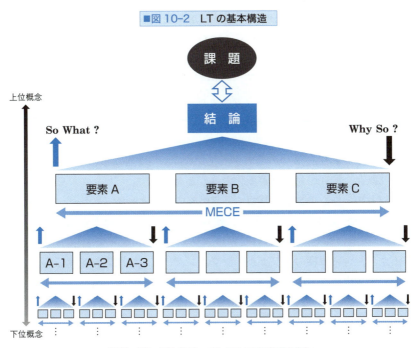

(出所) 照屋・岡田(2001) p.125, 図5-1を参考に筆者作成。

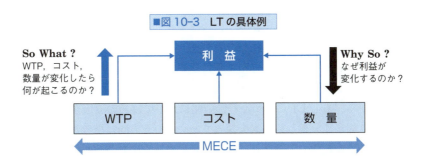

図 10-4 は，ポーターの業界構造分析（第3章の図 3-2 を参照）を LT として描いたものです。この図において，「利益ポテンシャルが変動するのはなぜか（Why so?）」という問いには，「5つの諸力（既存企業間の対抗度，売り手の交渉力，買い手の交渉力，新規参入の脅威，代替品の脅威）が変動するから（5つの諸力の組み合わせは and/or いずれもありうる）」が答えになっています。逆に「5つの諸力が変化すれば，何が起こるのか（So what?）」と問えば，「利益ポテンシャルが変動する」が答えになります。

さらに，5つの諸力の一つ一つも，下位の要因と同じ関係が成立します。「既存企業間の対抗度が変動するのはなぜか（Why so?）」という問いには，「8つの要因（「競争者の数が多い，または規模とパワーに関して同等」など）が変動するから」が答えになっており，「8つの要因が変化すれば，何が起こるのか（So what?）」の答えは「既存企業間の対抗度が変化する」となります。

(3) ロジカル・シンキングに基づく経営戦略の長所と短所

LT の長所は，課題に対する答えに曖昧さがないため説得力が高いことです。LT では，課題の答えは，横のロジカル・シンキングによって MECE な選択肢が選び出され，さらに縦のロジカル・シンキングによって課題に対する答えとして論理的に導き出されるのです。

LT は，緻密で隙のない課題の検討が可能になるため，経営戦略の策定者は必ず身につけなければならない基本スキルです。ただし，実際に経営戦略を策定する際には，LT の3つの短所を認識しておく必要があります。

一つ目の短所は，対象を要素分解した後の要素同士のつながりや相互作用を十分に検討できない点です。LT は，要素還元主義的ですから，多くの経営学のツールは「〜分析」となっています。これは，全体をいくつもの要素に分解していくと，その中に何らかの原因が見つかるはずだという前提に基づいています。しかしながら，経営戦略全体の結果に対して，一つの要素が単独で作用しているとは限りません。本書で示してきたようにその要素間の「つながり方」こそが問題の本質であるかもしれないのです。

しかしながら，もし LT に基づく経営戦略において課題の原因が特定できない場合は，より細かく分析して要素を探っていくという方向に思考が働きます。これは「分析麻痺症候群」と呼ばれ，分析は緻密であるにもかかわらず，具体的な答えが見つからず行動に移せないという問題を引き起こします（*Column* 10.2）。いわば，森を理解するために木を分析した結果，理解できなかったのでより細かく葉や根を分析していくということが，LT では起こりうるのです。

214　第 10 章　なぜ経営戦略をシステム・シンキングで記述すべきなのか

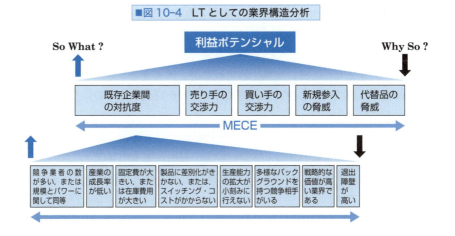

■図 10-4　LT としての業界構造分析

Column 10.2 ● 分析麻痺症候群

　分析麻痺症候群（Analysis Paralysis）とは，分析を過剰に行うことによって，意思決定が遅れたり，全くできなくなったりする状態を意味しています。分析麻痺症候群の原因としては，情報過多や，完璧主義，リスク回避などが考えられますが，その根底には詳細に分析すれば「正解」が見つかるはずであるという還元主義的な思考があります。しかしながら，現実には詳細な分析結果が必ずしも正解ではないことは多々あり，逆に「正しそうに見える」ことで方向性を見誤ることもあるので，分析はほどほどにしておきましょう。

もう一つの短所は，時間経過による動的な変化を捉えることに向いていない点です。経営戦略は，5～10年程度の比較的長い時間軸を想定した論理です。その間に求めている成果が常に想定どおりに推移するとは限りません。ですから，時間経過に伴う変化も織り込めるように戦略を構築する必要があります。しかしながら，LTでは，変化が生じた時点でもう一度分析をし直す必要があるのです。

例えて言えば，LTはある時点ごとに撮影した写真のようなものです（図10-5）。現状の写真とあるべき姿の写真を見比べてその差分を比較検討することはできますが，なぜどのように変化して，あるべき姿にたどり着くのかまでは十分に理解することができません。その結果，経営戦略が，因果メカニズムの理解に基づくものではなく，現状の眼に見える課題に対する対症療法的なものになってしまう傾向があるのです。

三つ目の短所は，LTでは新しいモノや仕組みを創り出すことが難しいことです。これはそもそもLTの目的ではないので，短所とするのはフェアではありません。しかしながら，LTに基づいて現状を分析して答えを探そうとすることが，競争優位につながらなくなってきているという認識は広がってきています。ですから，LTに代わる思考法として，DTが注目されるようになってきたのです。

10.3 デザイン・シンキング (DT) に基づく経営戦略

10.3.1 デザイン・シンキングの手順

2000年代以降，様々な領域でDTという考えが台頭してきました（**Column 10.3**）。DTの主要な強みは，既存の考えを覆して，**イノベーション**を生み出すことです。

DTが重視されるようになった背景には，イノベーションの重要性の高まりとイノベーションとLTの相性の悪さがありました。イノベーションは，**第9章**で説明してきたデジタル技術の利用が広まるにつれて重要性が高まりました。なぜならば，デジタル技術は，産業間の境界を曖昧にし，相互乗り入れを活発にすると同時に，小規模なスタートアップの参入も容易にしたからです。その結果，様々な産業において「代替品の脅威（**第3章**）」が高まり，既存企業もその脅威に備えるためにイノベーションに取り組まざるをえなくなったのです。

しかしながら，既存企業はイノベーションを生み出すことに苦戦しています。なぜならば，LTによってデータに基づいて分析的にものごとを進めることが当

■図 10-5　静止画としてのLT

Column 10.3 ● DTの実例：HOPE SOAP

　DTは，企業経営に限らず，様々な領域で問題解決のための思考法として用いられています。HOPE SOAPイニシアティブは，DTが社会問題を解決することにいかに貢献するかを示した好例です。南アフリカのケープタウンのスラム街では，毎年多くの子どもたちが，チフスや，下痢，肺炎，コレラなどの感染症で命を失っていました。それらの感染症は劣悪な衛生環境から発生するものだったため，子供たちの衛生状態の改善が急務でした。WHOは，現地の協力団体と子どもたちの衛生状態を改善するにはどうすれば良いかをDTを用いて考えました。その結果として誕生したのが，HOPE SOAPです（図10-6）。

■図 10-6　HOPE SOAP

　HOPE SOAPは，中央におもちゃが埋め込まれた透明な石けんで，子供たちは定期的に手を洗うことによってそのおもちゃを手に入れることができるようになっています。この取り組みによって，子供たちは楽しみながら手洗いの習慣を身につけ，結果としてWHOは衛生状態を改善し，伝染病のリスクを劇的に減少させることに成功しました。

たり前になっていたため、全く新しい製品や、サービス、ビジネスモデルなどを
どのように生みだせばよいのかわからなくなっていたからです。このような既存
企業の閉塞感を打破する取り組みとして、DT の注目度は高まったのです。

DT の典型的なプロセスは、次の5つのステップで構成されています（図10-
7）。その5つのステップとは、①共感（Empathize）と、②定義（Define）、③アイ
ディア出し（Ideate）、④試作品の作成（Prototype）、⑤検証（Test）、です。このプロ
セスは、スタンフォード大学のハッソ-プラットナー・デザイン研究所によって
開発され、頭文字をとって EDIPT と呼ばれています（*Column* 10.4）。

(1) 共感（Empathize）

最初のステップは、共感することです。共感は、人間を中心とするデザイン・
プロセスの基礎となるステップです（*Column* 10.5 参照）。DT を用いて問題解決
をしようとしている人（デザイナー）にとっての問題は、自分自身の問題ではな
く、自分以外の「誰か」の問題であることがほとんどです。経営戦略の場合は、
製品やサービスのユーザーの問題を考えることになります。そのユーザーの問題
を解決するためには、その人々がどのような人間であり、何を重要であると考え
ているかについてデザイナーは共感する必要があります。誰かに共感をするとい
うことは、①その人を観察した上で、②直接関わり合い、③その人になりきって
問題を体験することを意味しています。

まず、ユーザーの行動や環境との関わり方を観察することが最初にするべきこ
とです。ユーザーが製品やサービスを利用している文脈で観察を行うことで、デ
ザイナーはユーザー体験の目に見えない意味を解釈し、洞察を得ることができま
す。この洞察を深めていくことによって、デザイナーは、革新的な解決策を模索
していくのです。しかしながら、観察から洞察を得ることは容易いことではあり
ません。なぜならば、我々は無意識のフィルターを通して物事を見てしまってい
るからです。デザイナーは、そのようなフィルターによるバイアスを取り除き
「新鮮な目で」物事を観察することを学ぶ必要があります。

観察によって得られた洞察についてユーザーと直接関わり合いを持ち、対話す
ることによって、デザイナーはユーザーの考え方や価値観についての洞察を深め
ることができます。その考え方や価値観は、当事者であるユーザーにとって明ら
かでないこともよくあります。デザイナーは、ユーザーの表面的な言動に惑わさ
れずに、本質を見極める能力が求められます。

さらに、観察と関与に加えて、デザイナーはユーザーになりきって自分自身で
問題を体験することも重要です。ただ頭の中で思考実験するだけでなく、自分自

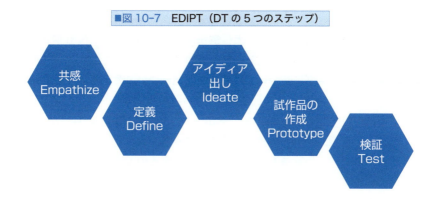

■図 10-7　EDIPT（DT の 5 つのステップ）

Column 10.4 ● スタンフォード大学の d.school の取り組み

　ハッソ–プラットナー・デザイン研究所（Hasso Plattner Institute of Design Stanford University）は，通称 d.school と呼ばれており，デザインを通じて創造的なポテンシャルを開発し，肯定的な変化を生み出すことを目指しています。

　d.school では，教育者がデザイン思考を教えるための最初の一歩として挑戦できる様々なリソースを提供しています（https://dschool.stanford.edu/）。例えば，小学校の生徒向けの「フォイルチャレンジ（The Foil Challenge）」や，中学校・高校生向けの「スクールランチ体験の再設計（Redesign the School Lunch Experience）」などがあります。また，d.school では，プロフェッショナル向けの教育プログラムや，エグゼクティブ教育，大学革新プログラムなど多岐にわたる教育プログラムを提供しています。

10.3　デザイン・シンキング（DT）に基づく経営戦略

身の身体も使って体験することは，感覚や感情といったより豊富な情報を獲得し洞察を深めることができます。

(2) 定義すること

二つ目のステップは，定義です。定義の目的は，共感によって得られた洞察から，デザイナーが取り組むべき有意義で解決可能な問題を設定することです。

定義のステップは，デザイン・プロセスにおいて非常に重要です。このステップで適切な問題を設定できないと，解決策を導き出したとしても本質的な問題を解決できないという結果になってしまうからです。ですから，定義のステップでは共感ステップに基づいて具体的な問題について考えていく必要があります。

ユーザーについて考えるためには，「ペルソナ」を設定しましょう。ペルソナとは，ユーザーの典型的かつ具体的な人物像です。彼（女）らになりきって自社の製品やサービスを一連の感情的な経験として理解するのです。

ペルソナの設定は，マーケティングのセグメンテーションによって分割した市場セグメントの中にターゲットを設定するプロセスによく似ていますが，ペルソナの方が感情や性格や行動パターンなどをより詳細に設定するという点が異なっています。

(3) アイディア出し

定義において設定した問題についての解決策を考えるのが，アイディア出しのステップです。定義が絞り込みのステップであったのに対して，このステップはアイディアを広げるステップですので，ブレインストーミングなどによって，なるべくたくさんのアイディアを出しましょう（**Column** 10.6）。

アイディア出しでは，アイディアの質は気にせずに量のみにフォーカスすることを意識しましょう。質を気にすると，そのアイディアを出すか出さないかで無意識のフィルターをかけることになってしまいます。DT では，一人一人が無意識のフィルターをかけるのではなく，どんなアイディアでもまず共有した上で評価することによって最終的なアイディアの質が高まると考えます。ですから，アイディア出しの段階ではどんなアイディアであっても評価をしないことを徹底します。

さらに，他者から出たアイディアも積極的に活用することも重要です。自分のアイディアに固執して擁護したり他者を論破しようとするようなことはせず，良いものであれば他者のアイディアを活用し，そのアイディアがより良くなるような建設的な意見を出し合うのです。

Column 10.5 ● 「共感（Empathy）」と「同情（Sympathy）」の違い

　Cuff et al.（2014）は，「共感」の定義を包括的にレビューし，共感（Empathy）と同情（Sympathy）の違いについて議論しています。Cuff たちによれば，共感は，他者としての感情（feeling as the other）であるのに対して，同情は他者のための感情（feeling for the other）であると定義されているそうです。例えば，他者の悲しみを知覚するとき，共感は観察者に悲しみ（他者と同じ感情）を引き起こすのに対し，同情は観察者に心配（他者を想う感情であり，他者とは異なる感情）を惹起するのです。DT を行う際にも，共感と同情の違いを意識すると良いでしょう。

Column 10.6 ● 電子ブレインストーミング（EBS：Electronic Brainstorming）

　近年のブレインストーミング（BS：Brain Storming）は，対面だけではなく，様々なテクノロジーを駆使して実施される電子ブレインストーミング（EBS）が用いられるようになってきています。EBS の研究によれば，EBS では対面での BS で起こりがちな①生産性ブロッキング（production blocking），②社会的手抜き（social loafing），③評価懸念（evaluation apprehension）という 3 つの問題を回避できると考えられています。

　生産性ブロッキングは，発言が一人ずつであるためにアイディアを思いついても待たなければならないという問題です。EBS では参加者がアイディアを思いついたタイミングで入力可能なので生産性ブロッキングが生じにくいと考えられています。

　社会的手抜きは，各参加者が，積極的にアイディアを出す他の参加者に依存し，自分自身がアイディアを出すことを怠ることを意味しています。社会的手抜きの結果として，BS のアイディアの総量が減少するという問題が発生します。この問題に対し，EBS では各参加者の貢献がログとして残るため，誰がどれだけ貢献しているのかが可視化され，社会的手抜きを予防することができます。

　評価懸念は，対面状況において自分のアイディアが他の参加者から批判されたり，低く評価されたりすることを恐れるあまり，発言が減少してしまうことです。EBS では，匿名によってアイディアを提出できるため評価懸念を抑制することができます。

10.3　デザイン・シンキング（DT）に基づく経営戦略　**221**

(4) 試作品の作成

　四つ目のステップは，試作品の作成です。解決策のアイディアといった計測が難しく目に見えないものを戦略に落とし込むには，具体的で多くの人が共通の認識を持って相互作用できる何かが必要です。いかに優れたアイディアであっても目に見えないアイディアのままでは価値はないのです。DT では，それを試作品と考えます。最初の試作品は，デザイナーとユーザーやユーザー同士が相互作用できさえすれば，付箋紙を貼った壁でも，ストーリー・ボードでも，サイトのランディングページでもなんでも構いません。むしろ，試作品作成に時間をかけて，相互作用の時間が遅れたり，減少したりしては，本末転倒になってしまいます（**Column** 10.7）。

(5) 検　証

　検証では，試作品を実際にユーザーに使ってもらうことによって，仮説的なアイディアを検証していきます。検証の段階では，早く安く失敗することが重要です。

　DT では，物事が最初からうまくいくことは滅多にないという前提から試行錯誤することが推奨されています。つまり，試作品を実際に作って動かして不具合があれば直すという反復的なプロセスが必然であり，その中での「失敗」は必須のプロセスであると考えられているのです。であるからこそ，たくさん繰り返し失敗するためにも，「安い」ことは重要です。その点では，**第 9 章**のデジタル・サービスは安価に試行錯誤を繰り返しやすいため，DT との相性が良い事業であると言えます。

10.3.2　デザイン・シンキングの経営戦略への貢献と課題

　DT は，主に LT に基づく経営戦略へのアンチテーゼとその補完的な思考法として経営戦略に貢献しています。

　LT は隙のない論理による説得力の高さが強みですが，その論理の背後にはいくつもの前提が置かれています。その前提が間違っていれば，いくら緻密に論理が組み立てられていても，求めている答えは「正解」にはなりません。例えば，ある時期までの日本企業は「良い製品を作れば売れるはず」という前提に基づいて経営戦略を構築していましたが，あまり良い結果にはつながりませんでした。それは「良い製品」が企業側の思い込みにすぎず，顧客が何を良いと考えているかを十分に理解できていなかったからでした（**Column** 10.8）。この種の失敗に対する反省から，顧客価値を中心とする DT への期待が高まったのです。

Column 10.7 ● 試作品の忠実度

デザイン・シンキングの試作品には，その目的に応じて大きく2つの種類に分類できます。忠実度の低い（low-fidelity）試作品と忠実度の高い試作品（high-fidelity）試作品です（図10-8）。

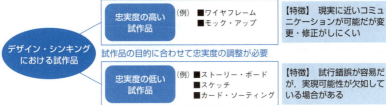

■図10-8　2種類の試作品

忠実度の低い試作品の具体例としては，ストーリー・ボードや，スケッチ，カード・ソーティングなどがあります。忠実度の低い試作品は，安価で単純なので，誰もが参加でき，試行錯誤が容易にできるといったメリットがあります。その一方で，単純すぎるために本質的な実現可能性が欠如している場合があることには注意が必要です。

忠実度が高い試作品は，より完成品に近い外観と操作性を持つ試作品のことです。例えば，ウェブデザインの場合，機能や構造をプロットしたワイヤフレームは紙のスケッチよりも忠実度の高い試作品ですが，完成品に近い外観を持つモック・アップはワイヤフレームよりも忠実度の高い試作品ということになります。忠実度が高い試作品は，様々なステークホルダーとより現実に近いコミュニケーションをとることを可能にします。しかしながら，忠実度の高い試作品は作成や変更に時間がかかるため，変更や修正が行いにくくなります。ですから，試作品の忠実度は，試作品の目的に合わせて調整する必要があります。

Column 10.8 ● 顧客は必ずしも自分の欲しいものを理解していない

LTを用いる際に問題となるのは，「良い製品を作れば売れる」という前提だけではありません。「顧客は自分が欲しいものを理解している」という考え方にも問題があります。市場調査ではしばしば，顧客に求める機能や製品に対する要望を尋ねますが，そのフィードバックに基づいて作られた製品が市場で必ずしも成功するわけではありませんし，世の中を変えるような革新的な製品になることもありません。その理由は，フォード自動車の創業者であるヘンリー・フォードの有名な言葉によって端的に示されています。フォードは，「もし（自動車を知らない）人々に何が欲しいか尋ねたら，彼らはもっと速い馬と答えていただろう（かっこ内は筆者補足）」と述べています。Appleの創業者スティーブ・ジョブズも，このフォードの言葉を類似の文脈において好んで引用したと言われています。

また，LT は，すでに正解が存在している問題を解くことには強みがありますが，答えが存在していなかったり，何かを新しく生み出したりする課題への対処は得意ではありません。ですから，DT は LT の苦手な部分を補完する役割も果たしているのです。

しかしながら，DT は新たなアイディアを生み出し実現する有効な発想法ではあるものの，それだけでは経営戦略を策定することはできません。本書で説明してきたように経営戦略の目的は，持続的な競争優位です。その目的のためには，顧客価値を利益という経済価値に変換する持続的なメカニズムが必要ですし，模倣しようとしてくる競合他社に対する対抗策も考えなければなりません。これらを考えることは，DT の目的ではありませんし，LT でも十分とはいえません。ですから，ST に基づいて経営戦略を全体として統合する必要があるのです。

10.4 システム・シンキング（ST）による経営戦略記述の統合

10.4.1 ST の基本

ST は，第 1 章で説明したように「要因」と「つながり」の 2 つで構成されている因果メカニズムとして現象を理解することです。とりわけ，要因間の因果的な「つながり」を重視する点が ST の特徴です。

ST は基本的には，広い意味での論理的思考の一部ですから，LT を基礎にしています。例えば，要因間の「つながり」は LT における「So what ?」と「Why so ?」の問いかけによって論理が飛躍していないかを常に確認しなければなりません。しかしながら，ST は，次の 2 つの点において LT とは異なっています。

一つ目は，ST では MECE であることをそれほど重視していないことです。なぜならば，ST では極端に言えばこの世界のすべての要因はシステムとしてつながっていると考えているので，そのすべてを MECE として描くことはできない（できたとしても描く意味がない）からです。ST では MECE であることよりも，システムとして認識している境界がどこからどこまでなのかを意識することが重要です。

したがって，ST では，境界条件から外れる要因は，その他の影響要因もありうることを示す「雲」の記号で表します。図 10-9 は，経験効果（第 2 章の図 2-5 参照）を「雲」も含めて描いた図です。雲 1 は経験効果以外にコストに影響を及ぼす要因，雲 2 はコスト以外に利益に影響を及ぼす要因，雲 3 はコスト以外にコ

224　第 10 章　なぜ経営戦略をシステム・シンキングで記述すべきなのか

Column 10.9 ● ST の起源

　システム・シンキング（Systems Thinking）の歴史的起源は，20 世紀前半の複雑系やサイバネティックスの研究にまでさかのぼります。特に，ベルタランフィ（von Bertalanffy, L.）による「一般システム理論」（1930 年代）が大きな影響を与えました。彼は，生物学や社会現象などの複雑なシステムを統一的に理解するためのフレームワークを提唱しました。その後，ウィーナー（Wiener, N.）のサイバネティックス（1940 年代）や，フォレスター（Forrester, J. W.）の「システムダイナミクス」（1950 年代）が発展し，現代の ST の基礎を築きました。

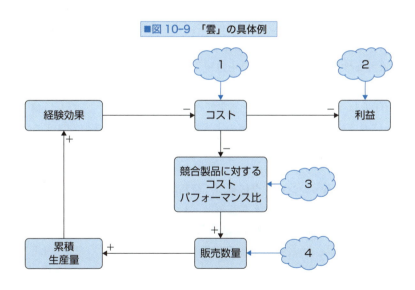

■図 10-9　「雲」の具体例

ストパフォーマンス比に影響を及ぼす要因，雲4はコストパフォーマンス比以外に販売数量に影響を及ぼす要因を表しています。

図10-9のように「雲」が「ここで扱う以外のすべての要因」を意味しているので，MECE であると言えなくもないですが，考え方としては MECE を重視していないという点が LT とは異なります。本書では因果ループ図の見やすさ（といっても十分複雑ですが）を優先して作図上の雲は省略しています。

もう一つの違いは，ST では LT のグルーピングの枠を超えるつながりを扱うことができることです。図10-10と図10-11は，それぞれ LT と ST によってアパレル企業の戦略を記述しています。LT で描かれている図10-10では，コストを押し下げる「期初大量生産」と数量を増加させる「店長の売り切る力」が WTP を押し下げる「割引販売」の下位要因にも入っていることが読み取れます。これは，期初大量生産や店長の売り切る力が高いと仕入れが過剰になる傾向があるため最終的に割引を行なって売り切ることになり，WTP を押し下げてしまうことを意味しています。しかしながら，LT の分析では，これらのつながりが見えにくくなっています。それに対して，ST で描かれている図10-11は，期初大量生産と店長の売り切る力が意図どおりの効果を発揮する因果メカニズム（実線）と，意図せざる結果をもたらす因果メカニズム（破線）の両方を記述しています。実際に作図する際には，意図せざる結果の因果メカニズムを見つけ出す洞察力が必要になりますが，ST はつながりを重視するため，LT の記述よりも意図せざる因果メカニズムに気づきやすいと考えられます。

ST と DT は，LT と DT 同様，補完的な関係にあります。ただし，**第5章**の**Column** 5.5 で紹介した 3M の事例のように新しいモノが生まれやすくなる仕組みを因果メカニズムに組み込むことはできます。

10.4.2 システム・シンキングに基づく経営戦略の長所と短所

ST で経営戦略を記述して考える長所は，3つあります。

(1) 経営戦略全体の構造が可視化できること

一つ目の長所は，経営戦略全体の構造を可視化できることです。LT でも図10-3のように全体像を表現することはできますが，ST の因果ループ図では戦略のエッセンスが可視化できている点が LT の表現とは大きく異なっています。

因果ループ図では，戦略のエッセンスは次の2つで表現されています。一つは，因果の矢印が多く集まっているかどうかです。因果の矢印がたくさん出ている要因は，その要因を意図どおりに動かせるかどうかが戦略全体への波及効果が大き

■図 10-10　アパレル企業の戦略記述（LT）

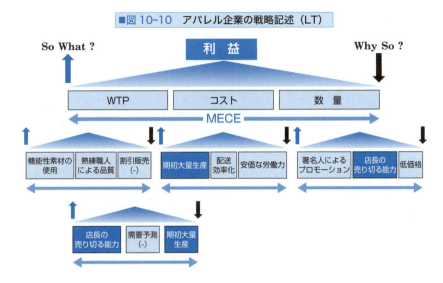

■図 10-11　アパレル企業の戦略記述（ST）

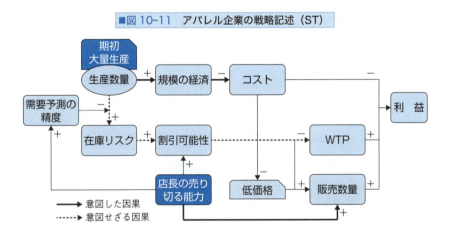

10.4　システム・シンキング（ST）による経営戦略記述の統合　227

いことを意味しています。また，多くの矢印が集まっている要因は，様々な要因に影響を受けていることを意味しているのでその挙動が複雑になる可能性が高いため注意が必要です。

もう一つは，因果ループがあるかないかです。ループがある場合はそのループが自己強化型ループかバランス型ループのいずれなのかが重要です。自己強化型ループは良循環か悪循環のいずれかですから，良循環ならばそのまま維持し続ける方法を考える必要がありますし，悪循環ならば何らかの打ち手によって悪循環を断ち切り，良循環に転換する必要があります。

バランス型ループの場合は，その均衡点が自社に有利か不利かを見極めなければなりません。この見極めは，第3章における業界構造分析に相当します。第3章で説明したように，因果ループとして業界構造のメカニズムを記述することで，静的な「構造」ではなく，常に変化し続ける動的な「メカニズム」として自社のポジションを理解できるようになり，変化への対応が容易になります。

(2) 経営戦略の評価や修正が容易なこと

経営戦略の評価として，KPI（Key Performance Index）を用いている会社はたくさんあります。KPIを使用すること自体は悪いとは言えませんが，問題となるのはKPIと本来の目的である利益との連動です。

KPIの多くはLTで分解された要素と結びついた指標です。LTのルールでは，必ずしも横の概念間は因果関係でつながっているわけではないので，KPIが全体として利益と強い因果関係でつながっているとは限りません。実際にはKPI同士が矛盾する場合もあり，評価基準として適切に機能しないこともあります。

それに対して，因果ループ図では，各要因間は因果関係でつながっていますから，それらの要因の指標を設定するのは合理的です。要因すべてにKPIを設定するのは煩雑ですので，上述のエッセンシャルな要因，多くの矢印が集まっている要因やループの起点になっている要因に限定してKPIを設定すれば，戦略全体の評価を容易に行うことができます（*Column* 10.10）。また，もしKPIと利益の関係性が想定どおりに連動しなくなってきたとしても，その間の要因の変化を確認すれば戦略の不具合に辿り着くことも比較的容易です。

(3) 経営戦略におけるトレードオフの解決策を提示できること

経営戦略には必ずトレードオフが生じます（*Column* 10.11 参照）。トレードオフとは，矛盾する2つの要素間の関係であり，経営戦略においては様々な要素間で生じています。

しかしながら，トレードオフの中には，時間的な順序を考慮すると，優先順位

Column 10.10 ● KPI 設定のツール：戦略マップとバランスト・スコア・カード

KPI を因果メカニズムに基づいて設定するためのツールに，戦略マップとバランスト・スコアカード（BSC：Balanced Score Card）があります（図10-12）。

■図10-12　戦略マップと BSC の例

戦略マップ		バランスト・スコアカード	
テーマ：業務の卓越性	**戦略目標**	**尺度**	**目標値**
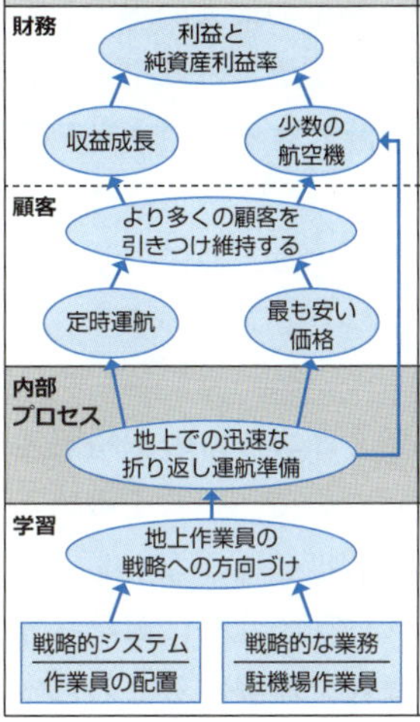 **財務** 利益と純資産利益率　収益成長　少数の航空機	・収益性	・市場価値	年成長率 30%
	・収益成長	・座席の収益	年成長率 20%
	・少数の航空機	・航空機のリース費用	年成長率 5%
顧客 より多くの顧客を引きつけ維持する　定時運航　最も安い価格	・定時運航	・連邦航空局定刻到着評価	第 1 位
	・最も安い価格	・顧客ランキング	第 1 位
	・より多くの顧客を引きつけ維持する	・リピート客の数	70%
		・顧客数	毎年 12%の増加
内部プロセス 地上での迅速な折り返し運航準備	・地上での迅速な折り返し運航準備	・地上滞在時間	30 分
		・定刻出発	90%
学習 地上作業員の戦略への方向づけ　戦略的システム作業員の配置　戦略的な業務駐機場作業員	・地上作業員の戦略への方向づけ	・地上作業員の持ち株者の割合	100%
	・必要なスキルの育成	・戦略意識	100%
		・戦略的な業務の準備	1 年目―0%　2 年目―90%　3 年目―100%
	・支援システムの開発	・情報システムの利用可能性	100%

（出所）Kaplan & Norton（2008）FIGURE 6-3（位置 No.2482 by Kindle）を筆者翻訳。

戦略マップは，本書の因果ループ図と同じように企業の目標とその間の因果関係を視覚的に示すツールで，BSC と密接に関連しています。戦略マップでは，4 つの視点（財務，顧客，内部プロセス，学習と成長）に沿って，戦略目標が設定され，それらがどのように連携しているかが明確に描かれます。

BSC は，戦略マップで示された各目標に対して具体的な KPI を設定し，目標の達成度を測定するためのツールです。BSC を使うことで，戦略マップで描かれた理想的な戦略の進捗状況を定量的に評価できるようになります。

具体的な使い方は，次の 3 つのステップです。

(1) 戦略マップを作成：企業の長期的な戦略を視覚的に整理し，各目標間の因果関係を明確にする。

(2) BSC で KPI を設定：戦略マップで定義された目標に基づき，各視点ごとに測定可能な KPI を設定し，進捗を追跡できるようにする。

(3) 定期的に評価：BSC での測定結果をもとに，戦略が効果的に実行されているかを確認し，必要に応じて調整する。

戦略マップと BSC は，因果メカニズムで戦略を考えるための具体的な応用例であり，実践的なツールですので，本書の内容と組み合わせて考えるとより良い戦略が策定できるでしょう。

10.4　システム・シンキング（ST）による経営戦略記述の統合　**229**

の問題として読み替えることが可能な場合もあります。例えば，あるイタリアの機械メーカーでは，他社より劣る製品品質と高コスト体質と営業社員の知識不足に問題を抱えていました（図10-13）。この3つの問題は，品質とコストのトレードオフと営業知識と製品品質のトレードオフが組み合わさって限られた経営資源をどのように配分すべきなのかが重要な意思決定問題でした。このメーカーの社長は，①品質，②営業知識，③コストの順番で一つずつの問題に資源を集中し，個別に問題を解決していきました。この優先順位の最大のポイントは，コストを一番後回しにしたことです。それによって，品質改善の効果が最大限に引き出され，結果としてWTPを高めつつコストも削減できるという良循環につながったのです。

　以上のようにSTには経営戦略をダイナミックに総合することによる強みが多く存在する一方，その長所の裏返しとしての短所も2つ存在しています。

(1) 経営戦略全体のメカニズムが複雑になること

　ここまで本書で示してきたように，STによる因果メカニズムの戦略記述は複雑になる傾向があります。経営現象自体が非常に複雑なので，それを戦略として整理して記述することが複雑になってしまうのはある程度仕方がないことです。

　しかしながら，複雑な現象を複雑なまま記述していては，LTにおける分析麻痺症候群に近いことが起こってしまいます。LTでは森を理解するために木どころか葉や根などどんどん分解して考えることで全体を見失うということが起こるのに対して，STでは森を森のまま見てしまい，結局理解できないという危険があるのです。

(2) 人に伝えるのが難しいこと

　複雑すぎるメカニズムという問題は，その戦略のメカニズムを人に伝えるときにも問題を引き起こします。経営戦略は企業が持続的な競争優位を獲得するための論理であると同時に打ち手を実際に効果的に実行するための行動指針でもあります。複雑すぎる経営戦略は，戦略を実行する行動指針としては役に立ちません。

　この2つの短所はSTにとって克服しなければならない重要な課題ですが，対応策は学ぶことができます。

　因果ループ図が複雑になりすぎる問題は，戦略策定者が意識的に要因の取捨選択をすることで単純化することができます。DTのプロセスのようにまずアイディア出しとして考えられるだけの要因を挙げて，あらゆる可能性を因果メカニズムとしてつないだ上で，自社にとっての本質的な因果メカニズムを抽出するのです。このプロセスの際に何を残し，何を捨てるのかは学習と熟練が必要なので，

230　第10章　なぜ経営戦略をシステム・シンキングで記述すべきなのか

Column 10.11 ● トレードオフ

　企業経営において頻繁に生じるトレードオフをどのように扱うかは経営戦略において非常に重要な課題です。メイニー（Maney, K.）の著書『トレードオフ』では，製品やサービスが「プレミアムな体験」を追求するか，「利便性」を追求するかの二者択一に直面するという，ビジネス戦略におけるトレードオフの原理を探求しています。彼は，企業が顧客に提供できる価値を「魔法」と「利益」として二分し，極端に優れた体験（魔法）を提供するか，非常に便利な選択肢を提供する（利益）かに特化することによって企業は競争優位を築くことができると述べています。

　メイニーは，アップルやウォルマートなどの企業を例に，プレミアム体験と利便性の選択がいかに企業の成功や失敗に影響を与えているかを説明しています。企業は，どちらか一方を極めることで，差別化を図るべきだというのが本書の主要なメッセージです。『トレードオフ』は，ビジネスにおいて中途半端なアプローチを取るリスクを指摘し，選択と集中の重要性を強調しています。

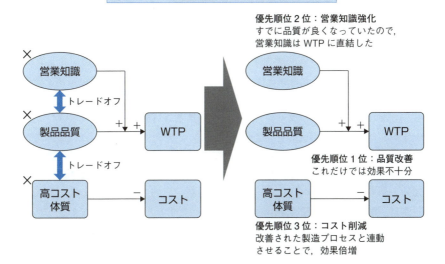

■図10-13　製品品質とコストのトレードオフ

第11章の策定プロセスを参考にしながら学習してください。

しかしながら，単純化した因果メカニズムであっても，人に伝える，とりわけ現場で戦略を実行する一般社員に正確に伝えることは容易ではありません。ですから，この課題に対処するためには，経営戦略の因果メカニズムによる記述とは別に「戦略の伝え方」を考える必要があります（*Column* 10.12）。

戦略を組織内で伝える場合，必ずしも戦略全体のメカニズムを全員に向けて伝える必要はありません。経営陣，ミドル・マネジャー，現場の社員はそれぞれ，自分の権限の範囲内で実行に携わることができる戦略の部分が理解できていれば十分です。むしろ，権限の範囲外の内容まで説明することによって，自分自身の役割や行動がわかりにくくなってしまっては本末転倒です。ですから，経営戦略は，各社員のポジションと戦略上の役割を対応させることを考えて伝達しましょう。ただし，背後の戦略意図を全く説明せずに戦略遂行上の行動のみを伝達するだけでは，実行者の納得感が低く実行の質が低下してしまうかもしれないので注意が必要です。

Column 10.12 ● 人を動かす経営戦略の伝え方

経営戦略はいくら論理的に緻密であっても，従業員の皆さんに実行されなければ絵に描いた餅です。ですから，経営者や経営企画部門などは，経営戦略の策定だけではなく，従業員の皆さんに経営戦略を意図どおりに実行してもらうことにも注意を払わなければなりません。実行してもらうためには，経営戦略についての経営者と従業員のコミュニケーションが不可欠ですが，経営戦略論の教科書ではそのコミュニケーションについてはほとんど言及されていません。ここでは一つだけ実行に結びつく経営戦略の伝え方のヒントを提示します。それは，従業員一人一人が具体的に何をすれば良いかを理解できるメッセージに経営戦略を落とし込むことです。例えば，「顧客第一主義」はよくあるメッセージですが，これは一人一人の従業員にとって具体的な行動と結びつきません。ある従業員にとっての顧客第一主義の行動が，別の従業員にとっては違うかもしれません。クロネコヤマトが宅急便を普及させたときのセールスドライバーへの戦略メッセージは，「サービス第一，利益第二」でした。このメッセージは，再配達など手間のかかるサービスを徹底すると利益は減ってしまうが，まだ顧客にサービスの価値が十分に伝わっていない現状においては利益を度外視してでもサービスを徹底しその価値を顧客に理解してもらう必要があるという戦略的な意図を込めたものでした。このメッセージによって，実際には戦略的な意図を理解していなくとも，セールスドライバーは経営戦略を行動に移すことができたのです。

第 11 章

経営戦略策定の手順

　第 11 章では，前章で説明した 3 つの思考法の中でも，とりわけシステム・シンキングに焦点を当てて実際に経営戦略を策定する手順を，順を追って説明していきます。

　本章では，新事業の戦略策定と既存事業の見直しという 2 つの問題に取り組んでいます。

11.1 中心的な問題を定義する

最初になぜ経営戦略を考える必要があるのかという目的を明確にする必要があります。経営戦略を深く考えるということは，あなたが何かしらの経営課題に直面しているからでしょう。経営戦略に関する大きな課題は，大きく分けると，①新事業における経営戦略の策定か，②既存事業の経営戦略の見直しのいずれかに該当すると考えられます。これ以外の状況は，既存の経営戦略が十分にうまくいっていると考えられるので，その適切な実行に注力すればよいでしょう。

以下では，この2つの問題についてそれぞれどのように経営戦略の策定プロセスを進めていくべきかを説明します。

11.2 新事業の経営戦略の策定

11.2.1 価値提案を熟考する

新事業の経営戦略を考える最初の一歩は，価値提案（value proposition）です。価値提案を考える際には，価値と手段を混同することがよくあるので，誰に（Who）どのような価値（What）をどのような手段（How）で提案しようとしているのかを考えてみると良いでしょう（*Column* 11.1）。

この価値提案のツールを，パーソナル・トレーニングのライザップを題材にして使ってみましょう（表11-1）。ライザップのサービスは，2ヶ月でかなりの減量を達成し美しく健康な肉体を手にいれることを目的とするパーソナル・トレーニングです。したがって，このサービスの手段（How）は，「パーソナル・トレーニング」です。

それでは，顧客に提案している価値（What）は何でしょうか。最も直感的な答えは「減量という結果（結果にコミットするとCMでも行っていますし）」と「その正しい方法での実施」です。ただし，「減量」と「正しい方法」という価値だけで，2ヶ月間で何十万円ものお金を払うのでしょうか。現代は，正しいダイエット方法を簡単に学ぶことができる本も動画も無料や数百円で手に入る時代です。なぜライザップの顧客ははるかに高い金額をこのサービスに支払うのでしょうか。これを理解するためには誰（Who）というペルソナと「減量」と「その正しい方法での実施」以外の価値をより深く検討しなければなりません。

Column 11.1 ● 反実仮想：価値と手段の混同を回避する方法

　価値と手段の混同は，重要な問題ですが頻繁に生じます。なぜなら価値は目に見えないものであるのに対し，手段は直接観察できて理解しやすいからです。

　価値を考える際には，本文中の３つの要素に分ける考え方も有効ですが，もう一つ反実仮想という考え方を使うと価値を明確にすることができます。反実仮想とは，事実とは異なる状況を想定することです。わかりやすく言うと，「もし〜でなかったとしたら，どうなっていたのか」という状況について考えることです。例えば，「○○コーヒー」という名前の店舗の価値を考えるとしましょう。普通に考えれば，○○コーヒーは「コーヒーを提供すること」が価値のように見えます。ですから，「××コーヒー」や「△△珈琲」が競合だと考えがちです。しかしながら，ここで反実仮想を使ってみるともしかすると別の価値が見出せるかもしれません。反実仮想では，「もし顧客が○○コーヒーに行かなかったとしたら，どこにいくのか」を考えます。これは思考実験なので，自分自身が顧客になりきって考えてみましょう。そうすると，実は○○コーヒーの顧客は，コーヒーそのものよりも手軽なランチを目的にきている場合が多く，スペシャリティコーヒーがメインの××コーヒーには行かずに，ファーストフードや定食屋に行く可能性が高いという結論に辿り着くかもしれません。この場合，手段としての「コーヒー」と実際の価値としての「手軽な食事」の乖離に気づくことができます。これは簡単な例ですが，反実仮想的に考えることは，価値を明確に言語化する上では重要な考え方です。

■表11-1　ライザップの価値提案

価格提案	誰に（Who）： 心理的・行動的な側面まで掘り下げて考える	何を（What）： 価値は一貫している	どのように（How）： 価値提案が優れていればHowは展開可能
具体的な内容	・自分で自由にできるお金にある程度余裕のある人々。 ・何かにコンプレックスがある。 ・そのコンプレックスはある程度継続的な取り組みで改善できる。 ・しかし，その取り組みを続けられるほど意志が強くない。三日坊主。	・正しいやり方を伝える（これが主ではない）。 ・見守る。自分で頑張らなければならないことを見守る。 ・応援する。励ます。	・パーソナル・トレーニング 　→ ・パーソナル英語コーチ ・パーソナルゴルフコーチ

11.2　新事業の経営戦略の策定　　**235**

このサービスを積極的に購入したいと考える人は誰でしょうか。当然，その金額を支払うことができる金銭的に余裕がある人でしょう。さらには2ヶ月という短期で結果を出したいという意味では，切羽詰まった理由もあるのでしょう。

　しかし，これだけでは，まだペルソナと価値が結びつきません。さらに，なぜ無料動画やダイエット本ではないのかを考えましょう。そのような手段でダイエットに成功できる人は，その方法を粘り強く継続できる意志の強い人だと考えられます。ダイエットは基本的に正しい方法を継続できさえすれば，それなりに結果が出るものだからです。

　しかし，そのような安価な誰でも手に入る手段ではなく，高額であっても「パーソナル・トレーナー」という手段を求めるのはなぜでしょうか。それは，継続する意志が弱い人だからでしょう。さらに言えば，過去に何回かダイエットに失敗した苦い経験をしているかもしれません。だからこそ，結果につながるように誰かから見守ってもらったり，叱咤激励してもらったりしたいのでしょう。つまり，ライザップのサービスは，「ダイエットの結果はぜひ欲しいが，意志が弱いため成功するまで継続する自信がない」というペルソナに対して「ダイエットが成功するまで寄り添って応援し続ける」という価値を「パーソナル・トレーナー」という手段で提供していると考えられるのです。

　このペルソナと価値と手段の組み合わせは，ライザップがその後，ゴルフや英語にサービスを展開したことからも，説得力が高いと考えられます（表11-1）。この例のように，顧客への価値提案を考える際には，誰（who）にどのような価値（what）をどのような手段（how）で提供するのかを深く考えてみてください。

11.2.2　戦略の構成要素となる各要因を列挙する

　価値提案の次のステップは，戦略の構成要素となる各要因を列挙することです。戦略の構成要素は，**第1章**で説明したとおり，①環境要因，②戦略要因，③意思決定要因，④具体的な「打ち手」の4種類です。

　ロジカル・シンキングで考えるのであれば，これらの4種類を抜けもれなく（MECE に）列挙する必要があります。しかしながら，実際には要因の数が多すぎるのですべて列挙するのは現実的ではありません。ですから，**第2部**でも説明したように経営戦略の境界条件を設定して，要因と打ち手の数を絞り込みましょう。その際にここまで言及してこなかった重要な境界条件が，時間軸です。図11-1は，時間軸の重要性を理解するために短期と長期の因果ループ図を描いています。

236　第11章　経営戦略策定の手順

■図11-1　短期と長期の因果ループ図

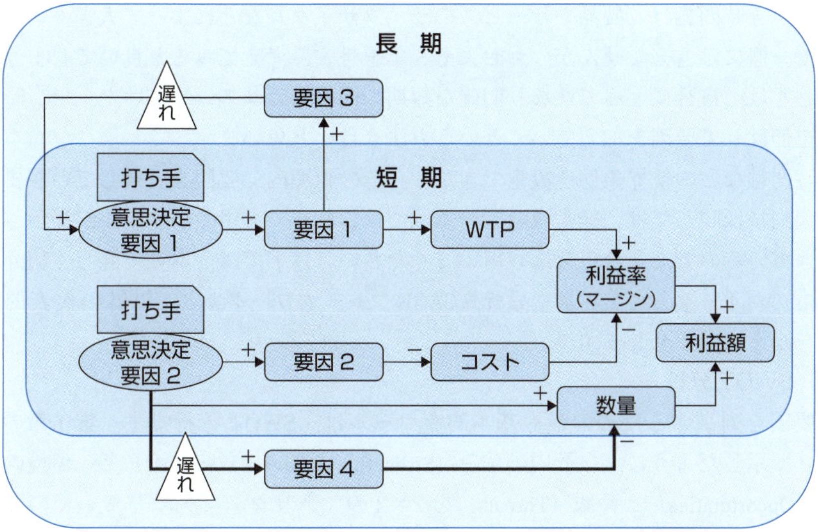

長　期

遅れ

要因3

+

打ち手
意思決定
要因1

短　期

+

+

要因1

+

WTP

+

利益率
（マージン）

+

利益額

打ち手
意思決定
要因2

+

要因2

−

コスト

−

+

数量

+

−

遅れ

+

要因4

Column 11.2 ● 経営戦略と時間軸

　経営戦略にとって時間軸は重要な要素ですが，どの程度の期間を想定して戦略を策定するかは難しい問題です。ただ，日本企業の多くは，3年から5年程度の中期経営計画を策定していますから，短期の戦略としてはそれぐらいの期間を目安にして作成してみるのが良いのではないかと思います。中には経営環境が激変する中，中期経営計画は不要であると考えている企業も現れてきていますが，ビジョンやミッションや「あるべき姿」といった超長期の目的と四半期ごとの業績といった超短期をつなぐ意味でも，中期経営計画は経営戦略として今後も重要な役割を果たすでしょう。

時間軸を短く設定すれば，要因と打ち手の数は減り，つながりもより明確になる一方で，その時間軸から外れた要因が「意図せざる結果」として因果メカニズム全体に影響を及ぼす可能性も高まります（「要因 4」の経路）。逆に，時間軸を長く設定すると，因果メカニズム全体の挙動を理解することは困難になりますが，より俯瞰的な経営戦略を構築することが可能になります（*Column* 11.2 参照）。考慮すべき時間軸は，製品やサービスのライフサイクルなどによって大きく異なるので一概には言えませんが，おおよそ 5 年を目安に考えてみると良いでしょう。もしくは，自社にとってかなり明確な短期の因果メカニズムを描いた上で，時間軸を伸ばして要因を加えていくという方法も良いと思います。

時間軸などの境界条件を設定できたら，その範囲内で要因を列挙していきます。要因列挙に関しては，経営戦略論の領域ではこれまでも多くのツールが提示されてきているので，それらを適宜用いてください。以下では，本書で詳しく紹介したもの（ポーターの業界構造分析，CAGE フレームワークなど）以外の代表的なツールを 3 つ紹介します。

(1) SWOT 分析

要因を列挙するための最も基本的なツールは，SWOT 分析です。**第 1 章の**図1-2 で示したように，自社内の強み（Strength）と弱み（Weakness）と，環境の機会（Opportunities）と脅威（Threats）を 2×2 のマトリクスで列挙していくのが基本的な使い方です。

図 11-2 は，仮設の自動車メーカーの SWOT 分析の例です。SWOT 分析では，戦略要因と意思決定要因を S と W のセルに，環境要因を O と T のセルにそれぞれ書き込みます。さらに，近年は SWOT 分析の各要因の組み合わせをも考慮できる 3×3 の SWOT 分析を行うことが推奨されています（図 11-3）。この枠組みを用いると，列挙すべき要因だけでなく，要因間の因果関係についても様々な示唆が得られるでしょう。

(2) バリューネット

環境要因について列挙する場合は，**第 3 章**のバリューネットの 4 つの環境要因（顧客，競合他社，補完的生産者，供給業者）で整理してみると良いでしょう。その中で，自社との相互作用によって影響を及ぼすことが可能であると考えられる場合は，戦略要因として分類しましょう。

(3) マーケティング・ミックスの 4Ps

意思決定要因にも様々な側面があるので，マーケティングの 4Ps というツールが役に立つでしょう。4Ps とは企業から顧客に働きかける 4 つの手段の組み合わ

■図11-2　SWOT分析（通常）

S	W
・グローバルなブランド力 ・安全性に対する顧客からの信頼 ・ハイブリッド技術 ・効率的な生産システム ・アメリカ市場での競争優位 ・新興国市場での優位	・燃料電池のサプライチェーン ・自動運転技術の開発の遅れ
O	**T**
・EV市場の拡大 ・自動運転技術やコネクテッド技術による新市場の創出	・デジタル・テクノロジー企業の参入 ・新興企業との競争激化 ・ガソリン自動車で蓄積した既存技術の陳腐化 ・国内市場の縮小 ・化石燃料に対する規制強化

■図11-3　3×3のSWOT分析

	S ・グローバルなブランド力（1） ・安全性に対する顧客からの信頼（2） ・ハイブリッド技術（3） ・効率的な生産システム（4） ・アメリカ市場での競争優位（5） ・新興国市場での優位（6）	W ・燃料電池のサプライチェーン（1） ・自動運転技術の開発の遅れ（2）
O ・EV市場の拡大（1） ・自動運転技術やコネクテッド技術による新市場の創出（2）	**S×O** ・ブランド力を活かしたEV市場でのプレゼンスの獲得（S1+O1） ・ハイブリッド技術のEVへの応用（S3+O1） ・新興国での市場創出への積極投資（S1,2,6+O2）	**W×O** ・自動運転技術を持つスタートアップの買収（W2+O2） ・競合他社との燃料電池の共同調達（W1+O1）
T ・デジタル・テクノロジー企業の参入（1） ・新興企業との競争激化（2） ・ガソリン自動車で蓄積した既存技術の陳腐化（3） ・国内市場の縮小（4） ・化石燃料に対する規制強化（5）	**S×T** ・ガソリン車製造で培ったノウハウのEVへの移転による競争優位（S2,3,4+T3） ・アメリカ・新興国への重点のさらなるシフト（S5,6+T4）	**W×T** ・デジタル・テクノロジー企業との連携（W2+T1）

（出所）　Weihrich（1982）p.60, fig.2 を参照して筆者作成。

せを示したものです。それらの4つとは，製品（Product），流通チャネル（Place），販売促進（Promotion），価格（Price）です。これらの頭文字がすべてPなので，4Psと呼ばれています。このツールの詳細な使い方はマーケティングの教科書で勉強していただくとして，本書の観点から1点だけ強調したいのは，この4つと価値提案のフィットです（図11-4）。

4Psを考える際には，2つのフィットを常に意識してください。一つ目のフィットは，4Psの「製品」と製品価値と顧客のニーズです。これらはそれぞれ，価値提案のHowとWhatとWhoに相当しますから，すべてがフィットしていることを必ず確認してください。

もう一つのフィットは，4Ps内のフィットです。価値提案を表す「製品」をより魅力的にするために残りの3つのPが適切に選択されているかを確認してください。この2のうちいずれが欠けても，顧客に価値が伝わらないので丁寧に考えましょう（*Column* 11.3）。

11.2.3　列挙した要因のつながりを考える

SWOTや補助的なツールを使って要因を列挙した後は，因果メカニズムとしての3種類の要因のつながりを考えましょう。要因をつなげる方法は読者の皆さんに試行錯誤しながら自分なりの方法を身につけていただく必要があるのですが，ここではその手助けとなるコツをいくつかご紹介します。

(1) 目的側から遡ってつなげていく

一つ目のコツは，目的側から遡ってつなげていくということです。本書では，経営戦略の目的は持続的競争優位をもたらす利益であり，WTPとコストと数量の3つの戦略要因で決まると想定してきました。戦略を構成するすべての要因は直接的であれ間接的であれこれら3つの戦略要因につながっていなければなりません。ですから，これら3つの要因に対して「なぜ」という問いかけを行い，それに対する答えとなっているものを順番につなげていくと論理の飛躍を防ぐことができます（*Column* 11.4 参照）。

(2) 複数のつながりやループを意識的に探す

二つ目のコツは，一つの要因から複数のつながりがないか，どこかでループしていないか，を意識的に探すことです。一つ目のコツに基づいて因果メカニズムを考えていくと，WTPとコストと数量の3つから枝分かれした木のような図が描けるはずです。その段階まで描いたあとは，それらの直線を横断したり，ループしたりしている部分がないかを探してみましょう。

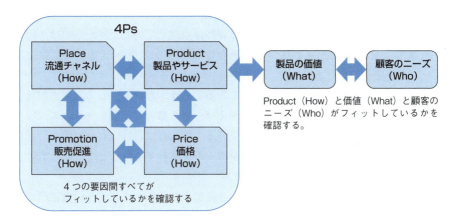

■図11-4　4Psのフィット

Column 11.3 ● プロダクト・マーケット・フィット

　顧客と製品のフィットは，スタートアップの世界ではプロダクト・マーケット・フィット（以下，PMF）と呼ばれ，その事業が成功するかどうかの最も重要な要因であると考えられています。著名なベンチャーキャピタリストであるアンドリーセン（Andreessen, M. L.）は，アーリーステージのスタートアップにとって，チーム，製品，市場のうち PMF を駆動するのは市場であり，他の2つではないと主張しています。優れた市場，すなわち優良な顧客のニーズを発見できさえすれば，品質や機能が十分とはいえない製品や能力不足のチームであっても，市場がそれらを育ててくれるのです。逆に，最高のチームや製品を持っていたとしても，劣った市場にしかフィットできなければ，結局その製品は大きな成功を手にすることはできません。ですから，PMF を考える際は，市場をよく観察し，魅力的な顧客を発見する必要があるのです。

例えば，アパレルメーカーを想定して，コストに規模の経済を経由して期初大量生産という因果メカニズムを描いたとしましょう。期初大量生産という打ち手は確かにそのメカニズムではコストを抑制しますが，一方で需要予測が外れる可能性も高いので在庫リスクを高めます。在庫リスクが高いと値引き販売で在庫を処理しなければならない可能性も高まるので，その結果として WTP を低下させる可能性も高めます。このように一つの因果メカニズムから他のつながりがないかについても目配りをしてください。とりわけ意識していただきたいのは，因果ループです。因果ループを見つけた場合は，バランス型ループか自己強化型ループかを確認しましょう。

　バランス型ループであれば，収束して均衡するはずなので，その収束点が自社にとって有利かどうかを判断します。例えば，**第3章**の新規参入メカニズムは，利益ポテンシャルが高い状態で均衡しているのであれば自社に有利ですが，利益ポテンシャルが低い収束点はその業界が構造不況業種であることを意味していますので自社に不利に働きます。

　自己強化型ループの場合は，良循環か悪循環かを見極めましょう。良循環であればそのループは自社の戦略にとって重要な競争優位の源泉になりますし，悪循環であれば打ち手によって良循環に転換することを考えなければなりません。

(3) 本質的な因果メカニズムに整える

　ここまでの2つのコツを参考に因果メカニズムを描くと，おそらく要因や矢印が複雑に絡み合って意味が読みとりにくい図が出来上がっていると思います。現実の経営現象は非常に複雑なので，因果ループ図も複雑になるのは当然と言えば当然の帰結なのですが，複雑なままでは実用的な経営戦略とは言えません。

　経営戦略の因果メカニズムは現実そのものではなく，あくまでも現実のある側面にフォーカスして単純化した「モデル」ですから，複雑な図を描いた後は，経営戦略の本質を抽出する作業を行う必要があります。

　その本質を抽出するためには，①価値提案は何か，②何にフォーカスした戦略か，③競合他社から模倣されないのはどこか，という3つの問いを因果メカニズムについて問いかけ，要因の取捨選択を行います。

① 価値提案は何か

　経営戦略は，顧客に提案する価値を経済的な価値である利益に変換するメカニズムです。ですから，戦略の因果メカニズムの中に価値提案のための要因の連鎖が含まれていなければなりません。

Column 11.4 ● 特性要因図となぜなぜ分析

「なぜ」という問いによって因果メカニズムを理解しようとする手法は、主に工業製品の品質管理の分野で発達してきました。その代表的な手法が、特性要因図となぜなぜ分析です。

特性要因図は、特性（マネジメントの成果指標や結果）とその原因と思われる要因を線で結んで整理した図です。石川馨博士が考案したためイシカワ・ダイアグラムと呼ばれたり、その形が魚の骨（図11-5）のように見えるためフィッシュボーン・ダイアグラムと呼ばれたりします。特性要因図では、魚の頭にあたる部分に特性を置き、それに対して影響を及ぼしている要因を魚の骨のように枝分かれさせて描きます。この図によって、ある特性が複雑な要因の結果として生じるメカニズムの全体像を描くことができるようになります。それに対して、なぜなぜ分析は、トヨタ自動車の生産現場で使われていた問題解決手法で、問題の真の原因を「なぜ」という問いかけを繰り返すことで深く掘り下げていくことを目的としています。これらの手法は、現在でも品質管理の現場で広く用いられています。

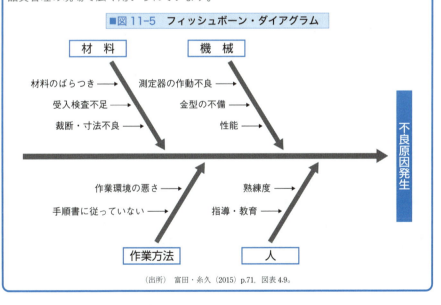

■図11-5　フィッシュボーン・ダイアグラム

（出所）富田・糸久（2015）p.71，図表4.9。

11.2　新事業の経営戦略の策定

② 何にフォーカスした戦略か

二つ目の問いかけは，この戦略が，差別化戦略なのか，コスト・リーダーシップ戦略なのか，それ以外なのか，を明確にするために行います。本書を通じて説明してきたように，最終的に戦略は WTP か，コストか，数量のいずれかを向上させることで利益を高めます。現実には複数の要因にアプローチする戦略もありえますが，複雑な因果メカニズムから戦略の本質を抽出するという意味では，最も競争優位に貢献するメカニズムを選び出す必要があります。

③ 競合他社から模倣されないのはどこか

価値提案や戦略の焦点が明確になったとしても，競合他社に簡単に模倣されてしまっては，競争優位は維持できません。ですから，因果メカニズムの中には，競合他社から模倣されにくい部分が含まれていなければなりません。それは，競合他社から直接の観察が難しい要因かもしれませんし，ネットワーク効果が強く働いている因果ループかもしれません。

図 11-6 は，これらの 3 つの問いかけを行って本質を抽出した QB ハウスの経営戦略の因果メカニズムの例です（図 2-12 を参照）。この図のように価値提案と，戦略のフォーカス，模倣困難性の 3 つを織り込んだ要因のみの因果メカニズムが最も本質的な戦略の骨格ということになります。

11.2.4　打ち手の連鎖としてのシナリオを策定する

3 種類の要因間の因果メカニズムを策定した後は，意思決定要因と戦略要因についての打ち手について考えていきます。打ち手は要因ごとに一つ一つバラバラに列挙するのではなく，自社の価値提案に関する打ち手を起点として，それ以外の打ち手が連動するように一連のつながりとして考えるようにしましょう。その際には，価値提案に関する打ち手をなるべく MECE に設定し，いくつもの打ち手の連鎖を作ることを心がけます。それらの一つ一つが，経営戦略のシナリオやストーリーと呼ばれているものになります（*Column* 11.5）。

11.2.5　複数のシナリオを評価して 1 つに絞り込む

複数のストーリーを作成し終えたら，それらのストーリーを比較考量し，実際に実行する戦略に絞り込んでいきます。この段階では，ある程度の市場調査や様々な定量データを用いてシナリオを評価することができるようになっていますので，それらを評価の一部に使っても構いませんが，この前の 4 つの段階での定量データの使用はなるべく避けましょう。なぜならば，複数のシナリオ策定まで

■図 11-6　経営戦略の本質の抽出

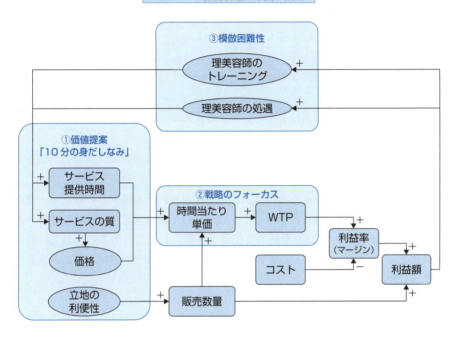

Column 11.5 ● 戦略ストーリーと因果メカニズムの順番

　この章ではステップバイステップで経営戦略の策定プロセスについて説明しているので，因果メカニズムをある程度考慮した後に戦略ストーリーを考えるという順番になっています。しかしながら，このプロセスはチェックリストでもあるので必ずしも順番どおりに進める必要もありません。もし具体的な戦略ストーリーを先に思いついた場合であっても，ぜひそのストーリーに沿った因果メカニズムとそれ以外の戦略ストーリーも，本書の策定プロセスに従って考えてみてください。その作業を行うことによって，結果として実現可能性の高い経営戦略が策定できるはずです。

はなるべくアイディアを膨らませることが重要なので，その段階での定量データの使用は無意識のうちにアイディアを制限してしまう危険性があるからです。

もう一つ重要な点は，定量データでの評価はあくまでも一部，主に一次スクリーニングであって，重要な評価軸ではないということです。新規事業の場合，実際にはまだ実現していない事業のことを考えているわけですから，定量データを用いた分析はさほど意味を持ちません。むしろ，もっと定性的かつ情緒的な側面を判断基準として重視しましょう（*Column* 11.6）。例えば，新規事業の立ち上げメンバーが熱意を持ってコミットできるシナリオはどれかということを議論してみましょう。

このような情緒的な側面による評価をするために，新規事業の責任者は各シナリオを一連のストーリーとしてメンバーに声に出して語ってみてください。経営戦略論の教科書ではあまり強調されていませんが，経営戦略は社員全員が共有し実現に向けて協働するためのツールでもあります。多くの社員に熱意を持って戦略実行に取り組んでもらうためには，経営者が自社の価値提案から始まる一連の戦略ストーリーを自分自身が納得して熱意を持って繰り返し語り続ける必要があります（*Column* 11.7）。新規事業の責任者は実際に人に語ってみることで，自分自身にとってもどのストーリーが納得感を持ってコミットし続けられるかがわかるようになるはずです。

11.3　既存事業の経営戦略の見直し

ここからは，既存事業の経営戦略の見直しをする場合の戦略策定について説明してきます。既存事業はすでに現行の経営戦略に従って事業が遂行されているはずですから，起点として現行の経営戦略を因果ループ図で描きます。

ここでの因果ループ図の描き方は，新規事業の場合と基本的に同じですから，前節を参考に描いてみてください。その際に一つだけ注意してほしいのは，まずは現状の課題を図の中に描き込むことを考えずに，現行の戦略が意図どおりに理想的に機能している状況を想定して作図するということです。

11.3.1　理想像の因果ループ図に課題を書き込む

理想的に機能している因果ループ図を描いたら，何が理想的な循環を阻害しているのかを考えてみてください。確認すべきポイントは，次の3点です。①想定

Column 11.6 ● 経営戦略策定におけるアートとクラフトとサイエンス

　経営戦略の策定に限らず経営者は，定量データを用いて科学的かつ論理的に思考する能力と直観や経験に基づいて決断する能力の両方が必要です。経営学者のミンツバーグは，MBAプログラムにおける経営者人材教育がサイエンス（論理的思考力）に偏りすぎ，アート（直観）とクラフト（経験）を蔑ろにしている風潮に警鐘を鳴らしています（図11-7）。この教科書は，因果ループ図を用いたシステム思考に基づいて経営戦略を考えることを強調しているという意味ではサイエンスに基づくものです。しかしながら，実際の戦略策定の際には，クラフトがなければ現実に役立つ意味のある要因を列挙できませんし，どのストーリーを選んで実行するかという決断にはアートが重要な役割を果たします。ですから，読者の皆さんにはサイエンスとしてのシステム思考を活かすためにアートとクラフトについても同様に研鑽を積んでいただきたいと思います。

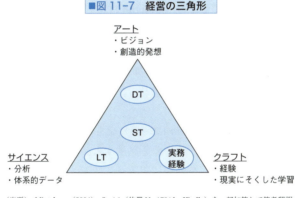

■図 11-7　経営の三角形

（出所）　Mintzberg（2004），fig.4.1（位置 No.1724 by Kindle）を一部加筆して筆者翻訳。

Column 11.7 ● マインド連鎖の重要性

　三枝・伊丹（2008）の中で，三枝は社員の熱意を喚起する戦略ストーリーの因果メカニズムを次のように語っています。

> 　鮮明な戦略ストーリーで組織内の『戦略連鎖』をつないでみたら，その影響で機能組織をまたぐ『情報連鎖』や『時間連鎖』までが強烈にスピードアップし，その結果皆が熱くなっていき，目が輝き，『マインド連鎖』ができあがって，それが大変な事業成果として現れ，その成功体験によって「組織カルチャーのキンク（屈曲，突然変異的変化）」が生み出されたという解釈です。
> （三枝・伊丹（2008）p.209）

　この発言から，戦略ストーリーが事業成果につながるためには人の心を動かす『マインド連鎖』の醸成がいかに重要であるかがよくわかります。

と異なる因果の動きや強さが存在していないか，②隠れた要因がないか，③隠れたつながりがないか，です（図11-9）。

(1) 想定と異なる因果の動きと強さ

本書での因果ループ図は，単純化のために要因間の因果関係は単純な正と負の線形の関係で強さは一定と仮定して議論を進めてきました。しかしながら，現実の世界では，因果関係は線形ではなく逆U字のような非線形の関係かもしれませんし，因果関係の強さも強いつながりもあれば弱いつながりもあります。これらの因果関係が，当初の想定どおりかどうかは重要なチェックポイントです。とりわけ，動きや強さが予測しづらいのは，①因果の矢印が集中的に集まっている要因と，②「遅れ」の結果となっている要因です。これらの予測しづらい因果メカニズムは，因果ループ図を作成するソフトウェアなどを用いてシミュレーションを行ってみると良いでしょう（**Column** 11.8）。

(2) 隠れた要因

隠れた要因は，想定していた境界条件外から影響を及ぼしている要因です。これは環境変化によって新たな環境要因が加わったり，自社の事業内容の変化によって意思決定要因や戦略要因が増えたり，全く見落としていた要因を発見したりといったことで見つかります。

また，要因間の擬似相関（**Column** 1.2 参照）をもたらしている要因（図11-9の要因C）への目配りも重要です。要因Cを見逃すと，実際には戦略的に全く重要でない要因（図11-9の要因A）を戦略に組み込んでしまうミスが起こってしまいます。

(3) 隠れたつながり

隠れたつながりは，想定していた因果関係以外の矢印です。隠れたつながりには，次の2つがあります。一つは，意図していた因果とは別の「意図せざる」結果としてのつながりです。前述の期初大量生産によってコストを削減する因果関係に対して，大量の在庫を処分するための値引き販売によるWTPの低下は隠れたつながりの具体例です。

もう一つは，「遅れ」によって気づかなかったつながりです。「遅れ」て効果を及ぼす因果メカニズムは当初から織り込める場合もあれば，実際に効果が現れて初めて気がつく場合もあるので，常に意識しておく必要があります。

11.3.2 課題を修正するための「打ち手」

課題が発見できたのであれば，それを修正するための打ち手を考えましょう。

Column 11.8 ● 因果ループ図作成ソフト Vensim

　因果ループ図は，手書きやパワーポイントなどの描画ソフトによっても作図できますし，それに基づいての議論も非常に有効です。ただし，本文中にあるように因果関係の条件や重みづけを変えてシミュレーションなどを行いたい場合などは専用のソフトウェアを使用することをお勧めします。因果ループ図を作図するソフトウェアはいくつかありますが，初学者がトライアルとして利用してみるには，シェアウエア版の Vensim PLE（Personal Learning Environment）が適しているでしょう（図 11-8）。Vensim PLE は，Vensim の HP（http://www.vensim.com/download.html）より個人利用と教育・アカデミック利用に限り無料でダウンロードできます。また，日本語版については，日本未来研究センター（http://muratopia.net/sd/Japanese.html）が扱っていますので，参考にしてください。

■図 11-8　Vensim の画面

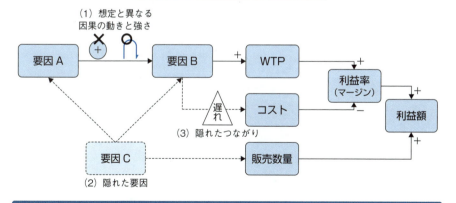

■図 11-9　3 つの確認すべきポイント

11.3　既存事業の経営戦略の見直し　249

もちろん，新たな打ち手によって課題が修正できるのであれば，それに越したことはありませんが，発見された課題がかなり深刻な場合は，前節の手順に従って，価値提案から考え直す代替案も検討した方が良いかもしれません。その際には，**第4章**で学んだダイナミック・ケイパビリティの論理も参考にすると良いでしょう。

参考文献

序　章　本書の特徴と使い方

Barnard, C. I. (1938). *The Functions of the Executive*. Cambridge, MA: Harvard University Press. （山本安次郎訳『経営者の役割』ダイヤモンド社，1968 年）

Schendel, D., Ansoff, I., and Channon, D. (1980). Statement of Editorial Policy. *Strategic Management Journal,* 1(1), 1–5.

楠木建（2010）『ストーリーとしての戦略思考：優れた戦略の条件』東洋経済新報社。

田村正紀（2006）『リサーチ・デザイン：経営知識創造の基本技術』白桃書房。

沼上幹（2009）『経営戦略の思考法』日本経済新聞出版社。

第 1 章　経営戦略とは何か：「因果ループ」として経営戦略を描く

Anderson, V., & Johnson, L. (1997). *Systems Thinking Basics: From Concepts to Causal Loops*. Waltham, MA: Pegasus Communications. （伊藤武志訳『システム・シンキング：問題解決と意思決定を図解で行う論理的思考技術』日本能率協会マネジメントセンター，2001 年）

Meadows, D. H. (2008). *Thinking in Systems: A Primer*. White River Junction, VT: Chelsea Green Publishing. （枝廣淳子訳『世界はシステムで動く：いま起きていることの本質をつかむ考え方』英治出版，2015 年）

Mellahi, K., Frynas, J. G., Sun, P., & Siegel, D. (2016). A Review of the Nonmarket Strategy Literature: Toward a Multi-theoretical Integration. *Journal of Management*, 42(1), 143–173.

Mintzberg, H., Ahlstrand, B., & Lampel, J. (2008). *Strategy Safari: A Guided Tour through the Wilds of Strategic Management* (2nd ed.). New York, NY: Free Press. （齋藤嘉則監訳『戦略サファリ：戦略マネジメント・コンプリート・ガイドブック（第 2 版）』日本経済新聞出版社，2012 年）

Porter, M. E. (1985). *Competitive Advantage: Creating and Sustaining Superior Performance*. New York, NY: Free Press. （土岐坤・中辻萬治・小野寺武夫訳『競争優位の戦略：いかに高業績を持続させるか』ダイヤモンド社，1985 年）

楠木建（2010）『ストーリーとしての競争戦略：優れた戦略の条件』東洋経済新報社。

名和高司（2021）『パーパス経営：30 年先の視点から現在を捉える』東洋経済新報社。

沼上幹（2000）『行為の経営学：経営学における意図せざる結果の探究』白桃書房。

沼上幹（2009）『経営戦略の思考法』日本経済新聞出版社。

沼上幹（2023）『わかりやすいマーケティング戦略（第 3 版）』有斐閣。

湊宣明（2016）『実践システム・シンキング：論理思考を超える問題解決のスキル（KS 理工学専門書）』講談社。

第2章　経営戦略の2つの基本型：コスト・リーダシップ戦略と差別化戦略

Abell, D. F., & Hammond, J. S. (1979). *Strategic Market Planning: Problems and Analytical Approaches*. Englewood Cliffs, NJ: Prentice-Hall.（片岡一郎訳『戦略市場計画』ダイヤモンド社，1982年）

Besanko, D., Dranove, D., Shanley, M., & Schaefer, S. (2017). *Economics of Strategy* (7th ed.). Hoboken, NJ: Wiley.（奥村昭博・大林厚臣監訳『戦略の経済学』ダイヤモンド社，2002年（第2版の翻訳））

Osterwalder, A., Pigneur, Y., Bernarda, G., & Smith, A. (2014). *Value Proposition Design: How to Create Products and Services Customers Want*. Hoboken, NJ: Wiley.（関美和訳『バリュー・プロポジション・デザイン：顧客が欲しがる製品やサービスを創る』翔泳社，2015年）

Porter, M. E. (1985). *Competitive Advantage: Creating and Sustaining Superior Performance*. New York, NY: Free Press.（土岐坤・中辻萬治・小野寺武夫訳『競争優位の戦略：いかに高業績を持続させるか』ダイヤモンド社，1985年）

青木昌彦・伊丹敬之（1985）『企業の経済学』岩波書店。

加藤俊彦（2014）『競争戦略（日経文庫）』日経BP社。

榊原清則（2013）『経営学入門（日経文庫）（第2版）』日本経済新聞出版社。

沼上幹（2023）『わかりやすいマーケティング戦略（第3版）』有斐閣。

山田英夫（2021）『競争しない競争戦略：環境激変下で生き残る3つの選択（改訂版）』日本経済新聞出版社。

QB House（2024年9月19日閲覧）。https://www.qbhouse.co.jp/

第3章　ポジショニング戦略

Brandenburger, A. M., & Nalebuff, B. J. (1996). *Co-Opetition*. New York, NY: Currency Doubleday.（嶋津祐一・東田啓作訳『ゲーム理論で勝つ経営：競争と協調のコーペティション（New版）』日本経済新聞出版社，2003年）

Christensen, C. M. (1997). *The Innovator's Dilemma: When New Technologies Cause Great Firms to Fail*. Boston, MA: Harvard Business Review Press.（玉田俊平太監修，伊豆原弓訳『イノベーションのジレンマ：技術革新が巨大企業を滅ぼすとき』翔泳社，2001年）

McAfee, R. P. (2002). *Competitive Solutions: The Strategist's Toolkit*. Princeton, NJ: Princeton University Press.

Porter, M. E. (1985). *Competitive Advantage: Creating and Sustaining Superior Performance*. New York, NY: Free Press.（土岐坤・中辻萬治・小野寺武夫訳『競争優位の戦略：いかに高業績を持続させるか』ダイヤモンド社，1985年）

入山章栄（2019）『世界標準の経営理論』ダイヤモンド社。

加藤俊彦（2014）『競争戦略（日経文庫）』日経BP社。

兒玉公一郎（2020）『業界革新のダイナミズム：デジタル化と写真ビジネスの変革』白桃書房。

沼上幹（2009）『経営戦略の思考法』日本経済新聞出版社。

沼上幹（2023）『わかりやすいマーケティング戦略（第3版）』有斐閣。

山中浩之（2019）『マツダ：心を燃やす逆転の経営』日経BP社。

LogmiBiz「『見えてない世界があった』DeNA 南場氏，メルカリが伸びる前に似た案を否定していたことを悔やむ」https://logmi.jp/business/articles/44010#s6

第4章　経営資源戦略

Argyris, C. (1976). Single-loop and Double-loop Models in Research on Decision Making. *Administrative Science Quarterly*, 21(3), 363–375.

Barney, J. B. (1991). Firm Resources and Sustained Competitive Advantage. *Journal of Management*, 17(1), 99–120.

Barney, J. B. (1995). Looking Inside for Competitive Advantage. *Academy of Management Perspectives*, 9(4), 49–61.

Barney, J. B. (2001). Is the Resource-Based 'View' a Useful Perspective for Strategic Management Research? Yes. *Academy of Management Review*, 26(1), 41–56.

Barney, J. B., & Hesterly, W. S. (2018). *Strategic Management and Competitive Advantage: Concepts* (6th ed.). Boston, MA: Pearson.（岡田正大訳『企業戦略論（上）基本編：戦略経営と競争優位（新版）』ダイヤモンド社，2021 年）

Barney, J. B., & Mackey, A. (2018). Monopoly Profits, Efficiency Profits, and Teaching Strategic Management. *Academy of Management Learning & Education*, 17(3), 359–373.

Eisenhardt, K. M., & Martin, J. A. (2000). Dynamic Capabilities: What Are They? *Strategic Management Journal*, 21(10–11), 1105–1121.

Feldman, M. S., & Pentland, B. T. (2003). Reconceptualizing Organizational Routines as a Source of Flexibility and Change. *Administrative Science Quarterly*, 48(1), 94–118.

Gilbert, C. G. (2005). Unbundling the Structure of Inertia: Resource Versus Routine Rigidity. *Academy of Management Journal*, 48(5), 741–763.

Hamel, G., & Prahalad, C. K. (1994). *Competing for the Future*. Boston, MA: Harvard Business School Press.（一條和生訳『コア・コンピタンス経営：大競争時代を勝ち抜く戦略』日本経済新聞出版社，1995 年）

Hannan, M. T., & Freeman, J. (1984). Structural Inertia and Organizational Change. *American Sociological Review*, 49(2), 149–164.

Leonard-Barton, D. (1992). Core Capabilities and Core Rigidities: A Paradox in Managing New Product Development. *Strategic Management Journal*, 13(S1), 111–125.

Nelson, R. R., & Winter, S. G. (1982). *An Evolutionary Theory of Economic Change*. Cambridge, MA: Harvard University Press.

O'Reilly, C. A., & Tushman, M. L. (2021). *Lead and Disrupt: How to Solve the Innovator's Dilemma* (2nd ed.). Redwood City, CA: Stanford Business Books.（入山章栄監訳『両利きの経営：「二兎を追う」戦略が未来を切り開く（増補改訂版）』東洋経済新報社，2022 年）

Peters, T. J., & Waterman, R. H., Jr. (1982). *In Search of Excellence: Lessons from America's Best-run Companies*. New York, NY: Harper & Row.（大前研一訳『エクセレント・カンパニー』英治出版，2003 年）

Staw, B. M., Sandelands, L. E., & Dutton, J. E. (1981). Threat Rigidity Effects in Organizational Behavior: A Multilevel Analysis. *Administrative Science Quarterly*, 26(4), 501–524.

Teece, D. J. (1986). Profiting from Technological Innovation: Implications for Integration, Collaboration, Licensing and Public Policy. *Research Policy*, 15(6), 285–305.

Teece, D. J. (2007). Explicating Dynamic Capabilities: The Nature and Microfoundations of (Sustainable) Enterprise Performance. *Strategic Management Journal*, 28(13), 1319–1350.

Teece, D. J., Pisano, G., and Shuen, A. (1997). Dynamic Capabilities and Strategic Management. *Strategic Management Journal*, 18(7), 509–533.

Zollo, M., & Winter, S. G. (2002). Deliberate Learning and the Evolution of Dynamic Capabilities. *Organization Science*, 13(3), 339–351.

伊丹敬之（1984）『新・経営戦略の論理：見えざる資産のダイナミズム』日本経済新聞出版社。

伊丹敬之（2012）『経営戦略の論理：ダイナミック適合と不均衡ダイナミズム（第4版）』日本経済新聞出版社。

テイラー, W.「経営者の現場離れが企業にもたらすリスク：スターバックスやウーバーはいかに回避しているか」『ハーバード・ビジネス・レビュー』2023年7月26日。https://dhbr.diamond.jp/articles/-/9722

第5章　不確実性下における経営戦略の考え方

Abernathy, W. J., & Utterback, J. M. (1978). Patterns of Industrial Innovation. *Technology Review*, 80(7), 40–47.

Amram, M., & Kulatilaka, N. (1998). *Real Options: Managing Strategic Investment in an Uncertain World*. Oxford, OX: Oxford University Press.（石原雅行・中村康治・吉田二郎・脇保修二訳『リアル・オプション：経営戦略の新しいアプローチ』東洋経済新報社，2001年）

McGrath, R. G. (1999). Falling Forward: Real Options Reasoning and Entrepreneurial Failure. *Academy of Management Review*, 24(1), 13–30.

Mintzberg, H. (2013). *The Rise and Fall of Strategic Planning: Reconceiving Roles for Planning, Plans, Planners*. New York, NY: Free Press.（黒田哲彦・崔大龍・小高照男訳『「戦略計画」創造的破壊の時代』産能大学出版部，1997年）

Mintzberg, H., & Waters, J. A.（1985). Of Strategies, Deliberate and Emergent. *Strategic Management Journal*, 6(3), 257–272.

野中郁次郎・清澤達夫（1987）『3Mの挑戦：創造性を経営する』日本経済新聞社。

吉田満梨（2013）「製品評価基準の変化を伴う新市場形成プロセス：カモ井加工紙株式会社『mt』の事例研究」『マーケティングジャーナル』，32(3)，16–32.

3M「ポスト・イット ®ブランドについて」https://www.post-it.jp/3M/ja_JP/post-it-jp/contact-us/about-us/

近岡裕「3M社の優れたアイデアは『不文律』から生まれる：元米国3M研究所長，サステナビリティ経営研究所代表新村嘉朗氏」日経クロステック。2017年6月12日。https://xtech.nikkei.com/dm/atcl/column/15/415543/061200074/?P=2

第6章　事業拡大の経営戦略

Abell, D. F., & Hammond, J. S. (1979). *Strategic Market Planning: Problems and Analytical*

Approaches. Englewood Cliffs, NJ: Prentice-Hall.（片岡一郎訳『戦略市場計画』ダイヤモンド社，1982年）

Ansoff, H. I. (1988). *The New Corporate Strategy* (Revised Ver.). New York, NY: Wiley.（中村元一・黒田哲彦訳『最新・戦略経営：戦略作成・実行の展開とプロセス』産能大学出版部，1990年）

Porter, M. E. (1985). *Competitive Advantage: Creating and Sustaining Superior Performance*. New York: Free Press.（土岐坤・中辻萬治・小野寺武夫訳『競争優位の戦略：いかに高業績を持続させるか』ダイヤモンド社，1985年）

Williamson, O. E. (1975). *Markets and Hierarchies: Analysis and Antitrust Implications*. New York, NY: Free Press.

網倉久永・新宅純二郎（2011）『経営戦略入門（New版）』日本経済新聞社。

加藤俊彦（2014）『競争戦略（日経文庫）』日経BP社。

三枝匡（2016）『ザ・会社改造：340人からグローバル1万人企業へ 実話をもとにした企業変革ドラマ』日本経済新聞出版社。

榊原清則（1992）『企業ドメインの戦略論：構想の大きな会社とは』中央公論社。

沼上幹（2009）『経営戦略の思考法』日本経済新聞出版社。

第7章　グローバル経営戦略

Ghemawat, P. (2007). *Redefining Global Strategy: Crossing Borders in a World Where Differences Still Matter*. Cambridge, MA: Harvard Business School Press.（望月衛訳『コークの味は国ごとに違うべきか：ゲマワット教授の経営教室』文藝春秋，2009年）

Ghemawat, P. (2018). *The New Global Road Map: Enduring Strategies for Turbulent Times*. Cambridge, MA: Harvard Business Review Press.（琴坂将広監訳，月谷真紀訳『VUCA時代のグローバル戦略』東洋経済新報社，2020年）

三浦俊彦・丸谷雄一郎・犬飼知徳（2017）『グローバル・マーケティング戦略』有斐閣。

第8章　サービス業の経営戦略

Galvagno, M., & Dalli, D. (2014). Theory of Value Co-creation: A Systematic Literature Review. *Managing Service Quality: An International Journal*, 24(6), 643–683.

Grönroos, C., & Voima, P. (2013). Critical Service Logic: Making Sense of Value Creation and Co-creation. *Journal of the Academy of Marketing Science*, 41(2), 133–150.

Kannan, P. K., & Healey, J. (2011). Service Customization Research: A Review and Future Directions. *The Science of Service Systems*, 297–324.

Lovelock, C., & Wright, L. (2001). *Principles of Service Marketing and Management* (2nd ed.). Vancouver, BC: Pearson College Division.（高畑泰・藤井大拙訳『サービス・マーケティング原理』白桃書房，2002年）

Michelli, J. A. (2008). *The New Gold Standard: 5 Leadership Principles for Creating a Legendary Customer Experience Courtesy of The Ritz-Carlton Hotel Company*. New York, NY: McGraw-Hill.

Parasuraman, A., Berry, L. L., & Zeithaml, V. A. (1991). Refinement and Reassessment of the

SERVQUAL Scale. *Journal of Retailing*, 67(4), 420.

Parasuraman, A., Zeithaml, V. A., & Berry, L. L. (1988). Servqual: A Multiple-item Scale for Measuring Consumer Perc. *Journal of Retailing*, 64(1), 12.

Rafiq, M., & Ahmed, P. K. (2000). Advances in the Internal Marketing Concept: Definition, Synthesis and Extension. *Journal of Services Marketing*, 14(6), 449–462.

Schulze, H., & Merrill, D. (2019). *Excellence Wins: A No-nonsense Guide to Becoming the Best in a World of Compromise*. Grand Rapids, MI: Zondervan.（御立英史訳『伝説の創業者が明かすリッツ・カールトン：最高の組織をゼロからつくる方法』ダイヤモンド社，2019 年）

Vargo, S. L., & Lusch, R. F. (2004). Evolving to a New Dominant Logic for Marketing. *Journal of Marketing*, 68(1), 1–17.

Vargo, S. L., & Lusch, R. F. (2016). Institutions and Axioms: An Extension and Update of Service-Dominant Logic. *Journal of the Academy of Marketing Science*, 44, 5–23.

南知恵子・西岡健一（2014）『サービス・イノベーション：価値共創と新技術導入』有斐閣。

総務省統計局（2021）「サービス産業動向調査年報（令和 3 年）」。https://www.stat.go.jp/data/mssi/report/2021/index.html

第 9 章　デジタル・サービスの経営戦略

Anderson, C. (2006). *The Long Tail: Why the Future of Business is Selling Less of More*. New York, NY: Hyperion.（篠森ゆり子訳『ロングテール：「売れない商品」を宝の山に変える新戦略』早川書房，2006 年）

Anderson, C. (2009). *Free: How Today's Smartest Businesses Profit by Giving Something for Nothing*. New York, NY: Hyperion.（小林弘人監修，高橋則明訳『フリー：「無料」からお金を生み出す新戦略』NHK 出版，2009 年）

Ariely, D. (2008). *Predictably Irrational: The Hidden Forces that Shape Our Decisions*. New York, NY: HarperCollins.（熊谷淳子訳『予想どおりに不合理：行動経済学が明かす「あなたがそれを選ぶわけ」』早川書房，2008 年）

Shapiro, C., & Varian, H. R. (1998). *Information Rules: A Strategic Guide to the Network Economy*. Cambridge, MA: Harvard Business School Press.（大野一訳『情報経済の鉄則：ネットワーク型経済を生き抜くための戦略ガイド（日経 BP クラシックス）』日経 BP 社，2018 年）

根来龍之（2017）『プラットフォームの教科書：超速成長ネットワーク効果の基本と応用』日経 BP 社。

Andreessen, M. (2011, August 20). Why Software is Eating the World. *The Wall Street Journal*. Retrieved from https://www.wsj.com

第 10 章　なぜ経営戦略をシステム・シンキングで記述すべきなのか

Brown, T. (2009). *Change by Design: How Design Thinking Creates New Alternatives for Business and Society*. New York, NY: Harper Business.（千葉敏生訳『デザイン思考が世界を変える：イノベーションを導く新しい考え方』早川書房，2014 年）

Cuff, B. M., Brown, S. J., Taylor, L., & Howat, D. J. (2014). Empathy: A Review of the Concept. *Emotion Review*, 8(2), 144–153.

Gallupe, R. B., Dennis, A. R., Cooper, W. H., Valacich, J. S., Bastianutti, L. M., & Nunamaker Jr, J. F. (1992). Electronic Brainstorming and Group Size. *Academy of Management Journal*, 35(2), 350–369.

Kaplan, R. S., & Norton, D. P. (2008). *The Execution Premium: Linking Strategy to Operations for Competitive Advantage*. Boston, MA: Harvard Business Review Press. (櫻井通晴・伊藤和憲監訳『バランスト・スコアカードによる戦略実行のプレミアム：競争優位のための戦略と業務活動とのリンケージ』東洋経済新報社, 2009 年)

Maney, K. (2009). *Trade-Off: Why Some Things Catch On, and Others Don't*. New York, NY: Crown Business. (有賀裕子訳『トレードオフ：上質をとるか, 手軽をとるか』プレジデント社, 2010 年)

Martin, R. (2009). *The Design of Business: Why Design Thinking is the Next Competitive Advantage*. Cambridge, MA: Harvard Business Press.

照屋華子・岡田恵子 (2001)『ロジカル・シンキング：論理的な思考と構成のスキル』東洋経済新報社。

The d-school, Stanford. An Introduction to Design Thinking Process Guide. https://web.stanford.edu/~mshanks/MichaelShanks/files/509554.pdf

第 11 章　経営戦略策定の手順

Ishikawa, K. (1986). *Guide to Quality Control*. Tokyo: Asian Productivity Organization.

Johnson, M. W., Christensen, C. M., & Kagermann, H. (2008). Reinventing Your Business Model. *Harvard Business Review*, 86(12), 50–59.

Mintzberg, H. (2004). *Managers Not MBAs: A Hard Look at the Soft Practice of Managing and Management Development*. Oakland, CA: Berrett-Koehler Publishers. (池村千秋訳『MBA が会社を滅ぼす：マネジャーの正しい育て方』日経 BP 社, 2006 年)

Osterwalder, A., & Pigneur, Y. (2010). *Business Model Generation: A Handbook for Visionaries, Game Changers, and Challengers*. Hoboken, NJ: Wiley. (小山龍介訳『ビジネスモデル・ジェネレーション：ビジネスモデル設計書 ビジョナリー, イノベーターと挑戦者のためのハンドブック』翔泳社, 2012 年)

Senge, P. M. (1990). *The Fifth Discipline: The Art and Practice of the Learning Organization*. New York, NY: Doubleday/Currency. (枝廣淳子・小田理一郎・中小路佳代子訳『学習する組織：システム思考で未来を創造する』英治出版, 2011 年)

Weihrich, H. (1982). The TOWS Matrix: A Tool for Situational Analysis. *Long Range Planning*, 15(2), 54–66.

三枝匡・伊丹敬之 (2008)『「日本の経営」を創る：社員を熱くする戦略と組織』日本経済新聞社。

富田純一・糸久正人 (2015)『コア・テキスト生産管理』新世社。

索 引

あ 行

アイディア出し　218
アウトソーシング　146
悪循環　32
アップセリング　198
アンゾフ（Ansoff, H. I.）　130
アンドリーセン（Andreessen, M. L.）　241

意思決定要因　20, 72, 236
イノベーション　216
イノベーションのジレンマ　78
因果曖昧性　92
因果の矢印　16
因果メカニズム　18, 28
因果ループ図　2
インターナル・マーケティング　176
インターネット　184

ウィーナー（Wiener, N.）　225
ウィリアムソン（Williamson, O. E.）　145
打ち手　22

エスクロー・サービス　204

オプション　112

か 行

各事業の売上規模　136
確実性バイアス　102
カスタマイゼーション能力　172
価値　88
価値共創の因果メカニズム　170
価値提案　234

価値連鎖　68
金のなる木　138
川上統合　128
川上と川下に対する交渉力　36
川下統合　128
環境要因　20, 70, 236
完全競争　64
感知ケイパビリティ　96
関連型多角化　132

機会　16
機会主義的行動　144, 202
期間限定モデル　196
企業の境界　128, 144
希少性　88
規模の経済　36
基本-プレミアム・モデル　198
逆選択　202
脅威　16
脅威硬直性　94
業界構造分析　60
境界線の内側　16
境界線の外側　16
共感　218
行政　154
競争と協調のシステム　200
競争劣位　88
共特化　98

楠木建　3
具体的な「打ち手」　236
クラウド　184

経営環境　16

259

経営資源　16, 86
経営資源戦略　60
経営資源に基づく企業観（RBV）　88
経験効果　36, 40
経路依存性　92
ゲイン　48
ゲーム理論　72
結果変数　28
ゲマワット（Ghemawat, P.）　150
原因変数　28
検証　218
現状維持バイアス　102
現地適応　156

後方統合　128
コスト　20
コスト・リーダーシップ戦略　20, 178
コスト削減　150
コングロマリット・ディスカウント　142
コントロール可能性　20

さ　行

サービス・コンセプト　172, 174
サービスプロセスの標準化　178
再構成ケイパビリティ　98
在庫のコスト　188
サクセス・トラップ　106
サブスクリプション　191
差別化　150
差別化戦略　20, 46, 172
サヤ取り　156
産業組織論　64
産業の魅力向上　152
サンクコスト　54
参入障壁　62

シェアリングエコノミー　206
事業間の経営資源配分　142
事業ドメイン　128
シグナリング　204
自己強化型ループ　30, 228

試作品の作成　218
市場開拓　130
市場浸透　130
市場成長率　136
システム・シンキング（ST）　4, 209, 210
持続的な競争優位　14
シックス・フォーシズ・モデル　62
シナジー　132
社会的複雑性　92
集約　156
使用経験　54
勝者総取り　194
情報の非対称性　144
正味現在価値法（NPV法）　112
新規事業の選択　142
浸透価格政策　42

垂直統合型　128
スイッチング・コスト　54
数量　20
数量の追加　150
ステークホルダー　16
スマートフォン　184

成長マトリクス　130
正の因果関係　28
製品開発　130
説明対象　5
前方統合　128
戦略オプション　22
戦略経営　140
戦略要因　20, 72, 236

相互評価　204
相乗効果　132
相対市場シェア　136
相対的なパワーバランス　68
創発戦略　118
相補効果　132
組織慣性　96
組織ルーティン　86

た 行

ターゲット・セグメント　46
第三者モデル　194
代替品　70
　——との競争メカニズム　70
　——の脅威　74
ダイナミック・ケイパビリティ　96
多角化　132
多角化戦略　128
多層構造　200

知覚価値　170
知覚品質　170
知識創造　152
知的財産　50
地理　154

強み　16

ティース（Teece, D. J.）　98
定義　218
ディシプリン　5
テイラー（Taylor, F.）　5
適応戦略　162
テクニカル・フォーラム　122
デザイン・シンキング（DT）　210

トップ・マネジメント・チーム　100
ドミナント・デザイン　116
ドミナント出店　44
取引コスト　144
トレードオフ　228

な 行

沼上幹　2

ネットワーク効果　54, 192

は 行

ハーフィンダル-ハーシュマン指数　62

バーナード（Barnard, C. I.）　5
バーニー（Barney, J. B.）　88
花形　138
バランス型ループ　30, 228
バリューチェーン　68
バリューネット　72
バリューネットワーク　82
範囲の経済　132
反カニバリゼーション・バイアス　102

非関連型多角化　132
ビジネス・エコシステム　198
ビジョン　130
標準化　158

フィードバック・ループ　30
ブートレッキング　122
フォレスター（Forrester, J. W.）　225
不確実性　110
負の因果関係　28
フリーミアム　194
プロダクト・ポートフォリオ・マネジメント（PPM）　136
文化　154

ペイン　48
ベゾスの紙ナプキン　9
ペルソナ　220
ベルタランフィ（von Bertalanffy, L.）　225
変数　26
変動性　176

ポイント付与　56
ポーター（Porter, M.）　60
ポーターの業界構造分析　2
補完財　62
補完的生産者　72
ポジショニング戦略　60
捕捉ケイパビリティ　98

ま 行

マーケティング・ミックスの4Ps　48
負け犬　138
マルチサイド・プラットフォーム戦略　200

見えざる資産　86
密度の経済　36, 44
ミンツバーグ（Mintzberg, H.）　14

メイニー（Maney, K.）　231

モデレータ変数　29
モニタリング　204
模倣困難性　36, 88
問題児　138

や 行

弱み　16

ら 行

リアル・オプション戦略　112
利益ポテンシャル　62, 66
リスクの平準化　152
リバース・イノベーション　166
流通コスト　188
両利きの経営　96
量産コスト　188
良循環　32

ルーティンの行為的側面　90
ルーティンの構造的側面　90

ロジカル・シンキング（LT）　210

数字・欧字

15％カルチャー　122
5つの諸力　62
6つの諸力　62
AAA戦略　156
Adaptation　156
Adding Volume　150
ADDING価値スコアカード　150
Administration　154
Aggregation　156
Arbitrage　156
CAGE　154
Culture　154
Decreasing Cost　150
Differentiating　150
DT　210
Economy　154
EDIPT　218
Generating knowledge　152
Geography　154
Improving industry attractiveness　152
KPI　228
LT　210
MECE　212
Normalizing risk　152
NPV法　112
PPM　2, 136
RBV　88
ST　210
SWOT分析　16
VRIOフレームワーク　88
WTP　20

著者紹介

犬飼　知徳（いぬかい　とものり）

1999 年　一橋大学商学部卒業
2004 年　一橋大学大学院商学研究科博士後期課程　単位取得退学
2004 年　香川大学経済学部経営システム学科専任講師
2005 年　同大学助教授
2009 年　博士（商学）（一橋大学）
2013 年　中央大学専門職大学院戦略経営研究科（ビジネススクール）准教授
2019 年　同大学教授
2022 年　UC Berkeley Center for Japanese Studies 客員研究員
現　在　中央大学専門職大学院戦略経営研究科（ビジネススクール）教授

中央大学ビジネススクール着任以来，企業研究なども含めて多くの社会人を対象に経営戦略論や経営組織論，グローバル経営戦略などの教育に携わっている。
主要著書は，『グローバル・マーケティング戦略』（共著，2017 年）有斐閣など。

グラフィック経営学ライブラリ─3
グラフィック **経営戦略論**

2024 年 12 月 10 日 ⓒ　　　　　　　　初 版 発 行

著　者　犬 飼 知 徳　　　　　発行者　御園生晴彦
　　　　　　　　　　　　　　　印刷者　小宮山恒敏

【発行】　　　　株式会社 **新世社**
　〒151-0051　東京都渋谷区千駄ヶ谷1丁目3番25号
　編集☎(03)5474-8818(代)　　　サイエンスビル

【発売】　　　　株式会社 **サイエンス社**
　〒151-0051　東京都渋谷区千駄ヶ谷1丁目3番25号
　営業☎(03)5474-8500(代)　　振替　00170-7-2387
　FAX☎(03)5474-8900

印刷・製本　小宮山印刷工業(株)
《検印省略》

本書の内容を無断で複写複製することは，著作者および
出版者の権利を侵害することがありますので，その場合
にはあらかじめ小社あて許諾をお求め下さい。

ISBN978-4-88384-399-2
PRINTED IN JAPAN

サイエンス社・新世社のホームページのご案内
https://www.saiensu.co.jp
ご意見・ご要望は
shin@saiensu.co.jp　まで.